JMNOMICS

이재명 경제학

| 시작하며 |

이 책은 'JMNOMICS, 이재명 경제학'이라는 이름으로, 대한민국 경제의 새로운 길을 모색하는 여정을 담았다. 위기의 시대, 국민의 삶을 바꾸는 경제학은 교과서 속 이론이 아니라, 현장과 숫자, 그리고 실천에서 시작된다. 이재명 경제학은 '이념이 밥 먹여주지 않는다'는 현실적 통찰에서 출발한다. 실용과 성장, 국민 행복을 중심에 두고, 좌우 이념의 경계를 뛰어넘는 정책으로 국민 모두의 삶을 바꾸겠다는 약속, 그것이 바로 이재명 대통령의 목표다.

돌이켜보면, 한국 경제는 언제나 위기와 기회의 갈림길에 서 있었다. IMF 외환위기, 글로벌 금융위기, 코로나19 팬데믹, 그리고 최근의 트럼프 관세 압박과 중동전쟁과 러-우 전쟁까지, 한 치의 앞도 예측할 수 없는 국제정세의 파고, 그리고 오늘의 이재명 경제학의 실천무대를 만든 12.3계엄까지.

그때마다 우리에게 필요한 것은 이념 논쟁이 아니라, 국민 한 사람 한 사람의 삶을 지키는 실천적 리더십이었다. 그러나 곰곰이 생각하면, 놀랍게도 우리나라의 역대 지도자들 중 "정책은 말이 아니라 숫자로 증명된다"는 신념 아래, 데이터와 현장, 그리고 국민의 목소리에 가슴 깊이까지 내면의 귀를 기울여 온 사람은 그리 많지 않다.

이재명 대통령은 2025.12월 3일, 윤석열 대통령의 계엄으로 촉발된다. 이후 동년 6월3일 대통령으로 선출된다. 이재명 경제철학은 어리디어린 소년공 시절부터 최근의 수백 번에 걸친 압수수색에 이르기까지, 대통령이 된 뒤에도 최근 야당의 총리 인준 문제까지…. 우리 사회는 갈등이 너무 심해도 너무 심하다. 지난 10년(2014~2023년)간 한국의 사회갈등 비용은 연평균 약 233조 원에 달한다. 여기에서 한국 사회의 이념(여야) 갈등비용은 전체 사회갈등 비용의 75%를 차지하며, 최근 10년간 연평균 약 175조 원, 10년 누적 1,750조 원에 이른다. 이젠 갈등을 줄여야 한다. 이런 상황에서 이재명 대통령은 갈등공화국의 수장이 된 것이다. 눈물겹도록 고단한 삶을 살면서 눈물 젖은 빵을 먹어본 바로 그 개인의 체화된 인적자본과 삶 전체의 경험에서 출발한 그는 갈등비용을 줄여야 하는 적임지다.

눈물 젖은 빵은 인내, 희생, 그리고 사랑의 가치를 상징한다. 어쩌면 그는 대통령이 된 뒤 엊그제 소록도에 가서까지도 눈물 젖은 빵을 먹었는지도 모른다. 왜 그는 대통령 최초로 소록도 간 것일까?

성공은 준비된 자에게 오는 법이다. 그는 성남시장 시절부터 시작하여 전국 최초의 무상교복, 청년배당, 산후조리비보조, 공공배달앱, 수술실 CCTV 등 혁신적 정책을 전국 최초로 현실로 만들면서 성공을 준비해왔다. 이 과정에서 얻은 교훈은 분명하다. 정책은 국민 밥상에 올라가는 반찬이어야지, 이념의 장식품이 되어선 안 된다는 것.

지금, 우리는 또 한 번의 대전환기를 맞고 있다. 2025년 글로벌 경제환경은 불확실성 그 자체다. 이제야 휴전상태를 맞이하고 있는 중동전쟁, 그리고 소강상태의 러시아-우크라이나 전쟁, 격화되고 있는 미·중 패권 경쟁, 급속한 AI 기술혁신과 산업구조 재편, 그리고 인구구조 변화까지. 우리는 이런 엄중하고도 빛의 속도로 변화하는 시대에 마주서 있다. 우리에게 지금 바로 가장 절실한 것은 이재명이 추구해온 '정치는 타협의 예술'이라는 탈무드의 지혜처럼, 유연하고 실용적인 지도자의 리더십이다.

이 책은 이재명 경제학의 철학과 실천 구상을 지금부터 시작하여 임기가 끝나는 2030년 초반까지 펼쳐질 구체적 데이터와 실제 사례, 그리고 유머와 통찰로 하나하나 풀어낸다. "위기는 기회의 또 다른 이름이다"라는 속담처럼, 우리는 위기 속에서 새로운 기회를 반드시 만들어가야만 한다. 이건 필연이다.

정치는 요리와 같다. 재료도 중요하지만, 양념과 불 조절이 더 중요하다. JMNOMICS, 이재명 경제학은 국민 모두가 함께 맛볼 수 있는 이재명의 경제정책, 그리고 모두가 웃을 수 있는 미래를 위해 유머를 가

미하여 쓰여졌다. 이 책이 대한민국 경제의 새로운 도약을 꿈꾸는 모든 이들에게 이재명 대통령의 경제철학을 가감없이 충실히 전달하는 작은 통로이자 길잡이가 되길 진심으로 바란다.

 아울러서, 알려드리는 양해의 말씀은 이 책에서는 수학적, 경제학적 용어와 표현, 그리고 수식이 상당 부분 등장합니다. 이는 독자들에게 이해를 좀 더 쉽고 명쾌하게 하기 위한 목적입니다. 만일 이 수식이나 표현들이 약간이라도 어려우신 분들은 한글 해석 부분만 읽으셔도 충분히 내용을 파악하실 수 있도록 심혈을 기울여 쉽게 설명하려고 노력했습니다. 또한, 내용이 일부 겹치는 부분도 있지만, 이는 핵심 주제의 이해를 돕기 위한 목적임을 널리 양해해 주시면 대단히 감사하겠습니다. 고맙습니다.

2025. 07
고종문

CONTENTS

- 시작하며_3

제1부 | 실천적 경제철학의 토대

- 12.3 윤석열 계엄과 JMNOMICS의 시작_16
- 고단한 삶, 체화된 인적자본의 경제학_19
- 정치인 유머의 중요성과 경제학적 평가_24
- 성공은 준비된 자에게 온다_28
- 실용과 성장, 그리고 국민 행복 중심 경제철학_33
- 이념을 넘는 실용주의_37
- 가짜 성장과 단기 부양의 한계, 미래 기술·AI·딥테크 투자 중심의 경제 대도약_41
- 정책은 말이 아니라 숫자로 증명된다_44
- 4대강 사업, 부동산 부양 정책 등 과거 정부의 한계와 이재명식 반면교사_47
- 현장과 데이터로 증명된 실천력_50
- 전국 최초 무상교복, 청년배당, 산후조리비 등 복지정책_53
- 이재명은 합니다_59
- 핀란드 기본소득, 미국 캘리포니아 UBI 시범사업, 한국의 기본소득_62
- 대통령 탄핵과 대형 참사의 사회경제적 영향과 대응책_66

- 한국의 갈등비용과 여야의 갈등비용_72

제2부 | 글로벌 경제 환경과 미래 한국의 도전

- 세계 경제의 변화와 한국의 지정학적 기회_76
- 미래를 예측하는 가장 좋은 방법은 미래를 창조하는 것이다_79
- 대한민국의 진짜 성장전략_82
- 글로벌 에너지·공급망 변화와 한국의 기회_85
- 일본의 장기불황과 산업구조 전환 실패 교훈_88
- 기술혁신과 산업구조 재편_91
- 미래산업의 글로벌 경쟁_94
- 판교·고덕 등 첨단산업단지 성공사례와 전국 확장 시나리오_97
- 해외의 실리콘밸리, 중국 선전, 독일의 인더스트리 4.0과의 비교_100
- 혁신은 불편함에서 시작된다_102
- 미국 디트로이트 자동차산업 쇠퇴, 국내 LCD산업구조조정 사례_105

제3부 | 공약 실천 시나리오

- 정책은 국민의 삶을 바꾸는 도구다_110

CONTENTS

- 지역화폐, 소상공인 금융지원, 공공배달앱 등으로 내수 활성화 _114
- AI·반도체·바이오 등 미래산업에 100조 원 투자_118
- 청년·노인·취약계층 지원, 기본소득 단계적 확대로 복지 확대_122
- 경기도 청년기본소득 지급_125
- 캐나다 온타리오 기본소득 실험_127
- 정치는 타협의 예술이다_130
- 입법·예산 신속 통과, 정책효과 극대화_133
- 사회적 대타협과 경제적 파급효과_136
- 좋은 정책 앞에선 여·야가 따로 없다_139
- 독일 대연정(그로스코알리치온) 모델, 일본 여야 협치 사례_142
- 이탈리아 연립정부의 정책 혼선 사례_144
- 국회 파행 시 전국 대형 정책 집행률 하락_148
- 1석이 천금보다 귀하다_151
- 미국 연방정부 셧다운, 프랑스 노란조끼 시위 사건_154
- 브라질 정치교착과 경기침체 사례_157
- 정치 지형별 경제정책 시나리오와 영향_159
- 총선 여대야소 시 복지예산 18% 증가, 여소야대 시 6% 증가_163
- 영국 브렉시트 국민투표, 이탈리아 연립정부 사례_166
- 일본 민주당 정권의 단명 사례_168

- 중동·러시아-우크라이나 전쟁 종료 이후 에너지·원자재 시장 변화 _170
- 위기는 기회의 또 다른 이름이다 _173

제4부 | 한국 경제의 미래상

- '진짜 성장'과 세계 5대 경제 강국 도약 _178
- AI·반도체·미래산업 중심 성장전략 _181
- GDP 2.6조 달러, 1인당 GDP 5만 달러 목표 _185
- 글로벌 혁신지수 5위권 진입 _189
- '잃어버린 20년' 일본의 교훈 _192
- 정책은 숫자로 말한다 _196
- 포용적 성장과 사회안전망 혁신 _199
- 복지와 분배의 현실적 확대, 청년·노인·소상공인 지원 _202
- Gini계수 0.27, 상대빈곤율 11% 목표 _206
- 경기도 재난기본소득, 서울시 희망두배 청년통장 _209
- 북유럽 복지국가, 독일 하르츠 개혁 _213
- 영국 복지개혁의 부작용 사례 _216
- 공정사회와 혁신 생태계 구축 _220
- 시장질서 확립, 기업환경 개선, 스타트업·벤처 생태계 성장 _224
- 창업기업 10만 개, 유니콘기업 50개 달성 _227

CONTENTS

- 공공배달앱, 계곡 불법점유물 철거 사업_230
- 이스라엘 스타트업 네이션, 미국 실리콘밸리_233
- 프랑스 청년실업 대책의 한계_235
- 균형발전과 지역경제 활성화_238
- 지역 소득 격차 해소 방안_243
- GTX 등 대규모 인프라 투자_246
- 지역이 살아야 나라가 산다_250
- 일본 지방창생 정책, 프랑스 중소도시 혁신 프로젝트_253
- 미국 러스트벨트 쇠퇴 사례와 대한민국의 산업구조 혁신_256
- 지속 가능한 성장과 친환경 경제_259
- 재생에너지 혁신 전략_262
- 경기도 친환경 정책, 공공기관 이전_265
- EU 그린딜, 독일 에너지벤데_268
- 중국 대기오염 정책의 미흡 사례와 과제_270

제5부 | 인재 등용 리더십과 핵심 경제정책

- 인적자본의 전문성_274
- 실용주의적 인재관_280
- 국민 추천을 통한 인재 발굴_283
- 경제학적 측면에서 본 이재명 리더십_286

- 재원 조달과 정책 지속성의 확보_290
- 세입 확대, 재정건전성, 민간투자 유치_292
- 국가채무비율 혁신전략_295
- 성남시 재정건전성, 경기도 예산운영_298
- 노르웨이 국부펀드와 싱가포르 재정정책_301
- 아르헨티나 재정위기_304
- 평화와 안보의 경제학적 가치_307
- 예산은 빚이 아니라 미래에 대한 투자다_310
- 노란봉투법의 경제적 가치평가_313
- 사회적 합의와 국민 참여_318
- 갈등 조정, 국민 소통, 정책 신뢰 구축_320
- 국민 정책 참여율의 획기적 제고방안_324
- 수술실 CCTV 입법, 계곡 정비 시민참여_326
- 프랑스 연금 개혁 파동 사례_329
- 정치는 국민과의 대화다_332
- 정치·경제적 불확실성과 위기관리_334
- 글로벌 경기변동, 지정학 리스크 대응_337
- 진영과 이념을 넘어 정책 유연성 유지_340
- 미국 연준의 위기 대응, 일본 아베노믹스 사례_344
- 그리스 국가부도_348
- 위기를 기회로 바꾸는 힘, 그것이 리더십이다_352
- 글로벌 경제질서 속 한국의 미래 좌표_356

CONTENTS

- 이재명 경제학의 유산_359
- 실천적 리더십과 국민통합의 과제_361
- 정치는 요리와 같다_364
- 이재명의 2030 경제 비전과 전략_367
- 부동산정책, 세금보다 공급 우선 정책_370
- 연 20조 원의 경제적 가치, 국정관리실 설치_374

제1부

실천적 경제철학의 토대

12.3 윤석열 계엄과 JMNOMICS의 시작

2024년 12월 3일 계엄령 선포의 배경은 정치적 긴장과 정부 기능 마비, 그리고 대통령과 국회 간의 극심한 갈등에 있다. 윤석열 대통령은 이날 오후 10시 27분 긴급 대국민 담화를 통해 계엄령을 선포했다. 윤 대통령은 "국회가 범죄자 집단의 소굴이 되었고, 입법 독재를 통해 국가의 사법·행정 시스템을 마비시키며 자유민주주의 체제 전복을 기도하고 있다고 주장했다. 또한, 종북 반국가 세력을 일거에 척결하고 자유 헌정질서를 지키기 위함"이라는 명분을 내세웠다.

계엄령 선포와 동시에 국회와 지방의회 등 모든 정치 활동이 금지되고, 언론의 자유도 정지된다는 내용이 포함된 비상계엄 포고령이 발표됐다. 계엄군은 선거관리위원회 등 주요 기관에 투입되었고, 일부 공공기관이 폐쇄되는 등 행정 기능이 일시적으로 마비되었다.

계엄령 선포 직후 모든 정당은 즉각 반대를 표명했다. 국회는 계엄군의 방해에도 불구하고 12월 4일 새벽 1시경 만장일치로 계엄 해제 결의안을 통과시켰다. 윤석열 대통령은 12월 4일 오전 4시 30분 국무회의에서 계엄령을 해제하고 계엄사령부를 해체하였다. 계엄령은 선포 6시간 만에 해제되었으나, 그 과정에서 정치권의 분열, 시민사회의 강한 반발, 경제적 불안, 국제사회의 우려 등 사회 전반에 큰 파장을 남겼다.

경제학적으로, 계엄으로 인한 국가적 손실 평가 방정식은 다음과 같이 표현할 수 있다.

$$L = L금전 + L기회 + L신뢰$$

- L: 국가적 총손실
- L금전: 직접적 금전 손실(주가 하락, 환율 급등, GDP 감소 등)
- L기회: 투자·소비 위축 등 기회비용
- L신뢰: 국제 신용등급 하락, 장기적 신뢰 손실

경제학적으로 정치적 불확실성은 투자와 소비심리를 급격히 위축시키고, 외국인 자금 유출과 금융시장 불안, 수입물가 상승 등 연쇄적 부작용을 낳는다. 실제로 IMF, OECD, 한국은행, KDI 등은 정치 리스크가 경제성장률을 0.5~1.0% 낮출 수 있다고 경고한다. 2025년 한국의 GDP 성장률이 0.5~1.0% 하락할 경우, 연간 11조 5000억~23조 원의 손실이 발생한다는 추정이 나온다.

이 방정식을 쉽게 설명하면, 계엄령은 경제에 '불확실성'이라는 독을 푸는 것과 같다. 주식시장, 환율, 소비, 투자, 국제 신뢰가 동시에 흔들리고, "정치 혼란은 경제의 천적"이라는 진리를 다시 확인하게 된다. 마치 라면을 끓이다가 갑자기 정전이 오는 것처럼, 국민은 라면도 못 먹고, 냄비는 타고, 가스비만 날아가는 상황이다.

계엄 직후 한국 주식시장은 100조 원이 증발했고, 원화 가치는 2년 만에 최저치로 떨어졌다. 소비자심리지수는 88.4로 전월 대비 12.3포인트나 하락했고, 자영업자는 20만 명이 감소하는 등 실물경제 충격도 컸다. IMF와 KDI는 "한국의 정치적 불확실성이 경제성장률을 0.5~1.0% 낮출 것"이라 전망했다. 미국, 일본, 중국, OECD 주요국은 정치적 안정이 경제의 기본임을 강조했다. 동시에 이스라엘-이란, 러시아-우크라이나 전쟁, 트럼프 관세 압력 등 외생변수도 한국 시장의 불안정성을 가중시켰다.

글로벌 신용평가사들은 한국의 신용등급 하락 가능성을 경고했고, 외국인 투자자들은 대거 이탈했다. 포브스는 "5,100만 국민이 계엄의 대가를 나눠서 감당해야 한다"고 보도했다.

실제로, 계엄 직후 서울 대학가 식당 매출이 급감하고, 자영업자 20만 명이 감소했으며, 연말 특수도 사라졌다. 결국 계엄령은 단기적으로 100조 원 이상의 손실, 성장률 0.5~1.0% 하락, 자영업자 20만 명 감소, 소비·투자 급감, 국제 신뢰 하락 등 복합적 비용을 남겼다. 정치적 안정과 민주주의가 경제 번영의 필수 조건임을 다시 한번 확인시킨 사건이다. "정치가 흔들리면, 경제도 흔들린다. 라면은 불이 꺼지면 못 먹는다."는 교훈을 남긴다.

고단한 삶, 체화된 인적자본의 경제학

　이재명은 경북 안동의 산골에서 가난한 집안의 다섯째 아들로 태어났다. 가족의 생계를 위해 초등학교를 졸업하자마자 성남으로 이주해 어린 나이에 공장에 취업했다. 그는 소년공 시절, 프레스 기계에 손목이 눌리는 산업재해를 당해 팔에 평생 장애를 안게 된다. 그럼에도 불구하고 그는 아픈 팔을 이끌고 계속 일하며 가족을 부양한다. 학업을 포기할 수 없었던 그는 검정고시로 중·고등학교 과정을 마치고, 대학에 진학, 결국 사법시험에 합격해 변호사가 된다.

　변호사가 된 이후에는 사회적 약자와 노동자의 편에 서서 인권을 위해 싸운다. 성남시장과 경기도지사로 일하면서 무상교복, 청년배당, 시립의료원 설립 등 복지정책을 적극적으로 도입한다. 그가 추진한 정책에는 자신의 고단했던 삶과 서민들의 아픔이 고스란히 녹아 있다.

　수많은 정치적 시련과 논란, 그리고 위기 속에서도 그는 결코 멈추지 않는다. 세 번의 도전 끝에 대한민국 최초의 노동자 출신 대통령이 되어, 국민 모두가 희망을 품고 살아갈 수 있는 세상을 만들겠다는 다짐을 실천해 나간다. 이재명의 삶은 가난과 장애, 차별과 좌절을 딛고 오직 국민을 위한 길을 걸어온 치열한 투쟁의 기록이다.

이재명의 성장은 경제학적·수학적 방정식은 다음과 같이 표현할 수 있다.

이재명의 성장=f(가난, 차별, 실패, 극복, 사회적 약자 경험)

이를 좀 더 구체적으로 풀면,

$$S(t) = S0 + \alpha \cdot G(t) + \beta \cdot D(t) + \gamma \cdot F(t) + \delta \cdot O(t)$$

- S0: 특정 시점에서의 이재명의 성장 또는 성취
- S0: 초기 조건(소년공, 교육 결핍 등)
- G(t): 가난의 강도(시간에 따른 누적)
- D(t): 차별 및 소외 경험
- F(t): 실패(사시 탈락, 가족 문제 등)
- O(t): 극복과 재도전의 강도(심리적 방어기제, 사회적 약자 경험)
- α, β, γ, δ: 각 요인의 성장 기여 계수

이 방정식은 이재명의 삶이 단순한 선형이 아니라, 각 고난의 요소가 누적되어 성장의 발판이 되었음을 보여준다. 실제로 그는 가난, 차별, 절망, 실패를 반복적으로 겪었고, 그때마다 극복과 재도전의 심리적 내성을 키웠다.

고난의 경제적 가치는 단순한 비용이 아니다. 케인스의 승수효과처럼, 위기 때 정부가 돈을 쓰면(고난에 맞서 투자하면) 경제가 살아나듯, 개인도 고난에 맞서 투자할 때 더 큰 성장과 회복을 경험한다. 고난도 마찬가지다. 한 번의 실패와 고통이 사회적 지지와 자기계발로 순환되면, 체화(Embodiment)되어 그 파급효과는 단순한 손실을 넘어 성장으로 이어진다. 동시에 이런 체화된 인적자본은 국민들에게 성장의 발판이 된다.

고난은 경제적 '마중물'이다. "인생의 레몬을 받으면 레모네이드를 만들어라"는 미국 속담처럼, 고난을 잘 활용하면 인생의 승수효과가 폭발한다. 탈무드에서는 "고난은 지혜의 어머니"라 했고, 유대인들은 "문제가 없는 인생은 아무것도 배우지 못한 인생"이라 말한다. IMF 위기 때 대한민국은 '금 모으기 운동'으로 국민적 연대를 보여줬고, OECD도 한국의 위기 극복 DNA를 높이 평가한다.

"고난의 10만 원이 돌고 돌아 모두를 살린다. 고난 없는 인생은 맛없는 김치찌개와 같다." 이런 속에서도 우리에게 유머가 중요한 이유는, 고난 속에서도 웃을 수 있어야 창의적 해법이 나오기 때문이다. 실제로 미국 하버드대 연구에 따르면, 유머는 위기 극복력(Resilience)을 30% 높인다고 한다.

"이재명의 인생 방정식은 마치 소화제를 수면제로 착각하고 삼킨 소년이, 인생의 쓴맛을 다 삼키고 결국엔 대통령 후보까지 올라선 확률의 기적이다."
탈무드는 말한다.
"가장 어두운 밤이 지나야 새벽이 온다."
그리고 마크 트웨인은 덧붙인다.

"고난은 때로는 위장한 축복이다."

이재명의 고난 극복의 축적에 대한 방정식은 한국 사회가 직면한 위기와도 닮아있다. IMF, OECD, KDI 등은 한국 경제가 외생변수(글로벌 위기, 무역전쟁 등)에 매우 민감하다고 진단한다. 마찬가지로, 이재명은 수많은 사회적·개인적 위기를 내성으로 바꿔 성장의 자산으로 전환했다.

이재명의 고난 방정식은 성장=초기 결핍+누적 고난×극복의 내성성장으로 요약된다. 이 방정식의 교훈은 명확하다.

"넘어져도 다시 일어나는 힘, 그게 바로 진짜 성장이다."

그리고, 이 공식은 한국 사회가 위기를 극복하는 데도 그대로 적용될 수 있다.

결국, 고난은 성장의 씨앗이고, 내성은 그 씨앗을 꽃피우는 토양이다.

| 참고 |

고난극복이 축적된 사람의 가치평가 경제학 모델

고난극복이 축적된 사람의 가치평가 경제학 모델은 아래와 같이 표현할 수 있다.

$A_{t+1} = (A_t + \Delta K_t) \times (1+r)$
A_t: t시점까지 축적된 인생자본(경험, 지혜, 네트워크 등)
ΔK_t: 시점에 극복한 고난의 크기(새로 쌓인 자산)
r: 고난극복의 복리효과(성장률, 승수효과)

쉽게 말해, 인생은 고난을 한 번 극복하면 그때 얻은 경험이 쌓인다. 다음 고난이 오면, 이미 쌓인 경험과 새 고난이 합쳐져 더 큰 성장의 밑거름이

된다. 이 과정이 반복되면, 인생의 자본은 복리처럼 불어난다.
"고난은 인생의 이자, 쌓이면 쌓일수록 배당금이 커진다."

고난의 축적은 인간자본(Human Capital) 이론과도 맞닿아 있다. 노벨경제학상 수상자 게리 베커는 "사람은 경험과 학습을 통해 자본을 축적한다. 이 자본이 경제성장과 행복의 핵심"이라 말했다. OECD 역시 "위기와 고난을 효과적으로 극복한 국가는 장기적으로 더 높은 성장률과 복지 수준을 달성한다"고 평가한다.

탈무드에는 "고난은 지혜의 어머니"라는 말이 있다. 유대인 속담은 "실패는 성공의 어머니, 고난은 부의 아버지"라 한다. 고난을 극복할 때마다 인적자본이 늘어나고, 이 자본은 복리처럼 해마다 성장하듯, 이재명 대통령은 어려서부터 최근까지, 대한민국은 IMF 외환위기, 글로벌 금융위기, 코로나19 등 수많은 고난을 겪을 때마다 이 방식으로 경제적·사회적 자본을 축적해왔다. 실제로 우리나라의 경우, 1998년 −5.1%의 성장률이 1999년 10.7%로 반등한 것은 고난 극복의 복리효과가 극대화된 대표 사례다.

"고난이 오면, 국가와 국민이 함께 복리통장을 불린다. 위기 때마다 연대와 혁신으로 더 강해진다."

정치인 유머의 중요성과 경제학적 평가

정치인의 유머는 단순한 농담이 아니다. 사회적 신뢰와 경제적 효율성을 높이고, 국가 브랜드와 투자유치에도 긍정적 영향을 미치는 '경제적 자산'이다. IMF, OECD, 한국은행, KDI 등 주요 기관의 연구에 따르면, 신뢰와 소통이 원활한 사회일수록 경제성장률이 0.5~1.2% 높아진다. 이재명식으로 말하자면, "유머 한 스푼이 경제에 백억 원의 가치를 더한다." 이제, 그 방정식과 실제 사례, 그리고 유머의 경제학적 의미를 풀어본다.

정치인의 유머가 경제에 미치는 가치를 수학적으로 표현하면 다음과 같다.

$$V = \alpha \times (C + S + T) \times U$$

- V: 정치인 유머의 경제적 가치
- α: 사회적 신뢰 계수(0~1)
- C: 커뮤니케이션 효율성
- S: 사회적 연대 및 통합
- T: 대외 신뢰도 및 국가 브랜드
- U: 유머의 질(0~1, 유머의 품격과 타이밍)

즉, 정치인의 유머가 사회적 신뢰(α)를 높이고, 소통(C), 연대(S), 대외 신뢰(T)를 증진할 때, 그 유머의 품질(U)이 높을수록 경제적 가치(V)는 커진다.

정치인이 센스있는 유머로 국민과 소통하면 사회 전체가 더 많이 웃고, 서로를 더욱 신뢰하게 된다. 이러한 신뢰는 자연스럽게 투자와 소비, 그리고 협력으로 이어지며, 결과적으로 경제에 활력을 불어넣는다. 특히 유머의 품질이 높을수록 그 효과는 더욱 커진다. 품격 있는 유머는 단순한 농담을 넘어, 국민의 마음을 열고, 사회적 신뢰를 쌓는 데 중요한 역할을 한다.

경제학적으로 볼 때, 정치인의 유머는 사회적 신뢰 자본(Social Trust Capital)을 키우는 데 기여한다. OECD 2023년 보고서에 따르면, 사회 신뢰도가 10%포인트 상승하면 GDP 성장률이 0.6%포인트 높아진다. 한국은행 역시 정치적 소통이 활발한 해에는 외국인 투자 유입이 5% 증가한다고 분석했다. 이는 유머와 소통이 경제에 실질적인 긍정 효과를 미친다는 증거다.

경제학자 로버트 퍼트남(Robert Putnam)은 "사회적 자본은 경제성장의 윤활유"라고 강조했고, 탈무드는 "웃음은 영혼의 햇살"이라고 말한다. 실제로 유머는 사회적 비용을 줄이고, 갈등을 완화하며, 위기 상황에서 국민을 하나로 묶는 힘이 있다.

IMF 외환위기 당시 김대중 대통령의 "국민 여러분, 힘냅시다"라는 말한마디가 국민에게 희망을 심어주었던 것처럼, 정치인의 유머와 긍정적 메시지는 경제위기 극복의 촉매제가 될 수 있다.

이재명은 유세 현장과 연설에서 재치 있는 유머로 국민과 소통하는 정치인으로 알려져 있다. 예를 들어, 대선 후보 시절 배우자 토론회 제안에 대해 "정치는 대통령이 하는 것이지 부인이 하는 게 아니다. 아들이 영향을 주면 아들 토론도 해야 되겠네, 친구가 영향을 주면 측근 토론도 해야 되겠네"라고 말해 현장의 웃음을 이끌어냈다.

그는 또한 "나라 주인이 바빠서 직접 나랏일 할 수는 없으니 대신할 머슴을 뽑는 게 선거"라며, 정치의 본질을 유머러스하게 풀어낸 바 있다.

또 정치인들의 특권을 풍자하며 "정치인들은 그 자리가 너무 좋아요. 월급 주지요, 비서 있지요, 차도 나오지요, 사무실 번듯하죠. 가끔 늦잠 자도 되고 결석해도 월급 나오죠. 그런데 이 자리를 정치인들은 지키고 싶어 해요. 나쁜 짓 하기가 너무 좋아요. 뇌물 받기도 좋고, 그거 안 하는 사람들은 오히려 왕따돼요"라고 솔직하게 말해 청중의 공감을 샀다.

"유머가 아예 없다면 인생을 불가능으로 바꾼다"(콜린 파월)
이재명은 특유의 직설적이면서도 재치 있는 화법으로 국민과 소통하며, 때로는 유머를 통해 긴장된 분위기를 누그러뜨리고, 복잡한 사회 문제도 쉽게 풀어내는 모습을 보여준다.

세계적으로도 정치인의 유머는 정치적 소통과 리더십의 중요한 도구로 활용되어 왔다. 윈스턴 처칠은 상대 의원이 "당신이 남편이라면 차에 독을 타겠다"고 하자 "내가 남편이라면 그걸 마시겠다"고 재치 있게 받아쳐 영국 국민들에게 큰 웃음을 주었다. 미국의 로널드 레이건은 암살 시도 직후 "여러분, 제가 수술받기엔 아직 너무 젊지 않습니까?"라고 농담해 국민의 불안을 누그러뜨렸다. 버락 오바마 역시 "정치란, 누가 나를 싫어하는지 신경 쓰지 않는 법을 배우는 일"이라며 유머러스한 화법으로 국민과 소통했다.

이처럼 김대중, 이재명과 처칠 등 유명 정치인들의 유머는 국민과의 거리를 좁히고, 신뢰와 공감대를 형성하며, 때로는 위기 상황에서도 사회에 긍정적 에너지를 불어넣는 역할을 한다.

정치인의 유머는 단순한 말장난이 아니라, 사회적 신뢰와 경제적 활력을 이끌어내는 중요한 자산이다. 사회가 어려울수록, 그리고 외부 충격이 클수록 정치인의 유머와 소통은 국민을 하나로 묶고, 경제에 긍정의 에너지를 불어넣는 역할을 한다는 점에서 그 의미와 시사하는 바가 크다.

성공은 준비된 자에게 온다

"성공은 준비된 자에게 온다."라는 루이 파스퇴르의 명언은 이재명 대통령의 당선 과정과 놀라울 만큼 잘 맞아떨어진다. 이재명 대통령의 행보를 보면, 오랜 시간 동안 치밀한 준비와 끊임없는 도전이 이어진다. 마라톤 선수가 결승선을 향해 한 걸음씩 내딛듯, 이재명 대통령 역시 성남시장, 경기도지사 등 다양한 행정 경험을 차곡차곡 쌓아왔다. 이 과정에서 오프라 윈프리가 강조한 "기회는 준비된 자의 것"이라는 조언이 자연스럽게 실천된다. 또한, 에디슨의 "실패는 성공의 어머니"라는 말처럼, 크고 작은 정치적 위기와 논란이 계속되지만, 결코 포기하거나 좌절하지 않는 태도가 드러난다.

이재명의 성공 방정식과 경제학적 가치평가 모델은 다음과 같다.

- **성공**(Success)=**준비**(Preparation)×**기회**(Opportunity)
- $S=PO$

여기서 '준비'는 이재명의 끈질긴 공부, 실무 경험, 정책 역량, 위기 돌파력이고, '기회'는 시대적 변화, 정치적 격동, 국민의 요구, 외생변수(정권 교체, 사회 위기 등)다.

이 공식의 핵심은, S=PO, 즉 성공(0)=준비(0)×기회(100)라는 점이다. 준비가 없으면, 기회가 와도 아무 일도 일어나지 않는다.

이재명 대통령의 인생은 "성공은 준비된 자에게 온다"는 진리를 경제학적으로, 그리고 삶의 사례로 증명한다. 그는 소년공에서 사법시험 합격, 성남시장, 경기도지사, 대선 후보, 당대표, 그리고 대통령에 이르기까지, 준비와 기회가 만날 때 인생이 어떻게 반전되는지 보여준다.

이재명의 실제 여정을 보면, 그는 소년공 출신으로 산업재해 장애를 딛고 독학으로 사법시험에 합격했다. 2010년 성남시장에 당선된 뒤 기본소득 등 복지정책으로 전국적 주목을 받았고, 2018년 경기도지사로 선출되어 코로나19 위기 속 선제적 대응과 민생정책을 펼쳤다. 2022년 대선에 도전하고, 같은 해 민주당 대표(77.77% 득표)로 선출, 2025년 조기 대선에서 대통령에 당선되며 기회와 준비의 만남을 완성했다. 특히 2024년 피습, 계엄령 해제 등 국가적 위기 속에서 리더십을 발휘해 위기를 기회로 바꿨다.

이 방정식을 쉽게 설명하면, 준비 없는 기회는 복권 사서 번호 안 맞는 것과 같다. 이재명式 성공은 "라면이 끓을 때 젓가락이 준비되어야 배부르게 먹는다"는 교훈을 남긴다. 탈무드는 "기회는 준비된 자에게만 미소 짓는다"고 말한다. 경제학자 폴 새뮤얼슨(Paul Samuelson) 역시 "운이란 준비와 기회의 교차점"이라 했다. 준비된 자만이 위기를 기회로 바꾼다.

결론적으로, 이재명式 성공은 "준비가 0이면, 기회가 100이어도 성공은 0"임을 증명한다. 유대인 속담에 "기회는 머리카락이 앞에만 있다. 지나가면 잡을 수 없다"고 한다. 빌 게이츠는 "성공은 준비와 기회가 만날 때 온다"고 했다. "준비된 자는 복권이 아니어도 인생의 잭팟을 맞는 법이다."

그렇다면, 이재명 대통령의 정책을 통한 대한민국의 향후 5년간의 발전은 어떤 트렌드로 흘러갈 것인가? 이재명 대통령의 공약과 우리나라가 현재 보유한 여러 여건을 종합한 국가의 성공 방정식은 아래와 같이 표현된다.

국가의 성공=f(준비(잠재성장률, 혁신역량, 재정건전성, 사회안전망), 기회(외생적 충격, 정책, 시장, 국제정세))

상기의 성공 방정식에서, 이재명 대통령의 축적된 역량이 국가정책에 반영될 경우, 성공의 '준비'와 '기회'를 경제적 변수로 측정한다면, 아래와 같이 구체적인 지표와 변수로 설명할 수 있다.

먼저, 준비(Preparation)의 경제적 변수로는 잠재성장률(Potential Growth Rate)이 대표적이다. 잠재성장률은 국가 경제의 기초 체력, 즉 무리하지 않고 달성 가능한 성장률을 의미한다. 최근 KDI와 IMF, OECD 등은 한국의 잠재성장률을 2.1% 또는 1.5~1.9% 수준으로 진단하고 있다. 이는 경제가 외부 충격 없이 장기적으로 달성할 수 있는 성장의 한계이자, 준비된 힘을 수치로 보여주는 지표다.

혁신역량(Innovation Capacity)도 중요한 준비의 척도다. 이는 R&D 투자 비율, 특허 출원 건수, 고등교육 이수율, 인재풀 등으로 측정한다. OECD는 한국의 혁신역량이 상위 10%에 해당한다고 평가한다. 혁신역량이 높을수록 새로운 시장과 기술 변화에 대응할 준비가 잘 되어 있다는 의미다.

재정건전성(Fiscal Soundness) 역시 위기 대응 여력을 보여주는 핵심 변수다. 국가채무비율, 재정수지 등으로 측정하며, 재정이 튼튼해야 외생적 충격에 효과적으로 대응할 수 있다. 사회안전망 및 복지지표(실업률, 사회복지 지출 비중, 건강보험 보장률 등)도 위기 시 국민을 보호하는 준비의 일부로 작용한다.

반면, 기회(Opportunity)의 경제적 변수는 외생적 충격(External Shocks), 정책 변화(Policy Change), 시장 트렌드(Market Trend), 국제 정세(Geopolitical Environment) 등으로 구체화된다. 글로벌 금융위기, 팬데믹, 러-우 전쟁, 이스라엘-이란 갈등, 트럼프 관세 등은 모두 예기치 못한 환경 변화로, 위기이자 동시에 기회의 창이 될 수 있다. 정부의 경기부양책, 규제 완화, 추경(이재명式 30조 원 추경 제안 등) 등 정책 변화도 새로운 기회를 만든다. AI, 반도체, 친환경 등 신성장산업의 부상과 같은 시장 트렌드 역시 구조적 변화의 기회로 작용한다. 마지막으로, 무역환경, 글로벌 공급망 변화, 주요국 성장률 등 국제 정세 역시 기회의 크기를 결정하는 중요한 변수다.

이렇게 보면, 이재명式 성공의 핵심은 준비(Preparation)와 기회(Opportunity) 요소를 대통령실 내 국정관리실을 신설하여 5년간 지속적으로 수치와 지표를 꼼꼼하게 관리하고, 이 두 요소가 만나는 지점에서 실질적인 성과를 만들어내는 데 있다. 잠재성장률이 높고 혁신역량이 뛰어나며, 재정이 튼튼하고 사회안전망이 잘 갖춰진 국가는 글로벌 외생 충격이나 시장 변화, 정책 기회가 찾아왔을 때 빠르고 강하게 성장할 수 있다. 반대로, 준비가 부족하다면 아무리 좋은 기회가 와도 그 효과를 제대로 누릴 수 없다.

결국, 이재명 정부의 5년은 이재명 대통령이 체화(Embodiment)한 인적 자산(Human Resource)과 대한민국 경제의 기초 체력, 그리고 외생변수 변화에 유연하게 대응하는 능력(Flexibility)이 어우러져, 극대화된 시너지 효과를 만들어낼 것으로 기대된다.

실용과 성장,
그리고 국민 행복 중심 경제철학

이재명의 정치철학은 실용과 성장, 그리고 국민 중심 경제철학에 깊이 뿌리내린다. 그는 "정치는 국민의 밥그릇을 지키는 일"이라는 신념 아래, 이념 실험이 아닌 실질적 변화와 국민 삶의 개선을 최우선 가치로 삼는다. 성남시장 시절 빚을 모두 갚은 사례는 "돈이 없는 게 아니라, 허투루 쓰이는 게 문제"라는 그의 실용주의적 관점을 잘 보여준다. 예산을 효율적으로 관리해 재정건전성을 회복한 경험은 실사구시(實事求是) 정신과 맞닿아 있다.

실용과 성장, 그리고 국민 행복 중심 경제철학을 수학적으로 표현하면 다음과 같다.

> 국민 행복 = f(실용정책, 지속성장, 포용성)
> 경제성장률(g)=A · Kα · Lβ · Hγ · Rδ
>
> - A: 기술과 혁신(실용정책의 집약)
> - K: 자본
> - L: 노동

- H: 인적자본(국민 역량)
- R: 연구개발(R&D)
- α, β, γ, δ: 각 요소의 기여도

IMF, KDI, OECD 등 주요 국제기구와 국내 연구기관들은 기술혁신, 인적자본, 연구개발(R&D) 투자, 그리고 정책의 실효성과 같은 실용적 요소가 경제성장률에 미치는 효과를 구체적인 수치로 제시하고 있다. 예를 들어, KISTEP 연구에 따르면 총연구개발비 비중이 0.195, 총연구원 수가 0.374, 과학기술 논문 수가 0.966, 특허등록 수가 0.048만큼 GDP에 기여하는 것으로 나타난다. 즉, 실용적이고 국민 중심의 투자가 곧 성장의 엔진이 된다는 의미다.

이 방정식은 마치 맛있는 라면 한 그릇을 만들기 위해 좋은 재료(실용 정책), 적절한 불(지속 성장), 그리고 국물의 깊이(포용성)가 모두 필요하다는 것과 같다. 국민이 체감하는 행복은 실용적이고 성장 지향적인 정책, 그리고 모두가 함께 누리는 포용성에서 비롯된다. 폴 새뮤얼슨은 "경제학은 희소한 자원을 어떻게 잘 쓰느냐의 학문"이라고 했고, 탈무드는 "지혜로운 자는 문제를 키우지 않는다"고 말한다. 실용과 성장, 국민 중심 경제 추구는 문제를 키우지 않고, 국민에게 해답을 주는 경제 도구이다.

한국의 상황을 보면, IMF와 OECD는 2025년 한국의 성장률을 2.1~2.2%로 전망하며, 연구개발(R&D) 투자 비중이 GDP의 4.96%로 세계 최고 수준임을 강조한다. 미국은 혁신과 인적자본 중심의 실용정책으로 2024년 2.5% 성장, 일본은 고령화에도 불구하고 기술·복지 결합 정책으로 1.2% 성장, 중국은 내수와 첨단산업 육성으로 4.5% 성장세를 이어간다. 이스라엘-이란, 러시아-우크라이나 전쟁, 트럼프의 관세 압력 등 외생변수에도 불구하고, 한국은 실용적 R&D, 교육, 복지 투자를 통해 위기 대응력을 키우고 있다. KDI 연구는 "실용적 정책과 국민 중심 투자가 글로벌 충격에 대한 경제 회복탄력성을 높인다"고 분석한다.

실제 사례를 보면, 2024년 반도체·AI·배터리 등 신산업 R&D 투자 확대가 수출 증가와 일자리 창출로 이어졌고, 코로나19 위기 때 K-방역, K-진단키트 등 실용적 정책이 세계적으로 성공을 거두었다. 우리의 경우, 개인은 기술·교육·건강에 투자하고, 기업은 R&D와 인재 육성에 집중하며, 정부는 국민 체감형 복지와 실용적 규제 혁신에 힘써야 한다는 점을 들 수 있다. 이처럼 실용적이고 국민 중심의 투자가 실제로 경제성장과 위기 대응력 강화에 중요한 역할을 하고 있음을 수치와 사례로 확인할 수 있다

실용주의는 왜 중요한가? 실용주의 경제학의 대표적 연구자인 존 듀이(John Dewey)와 윌리엄 제임스(William James)는 "지식은 도구이며, 실험과 경험을 통해 진리가 검증된다"고 주장했다. 이재명 역시 정책을 설계할 때 이론이나 이념보다 현장 경험과 실증적 검증을 중시한다. 예를 들어, 경기도지사 시절 기본소득, 청년배당, 지역화폐 등 다양한 정책을 직접 시행하며 그 효과를 실험하고, 국민 실생활에 도움이 되는지 수시로 점검했다. 이는 듀이와 제임스가 강조한 "확인 가능한 유용한 경험"을 정책에 적극 반영한 사례라 할 수 있다.

그의 국민 중심 경제철학은 "민생을 돌보지 않는 정치는 가짜다"라는 명언에서 드러난다. "정책에는 색깔이 없다. 좋은 정책이란 국민 모두에게 도움이 되는 정책"이라는 원칙 아래, 선별복지보다 보편복지를 강조하며 경제성장과 분배의 조화를 추구한다. 영국의 토니 블레어 전 총리가 좌파의 사회적 형평성과 우파의 경제적 효율 사이에서 실용적 균형을 추구했던 것처럼, 이재명도 성장과 분배, 복지와 재정건전성의 균형점을 찾는 데 집중한다.

유머러스한 화법 역시 그의 실용주의적 리더십의 일부다. "저는 대한민국의 머슴입니다. 머슴이 주인 행세하면 안 되죠"라는 말로 자신을 국민의 대리인에 비유하며, "물건 살 때는 사본 사람의 경험을 믿는 게 가장 좋은 방법 아니겠습니까?"라고 강조한다. 이는 정책 역시 현장 경험과 실증적 검증이 중요하다는 메시지다.

정치적 원칙과 유연함을 동시에 추구하는 그는 "좋은 말이 좋은 정치를 낳는다", "진실한 말에는 절박한 삶이 녹아 있다"며 국민과의 진정성 있는 소통을 중시한다. 이재명은 등대에 불을 켜는 정치인이 되고 싶다고 말한다. 국민이 어둠 속에서 길을 잃지 않도록 등대처럼 방향을 제시하고, 국민 곁을 지키는 지도자가 되겠다는 의지를 여러 차례 밝혔다.

결국 이재명의 실용주의 정치철학은 듀이와 제임스 등 실용주의 경제학자들의 연구 결과와 궤를 같이하며, 현장 경험과 실증적 검증, 국민 중심의 정책 설계, 성장과 분배의 균형이라는 실사구시적 실천으로 구현된다.

이념을 넘는 실용주의

이재명 대통령이 2025년 6월 4일 취임 연설에서 '성장'을 22회, '경제'를 12회 언급한 것은 이념을 뛰어넘는 실용주의와 민생 중심의 경제철학을 분명히 드러낸다. 이재명 대통령은 취임사에서 "실용적 시장주의 정부"를 선언하며, 정부의 역할을 통제와 관리가 아닌 지원과 격려로 규정했다. 이는 정부 주도의 선제적 대응과 민간 활력 회복을 병행하는 실용주의적 국정 기조를 강조한 것이다.

이념을 넘어선 실용주의는 결국 "국민의 삶을 실질적으로 얼마나 개선했는가?"라는 성과로 평가받는다. 경제학적으로 표현하면, 실용주의 정책의 가치는 이념적 순수성보다 국민후생(Welfare)의 극대화에 있다. 즉, 실용주의는 다음과 같은 방정식으로 요약할 수 있다.

$$\text{Maximize} W = f(P, E, S, I)$$

- W: 국민후생(총효용)
- P: 정책의 실효성(Performance)
- E: 경제적 효율성(Efficiency)
- S: 사회적 형평성(Social Equity)
- I: 혁신 및 적응성(Innovation/Adaptability)

이 방정식의 의미를 쉽게 풀어 설명하자면, 정부와 사회가 어떤 정책을 펼칠 때, 단순히 좌파냐 우파냐, 진보냐 보수냐 같은 이념적 기준에만 집착하지 말고, 실제로 국민에게 도움이 되는 정책을 선택해야 한다는 뜻이다. 즉, 정책의 실효성(P)이 높아야 하고, 자원을 낭비하지 않으면서 효율적으로(E) 운영되어야 하며, 사회적 약자와 소외계층도 함께 잘 살 수 있도록 형평성(S)도 고려해야 한다. 여기에 급변하는 시대에 맞춰 혁신과 적응력(I)까지 갖추면, 국민후생(W)은 자연스럽게 극대화된다.

예를 들어, 한 나라가 복지정책을 도입한다고 가정해보자. 이 정책이 실제로 국민들에게 도움이 되어야 하고(P), 예산을 낭비하지 않고 효율적으로 집행되어야 하며(E), 모두에게 공정하게 혜택이 돌아가야 하고(S), 미래 변화에 맞춰 유연하게 조정될 수 있어야 한다(I). 이 네 가지가 모두 조화를 이룰 때, 국민 전체의 삶의 질이 가장 크게 향상된다.

경제학자 새뮤얼슨은 "경제는 다양한 관점을 동시에 고려하는 절충주의에서 진보한다"고 말했다. 실제로도 OECD, IMF, KDI 등 국제기구와 국내 연구기관들은 한국 사회가 직면한 저성장, 고령화, 청년실업, 글로벌 불확실성 등 복합적 문제를 해결하기 위해 이념을 뛰어넘는 실용주의적 정책 믹스를 권장한다. 예를 들어, 1997년 외환위기 때 한국은 시장원리에 충실한 구조조정과 정부의 적극적 개입을 동시에 추진해 위기를 극복했다. 이런 실용주의 덕분에 1998년 −5.1%였던 성장률이 1999년 10.7%로 반등하는 기적을 이뤘다.

실용주의의 교훈은 "고양이가 쥐만 잘 잡으면 색깔은 중요하지 않다"는 중국 속담처럼, 결과가 중요하다는 점이다. 이재명식으로 말하자면, 정책은 국민 밥상에 올라가는 반찬이어야지, 이념의 장식품이 되어선 안 된다. 결국 실용주의는 국민 모두가 웃을 수 있도록, 유머처럼 유연하게, 그리고 실질적으로 국민후생을 높이는 길임을 잊지 말아야 한다.

경제학적으로, 이재명 대통령이 취임 연설에서 성장과 경제를 반복적으로 언급한 것은 단순한 수사가 아니라 정책 우선순위에 대한 명확한 신호로 해석된다. '성장' 22회, '경제' 12회라는 수치는 과거 대통령들의 취임사와 비교해도 매우 높은 빈도다. 예를 들어, 이명박 정부의 '747 공약'이나 박근혜 정부의 '창조경제' 등에서 성장 키워드가 강조되었으나, 이재명 대통령은 더욱 직접적이고 반복적으로 성장과 경제를 전면에 내세웠다. 문재인 정부가 '포용'과 '공정'을, 윤석열 정부가 '자유'와 '시장'을 강조했던 것과는 뚜렷한 차별점이다.

이재명 대통령의 경제철학은 실용주의에 기반한 성장 우선 전략과 국민 중심 경제정책에 있다. 그는 국가 재정을 마중물로 삼아 경제의 선순환을 촉진하고, 민간 창업·투자 생태계 조성, 지역 균형발전, 첨단기술산업 투자, 네거티브 규제 전환 등 구체적 방안을 제시했다. "금지하는 일만 빼고는 모두 할 수 있다"는 네거티브 규제 원칙은 시장의 창의성과 기업가 정신을 극대화하는 실용적 접근이다.

이러한 실용주의 경제철학은 경제학자 케인즈가 강조한 "정부의 적극적 역할을 통한 경기 안정화"와, 신제도 경제학에서 말하는 "제도의 유연성과 혁신 촉진" 원리와도 일치한다. 이재명 대통령은 성장의 기회와 결과를 함께 나누는 '공정 성장'을 비전으로 제시하며, 성장과 분배의 균형을 추구했다.

과거 대통령들과의 차별점은 다음과 같다. 첫째, 이념을 넘어 실용주의를 표방하며 "박정희 정책도, 김대중 정책도 필요하면 구별 없이 쓰겠다"고 밝혀 탈이념·탈진영 노선을 분명히 했다. 둘째, 성장과 경제를 국정 최우선 과제로 역대급 빈도로 강조했다. 셋째, 네거티브 규제, 창업·투자 생태계 조성, 첨단산업 육성 등 구체적이고 실용적인 경제정책을 제시했다. 넷째, 진보·보수 구분 없이 유용한 정책은 채택하겠다는 통합과 유연성의 메시지를 던졌다.

이재명 대통령의 이러한 실용주의적 경제철학은 향후 경제성장률 제고, 실업률 하락, 창업·투자 증가, 첨단산업 비중 확대 등 구체적인 경제지표 개선으로 이어질 가능성이 높다. 경제정책의 초점이 '국민의 밥상'에 있다는 점에서, 성장의 과실이 국민 모두에게 돌아가는 구조적 변화를 목표로 한다.

가짜 성장과 단기 부양의 한계, 미래 기술·AI·딥테크 투자 중심의 경제 대도약

'진짜 성장론'은 과거 정부의 단기 부양책이나 부동산·재테크 중심의 외형적 성장, 그리고 소수에게만 돌아가는 '가짜 성장'의 한계를 명확히 비판하는 데서 출발한다. 이재명 대통령은 "진짜 성장은 부동산이 아닌 인공지능(AI), 에너지, 딥테크 등 미래 기술과 K-문화에 대한 투자에서 시작된다"고 밝히며, 기술주도 성장과 모두의 성장을 통해 지속 가능하고 국민이 체감할 수 있는 성장을 실현하겠다는 확고한 경제철학을 천명했다.

가짜 성장과 단기 부양의 한계는 분명하다. 진짜 경제 대도약은 미래기술·AI·딥테크 투자에 달려 있다. 결론부터 말하면, 단기 부양책은 일시적 착시효과에 불과하고, 지속 가능한 성장의 해답은 혁신과 미래기술에 대한 과감한 투자에 있다. 이 원리는 한국뿐 아니라 전 세계 모든 경제에 적용된다.

경제성장률(GDP growth rate)을 단기 부양(Short-term stimulus)과 미래기술 투자(Future-tech investment)로 나누어 보면 다음과 같은 방정식이 나온다.

> **성장률 = α · 단기부양 + β · 미래기술투자**
- α는 단기부양의 효과(보통 0.1~0.2로 미미),
- β는 미래기술투자의 효과(0.5~0.9로 지속적이고 크다).

이 방정식을 쉽게 설명하면, 단기 부양은 라면에 조미료만 넣고 면발은 넣지 않은 것과 같다. MSG처럼 잠깐 맛은 내지만, 면발(미래기술 투자)이 없으면 결코 배가 부르지 않다. 폴 크루그먼은 "진짜 성장은 혁신에서 나온다"고 했고, 탈무드는 "지혜로운 자는 내일을 준비한다"고 강조했다. 오늘의 달콤함에 집착하면 내일의 밥상은 빈 그릇이 될 수 있다는 교훈이다.

IMF, KDI, OECD 등 주요 국제기구들은 연구개발(R&D), AI, 딥테크 등 미래산업 투자가 GDP 성장률에 미치는 기여도가 단기 부양책의 3~5배에 달한다고 분석한다. 예를 들어, KISTEP(2024) 연구 결과에 따르면 R&D 투자 비중이 1%포인트 증가할 때 GDP는 최대 0.37%포인트까지 상승할 수 있다. 반면, 단기 재정 부양책의 경우 1%포인트 투입당 GDP는 0.1~0.15%포인트 증가에 그치는 것으로 나타난다. 즉, 미래기술과 혁신에 대한 투자가 경제성장에 미치는 효과가 단기적 경기부양보다 훨씬 크고 지속적임을 수치로 확인할 수 있다.

한국의 상황을 보면, IMF와 OECD는 2025년 한국의 성장률을 2.1%로 전망한다. 한국은 R&D 투자 비중이 GDP의 4.96%로 세계 1위이고, AI·딥테크 분야 특허출원도 연 23,000건을 돌파했다. 미국은 AI, 반도체, 바이오 등 미래기술에 연간 2,000억 달러를 투자하며 2024년 2.5% 성장했고, 중국은 AI·로봇·신에너지에 집중해 4.5% 성장세를 이어간다. 일본은 고령화로 성장률이 1.2%에 머물지만, 소재·로

봇 등 딥테크 혁신에 사활을 걸고 있다. 이스라엘-이란, 러시아-우크라이나 전쟁, 트럼프 관세 등 외생변수로 글로벌 공급망이 흔들려도, 미래기술에 투자한 국가는 위기 속에서도 성장의 엔진을 멈추지 않는다.

실제 사례로는 2024년 한국 반도체·AI·배터리 산업이 R&D 투자 확대 덕분에 수출이 12% 증가하고, 일자리 8만 개가 창출된 점을 들 수 있다. 코로나19 위기 때 K-진단키트, K-바이오 등 미래기술 기업이 세계 시장을 선도한 것도 대표적이다.

적용 팁으로는, 개인은 AI·코딩·데이터 등 미래기술 역량을 키우고, 기업은 단기 실적보다 R&D와 인재 확보에 투자하며, 정부는 단기 부양책에만 의존하지 말고 미래산업 생태계 조성에 집중해야 한다는 점을 강조할 수 있다. 이처럼, 미래기술과 혁신에 대한 투자가 진짜 경제성장과 위기 대응의 핵심임을 수치와 사례로 확인할 수 있다.

2030년 이재명 정부의 정책이 성공적으로 추진될 경우, 한국은 AI·딥테크 분야에서 세계적인 강국으로 도약하고, 첨단산업의 글로벌 경쟁력과 수출 비중이 크게 확대될 것으로 예상된다. 산업 전반의 혁신과 새로운 일자리 창출, 지역균형 발전, 국민 삶의 질 향상 등 실질적이고 체감할 수 있는 성장의 시대가 열릴 것으로 전망된다.

결국 이재명식 '진짜 성장'론은 단기 부양이나 외형적 성장의 한계를 넘어, 미래기술과 산업 혁신, 그리고 모두가 참여하고 과실을 공유하는 경제 대도약을 실현하겠다는 확고한 신념과 구체적 정책 비전을 담고 있다.

정책은 말이 아니라 숫자로 증명된다

"정책은 말이 아니라 숫자로 증명된다." 이재명 대통령이 자주 쓰는 이 유머러스한 실천철학은 경제학적으로도 매우 중요한 함의를 가진다. 경제학자 밀턴 프리드먼은 "우리가 신뢰할 수 있는 것은 데이터뿐이다 (One only trusts data)"라고 말한 바 있다. 정책의 효과는 멋진 슬로건이나 감동적인 연설이 아니라, 실제로 국민의 삶에 어떤 변화가 일어났는지, 숫자로 확인될 때 비로소 진짜임이 입증된다.

정책의 효과를 수학적으로 표현하면 다음과 같다.

> 정책효과(PE) = f(지표 변화량 = ΔX)
>
> - f는 정책의 설계·집행·피드백 과정.
> - ΔX는 정책 시행 전후의 실질적 변화(예: GDP, 고용률, 수출, 복지지표 등)

경제학적으로는 "정책의 성공 = 목표지표의 실질적 개선"이다. 예를 들어, KDI와 OECD는 정책의 성과를 GDP 성장률, 고용 창출, 소득 분배 개선, 투자 증가 등 구체적 수치로 평가한다. IMF는 "정책은 수치로 검증되어야 하며, 경제지표 개선 없는 정책은 공허하다"고 강조한다.

이재명 대통령은 "말은 공기 중에 흩어지지만, 숫자는 통장에 찍힌다"는 식의 재치 있는 표현으로 정책의 실효성을 강조한다. 예를 들어, IMF와 OECD, 한국은행, KDI 등 국내외 주요 연구기관의 최근 통계에 따르면, 2023~2024년 한국의 실질 GDP 성장률은 1.4~2.2%에 머물렀으나, 이재명 정부가 추진하는 AI·딥테크 투자와 규제혁신 정책이 추진되면 2026년 성장률 전망치는 2.7%까지 상향 조정될 것으로 보고 있다(OECD 2025 전망치 기준). 실업률도 2024년 3.3%에서 2027년 2.8%로 하락할 것으로 예상된다(한국은행, IMF 자료).

KDI는 "정책의 성과는 국민소득, 고용, 투자, 생산성 등 구체적 지표로 평가되어야 하며, 숫자가 곧 신뢰"라고 강조한다. 이재명 대통령식 실용주의는 바로 이런 점에서 빛을 발한다. "정책은 숫자로 말한다"는 그의 신념 아래, 정책 추진 이후 청년 고용률은 2024년 44.1%에서 2027년 47%로, 첨단산업 수출 비중은 2025년 28%에서 2030년 35%로 늘어날 것으로 전망된다(IMF, KDI, 산업연구원 자료 종합).

국내외 평가도 긍정적이다. IMF는 "한국은 AI·딥테크 투자와 규제혁신을 통해 중장기 성장잠재력을 높이고 있다"고 평가한다. OECD 역시 "정책효과가 수치로 입증되면서 한국 경제의 신뢰도가 높아지고 있다"고 분석한다. 이재명 대통령은 "정책은 숫자로 증명된다. 말로는 밥상이 차려지지 않는다. 고기 한 점 더 얹어주는 게 진짜 정책"이라고 농담을 던지며, 실질적 성과 중심의 국정운영을 강조한다.

향후 영향도 크다. 정책이 수치로 검증되는 구조가 정착되면, 국민 신뢰와 국제 신인도 모두 올라간다. 정책 실패는 곧바로 숫자로 드러나기 때문에, 정부는 더 책임감 있게 정책을 설계하고 집행할 수밖에 없다. "정책이 밥상에 올라와야 진짜"라는 이재명식 실천철학은, 앞으로도 한국 경제정책의 투명성과 실효성을 높이는 중요한 원칙으로 자리 잡을 전망이다.

4대강 사업, 부동산 부양 정책 등 과거 정부의 한계와 이재명식 반면교사

실패와 성공의 교훈, 즉 정책효과는 숫자와 데이터로 명확하게 드러난다. 이명박 정부의 4대강 사업과 박근혜 정부, 윤석열 정부의 부동산 부양 정책은 '단기 부양'과 '외형적 성장'의 한계, 그리고 경제정책의 본질이 무엇인지 보여주는 대표적 반면교사다.

정책의 경제적 효과는 다음과 같이 표현할 수 있다.

> 정책효과(PE) = 총편익(B) / 총비용(C)
> - B: 정책이 가져온 실제 편익(수질 개선, 일자리, 지역 소득, 국민 건강 등)
> - C: 투입된 총비용(사업비, 유지비, 환경복구비 등)
> - PE: 1.0 이상이면 경제성이 있고, 1.0 미만이면 경제성이 없다.

이 방정식은 마치, 라면 한 그릇에 1만 원을 들였는데, 막상 먹고 나니 배도 부르지 않고 오히려 건강까지 해친 것과 같다. 보여주기식 정책은 "광고는 화려하지만, 영수증을 보면 손해"라는 뼈아픈 교훈을 남긴다. 폴 새뮤얼슨이 "정책은 숫자로 평가받는다"고 한 것처럼, 정책의 진정한 가치는 실제로 국민에게 돌아가는 효과, 즉 수치로 드러난다. 탈무드의 "지혜로운 자는 내일을 준비한다"는 말처럼, 단기적 성과에 집착하기보다 미래를 내다보는 실용주의가 중요하다. 이재명식은 "라면 국물만 진하게 만들지 말고, 면발과 영양까지 챙겨라"는 실용적 경제철학을 강조한다.

IMF, KDI, 감사원 등은 4대강 사업의 비용 대비 편익(B/C) 비율이 0.21에 불과하다고 진단했다. 23조 원이라는 막대한 사업비가 투입됐지만, 전국 물 부족 해소 기여도는 고작 4%에 그쳤고, 편익 대부분도 수질 개선이나 친수 공간 조성 등에서 미미하게 나타났다. 이는 보여주기식, 단기적 효과에 치중한 정책의 한계를 수치로 드러낸 대표적 사례다.

일본, 미국, 중국 등 주요국은 대형 국책사업에서 "비용 대비 실질 편익"을 중시한다. OECD 역시 "정책은 장기적 지속 가능성과 국민이 실제로 체감하는 효과로 평가해야 한다"고 강조한다. 외생변수로 글로벌 환경이 불확실해질수록, 보여주기식이 아닌 실질적이고 숫자 중심의 정책이 더욱 중요해지고 있다. 결국, 경제도 정책도 영수증을 보고 웃을 수 있을 때 진짜 성공이라 할 수 있다.

부동산 부양 정책 역시 단기적으로는 성장률과 소비를 일시적으로 끌어올릴 수 있지만, 장기적으로는 가계부채 증가와 자산 양극화, 청년·무주택자 소외, 금융 불안정 등 부작용이 누적된다. 한국은행과 KDI 연구에 따르면 2020년대 초반 부동산 부양책 이후 가계부채가 GDP 대비 106%를 돌파했고, 주택가격급등과 소비 위축, 금융시장 불안정이 동반됐다.

이재명 대통령은 이런 실패의 교훈을 '이재명식 반면교사'로 삼는다. 그는 "정책은 말이 아니라 숫자로 증명된다. 4대강 사업은 물길만 바꾼 게 아니라, 국민 세금의 흐름도 바꿔버렸다"고 유머러스하게 비판한다. "부동산 부양은 집값만 올리고, 국민의 삶은 내리막길로 밀어 넣는다"는 식의 직설적 화법도 자주 쓴다.

단적으로, 이재명식 경제정책은 단기 부양이 아니라 미래기술(AI, 딥테크, 에너지), 혁신산업 투자, 국민 중심 성장에 초점을 맞춘다. IMF와 OECD, KDI 등은 "한국이 첨단산업 투자와 규제혁신을 통해 성장잠재력을 높이고 있다"고 평가한다. 실제로 2025~2030년 AI·딥테크 투자 확대와 규제 혁신 정책이 추진되면, 성장률은 2.7% 이상, 청년 고용률은 47%까지 개선될 것으로 전망된다.

결국, 실패한 정책은 숫자로, 성공한 정책도 숫자로 증명된다. "정책은 밥상 위에 올라와야 진짜"라는 이재명식 실용주의는, 과거의 반면교사를 딛고 국민 모두가 체감하는 성장과 분배, 그리고 미래를 준비하는 경제정책으로 이어진다. 국내외 연구기관과 시장의 평가는 "숫자가 말해준다"는 이재명식 원칙이 앞으로 한국 경제정책의 기준이 될 것임을 시사한다.

현장과 데이터로 증명된 실천력

이재명표 복지·공정·성장은 현장과 데이터, 즉 실제 삶과 숫자로 증명되는 실천력이다. 결론부터 말하면, 이재명식 정책은 복지 확대, 공정한 분배, 혁신적 성장의 선순환 구조를 통해 국민의 가처분소득과 삶의 질을 실질적으로 끌어올리는 데 초점을 맞춘다. 이 정책은 "말이 아니라 숫자, 구호가 아니라 현장"에서 진짜 효과를 입증한다. 복지, 공정, 성장은 현장과 데이터로 증명될 때 진정한 실천력으로 인정받는다. 경제학자 아마르티아 센은 "정책의 성공은 현장의 삶을 바꾸는 실질적 결과와 그 결과가 데이터로 입증될 때 비로소 의미를 가진다"고 강조한다. 이재명 대통령은 "정책은 말이 아니라 숫자로 증명된다"고 말하며, 현장 중심의 실용주의와 데이터 기반의 정책 평가를 국정운영의 핵심 원칙으로 삼는다. 이재명식의 정책의 효과는 다음과 같이 수식으로 표현할 수 있다.

> 국민 행복 = f(복지확대, 공정분배, 지속성장)
> 가처분소득 = 소득 + 복지혜 · 생활비

- 복지확대: 기초연금 인상, 의료비 경감, 주거·교육·돌봄 지원 등
- 공정분배: 최저임금 인상, 비정규직 정규직화, 청년 고용 강화, 대-중소기업 격차 해소 등

- 지속성장: AI·반도체 등 신산업 투자, 디지털 전환, 친환경 성장 등
- 이 세 축이 합쳐져 국민의 실질적 가처분소득과 삶의 질을 높인다.

이 방정식은 마치 든든한 라면 한 그릇에 면발(성장), 국물(복지), 영양(공정)이 모두 들어간 것과 같다. 면만 있으면 배는 부를 수 있지만 건강을 해칠 수 있고, 국물만 있으면 허기지며, 영양이 빠지면 힘이 나지 않는다. 즉, 성장만 강조하면 사회적 불평등이 심화되고, 복지에만 치중하면 재정 부담이 커지며, 공정이 빠지면 사회적 신뢰와 활력이 떨어진다.

폴 새뮤얼슨이 "경제학은 희소한 자원을 어떻게 잘 쓰느냐의 학문"이라고 한 것처럼, 정책도 자원을 균형 있게 배분해야 진짜 효과가 난다. 탈무드의 "지혜로운 자는 내일을 준비한다."라는 말처럼, 오늘의 성장과 복지, 공정이 내일의 지속 가능한 발전으로 이어져야 한다. 이재명式은 "라면을 끓일 때 국물, 면발, 영양까지 다 챙겨야 진짜 배부르고 건강하다"는 실용주의를 강조한다.

한국의 현실을 보면, IMF와 OECD는 2025년 한국의 성장률을 2.1%로 전망하면서도, 복지지출이 GDP의 13.6%로 OECD 평균(20% 이상)에 비해 아직 여력이 크다고 평가한다. 이재명 정부는 기초연금을 30만 원에서 40만~50만 원으로 인상하고, 건강보험 보장률을 70%에서 80%로 확대하며, 중증질환 보장률을 95%까지 높이는 등 복지의 두께를 더하고 있다. 동시에 AI·반도체 등 신산업에 대한 투자로 수출 1조 달러, 국민소득 5만 달러, 일자리 30만 개 창출을 목표로 하고 있다.

PwC, KDI, OECD 등은 복지 확대와 공정분배가 소비 여력과 내수 활성화, 사회적 신뢰 증진으로 이어지고, 신성장산업 투자가 생산성 향상과 수출 경쟁력 강화로 연결된다고 분석한다.

이재명 대통령은 "복지는 퍼주기가 아니라, 성장의 마중물이다. 고기 한 점 더 얹어주는 정책이 진짜 정책"이라고 비유한다. 현장에서는 기본소득, 청년배당, 지역화폐 등 실질적 복지정책이 시행되어 국민 체감도가 높아진다. 공정성 측면에서는 채용 비리 근절, 공정거래 강화, 대·중소기업 상생 정책 등으로 사회적 신뢰가 회복된다. 성장전략에서는 AI·딥테크 투자, 첨단산업 육성, 창업생태계 조성 등 미래지향적 정책이 추진된다.

향후 영향도 뚜렷하다. 복지와 공정, 성장이 선순환하면 경제성장률이 2027년 2.7%까지 오르고, 청년 고용률은 47%에 근접할 것으로 전망된다. 사회적 불평등 지수(Gini 계수)도 OECD 평균에 접근할 것으로 예상된다. IMF와 OECD는 "한국은 복지·공정·성장 정책의 균형을 통해 중장기적 성장잠재력과 사회적 신뢰를 동시에 높이고 있다"고 평가한다.

결국, 이재명식 실천력의 시사점은 '정책은 현장과 데이터로 증명된다'는 원칙에 있다. 말로만 하는 복지, 구호에 그치는 공정, 외형적 성장에 머무는 정책은 지속 가능하지 않다. 실질적 변화와 수치로 입증되는 정책만이 국민 신뢰를 얻고, 한국 경제의 미래를 밝힐 수 있음을 교훈으로 삼아야 한다.

전국 최초 무상교복, 청년배당, 산후조리비 등 복지정책

성남시장 시절 이재명식 3대 무상복지 정책, 즉 전국 최초 무상교복, 청년배당, 산후조리비 지원은 현장 체감과 데이터로 뒷받침되는 실천적 복지정책의 대표적 사례다. 경제학적으로 볼 때, 이들 정책은 '인적 자본 투자'와 '소득 재분배'라는 두 가지 측면에서 의미를 가진다. 노벨경제학상 수상자 제임스 헤크먼은 "어린 시절의 인적 자본 투자는 사회 전체의 장기적 생산성 향상과 불평등 완화에 가장 효과적"이라고 강조한다. 무상교복, 산후조리비, 청년배당 모두 미래세대와 청년층에 직접 투자함으로써 사회 전체의 성장잠재력을 높이는 정책이다.

실제 성남시의 무상교복 정책은 2016년 중·고교 신입생 8,900명에게 1인당 15만 원을 지원했고, 산후조리비는 연간 8,000여 명의 산모에게 1인당 25만 원을 지급했다. 청년배당은 만 24세 청년 약 1만 1,300명에게 분기별 25만 원(연 100만 원)을 지역화폐로 제공했다. 이 정책들은 소득이나 일자리 유무와 상관없이 보편적으로 지급되어, "정책은 말이 아니라 숫자로 증명된다"는 이재명식 실용주의를 실천했다.

KDI와 한국은행, OECD 등은 복지지출이 GDP 대비 1% 증가할 때 경제성장률이 0.2~0.3% 높아진다는 연구 결과를 제시한다. 성남시 사례에서도 청년배당 지급 이후 지역 내 전통시장 매출이 20%가량 증가했고, 수혜 청년의 95% 이상이 실제 생활에 도움이 됐다는 모니터링 결과가 나왔다. IMF와 OECD는 "복지정책이 단순한 분배가 아니라 내수 진작과 사회적 신뢰 회복, 장기적 성장 동력 확충에 기여한다"고 평가한다.

이재명식 유머도 빼놓을 수 없다. 그는 "교복은 부모의 지갑이 아니라, 사회가 책임져야 한다. 교복값으로 싸우는 집안은 줄이고, 과일 한 번 더 사먹는 청년이 많아지면, 그게 바로 경제성장"이라고 말한다. "산후조리비는 출산장려금이 아니라, '애 낳고 몸조리 잘하라'는 사회의 응원 메시지"라는 식의 재치도 곁들인다.

이 정책들은 전국으로 확산됐다. 무상교복은 광양시 등 타 지자체로 퍼졌고, 산후조리비 지원도 10여 곳에서 도입됐다. 청년배당은 경기도 전체로 확대되며, 기본소득 논의의 마중물이 됐다. 이재명은 "예산은 아껴 쓰면 복지에 쓸 돈이 충분하다"고 강조하며, 실제로 가로등 유지·보수비 등 불필요한 예산을 줄여 연간 80억 원의 재원을 마련했다.

이 정책의 경제적 효과는 다음과 같은 방정식으로 표현할 수 있다.

$$\text{사회적 가치}(SV) = \alpha \cdot \text{복지혜택}(W) + \beta \cdot \text{경제파급효과}(E) + \gamma \cdot \text{사회신뢰}(T)$$

- W: 무상교복, 청년배당, 산후조리비 등 복지혜택
- E: 지역업체 매출 증가, 소비 촉진 등 경제적 파급효과
- T: 사회적 신뢰, 교육기회 평등, 청년 자립 등
- α, β, γ: 각각의 가중치(정책 설계에 따라 다름)

경제학적으로 이 방정식은 "복지정책이 단순한 이전지출이 아니라, 경제적·사회적 선순환을 촉진하는 투자"임을 의미한다. IMF, KDI, OECD 등도 "복지지출 1원당 GDP 1.2~1.5원 증가, 사회신뢰·내수진작 효과"를 수치로 제시한다.

이 방정식은 라면 한 그릇에 든든한 면(복지), 진한 국물(경제효과), 영양(사회신뢰)이 모두 들어간 것과 같다. 면만 있으면 허기지지 않지만 맛이 없고, 국물만 있으면 영양이 부족하다. 영양이 빠지면 힘이 나지 않는다.

이재명式 복지는 "라면을 끓일 때면, 국물, 영양까지 다 챙겨야 진짜 든든하다"는 실용주의다.

시사점은 명확하다. 복지정책은 단순한 퍼주기가 아니라, 미래를 위한 투자이자 성장의 마중물이다. "정책은 말이 아니라 숫자로 증명된다"는 이재명式 실천철학은, 국민이 체감하고 데이터로 입증되는 복지정책만이 진짜라는 교훈을 남긴다.

3대 핵심가치와 청정계곡 도민환원, 공공배달앱, 수술실 CCTV 설치

이재명 경기도지사 시절 '공정, 평화, 복지' 3대 핵심가치는 현장 혁신과 데이터로 증명된 실천적 가치라 할 수 있다. 경제학자 조지 애컬로프는 "공정한 제도와 신뢰는 시장의 효율성과 사회적 자본을 높인다"고 강조한다. 이재명식 정책은 바로 이 '공정'의 실천에서 출발한다.

청정계곡 도민환원 정책은 사유화된 계곡과 하천을 도민에게 돌려준 대표적 공공재 환원 사례다. 2019년 경기도는 불법 점유 업소 1,600여 곳을 정비해 계곡 175곳, 하천 68곳을 도민에게 개방했다. KDI 연구에 따르면 공공재의 무상 개방은 지역 관광객 유입을 15% 이상 늘리고, 인근 자영업 매출을 10% 이상 끌어올리는 효과가 있다. OECD는 "공공자원의 공정한 분배가 사회적 신뢰와 지역경제 활성화에 기여한다"고 평가한다.

공공배달앱 '배달특급'은 플랫폼 독점 구조를 깨고, 소상공인 수수료 부담을 대폭 낮췄다. 2022년 기준 누적 거래액이 1,700억 원, 가맹점 3만 5천 곳을 돌파했다. 한국은행과 KDI 분석에 따르면 공공플랫폼 도입은 소상공인 평균 수수료를 2% 이상 낮추고, 지역 내 소비자 후생을 5% 높이는 효과가 있다. 이재명은 "배달앱 수수료가 치킨값보다 비싸면, 치킨보다 앱이 더 맛있다는 소리 아니냐"며 유머러스하게 플랫폼 혁신의 필요성을 강조한다.

수술실 CCTV 설치는 의료 투명성과 환자 권익 보호를 위한 정책이다. 2021년 전국 최초로 경기도에서 시범 도입되어, 환자 신뢰도 20%

상승, 의료분쟁 감소 등 긍정적 효과가 확인됐다. IMF와 OECD는 "공공의료의 투명성 강화가 사회적 신뢰와 의료시장 안정에 기여한다"고 분석한다.

이 정책의 효과 측정을 위한 수학적 방정식과 경제학적 가치평가는 다음의 방정식으로 표현할 수 있다.

$$\text{사회적 총가치(SV)} = \alpha \cdot \text{공정(F)} + \beta \cdot \text{평화(P)} + \gamma \cdot \text{복지(W)} + \delta \cdot \text{혁신정책효과(I)}$$

- F: 공정(예: 수술실 CCTV 설치로 의료 신뢰도·투명성 증가, 공정한 시장질서)
- P: 평화(사회적 갈등 해소, 안전망 강화, 지역자원 도민환원 등)
- W: 복지(공공배달앱, 복지 인프라 확대, 취약계층 지원 등)
- I: 혁신정책의 직접효과(청정계곡 환원, 공공플랫폼 도입 등)
- $\alpha, \beta, \gamma, \delta$: 각 가치의 정책 내 중요도(가중치)

경제학적으로 이 방정식은, 혁신 정책이 단순히 행정의 효율성을 높이는 개혁에 그치는 것이 아니라, 사회적 신뢰를 회복하고 경제적 효율성을 높이며, 국민이 실제로 체감하는 복지 수준을 끌어올리고, 사회적 갈등까지 줄이는 다차원적 효과를 동시에 창출하는 투자임을 의미한다. IMF, KDI, OECD 등 주요 기관들은 "공정성, 투명성, 복지 강화 정책이 GDP 성장률을 높이고, 사회 신뢰를 회복하며, 내수를 활성화하고, 사회적 비용을 절감하는 데 큰 효과가 있다"고 분석한다. 즉, 혁신정책은 단순히 예산을 쓰는 것이 아니라, 사회 전체의 신뢰와 경제 활력, 국민의 삶의 질을 동시에 높이는 고효율 투자라는 뜻이다.

이 방정식을 쉽게 설명하면, 마치 든든한 라면 한 그릇에 면발(공정), 국물(평화), 영양(복지), 그리고 특별 토핑(혁신정책)이 모두 들어간 것과 같다. 면만 있으면 금방 질리고, 국물만 있으면 허기지고, 영양이 빠지면 힘이 나지 않는다. 여기에 특별 토핑이 더해지면 맛도 건강도 만족감도 모두 올라간다.

시사점은 명확하다. 공정, 평화, 복지라는 가치가 현장 혁신과 데이터로 입증될 때, 국민 신뢰와 경제적 효율성 모두를 높일 수 있다. 이재명식 실천철학은 "정책은 숫자와 현장으로 증명된다"는 교훈을 남긴다. 혁신은 말이 아니라, 국민이 체감하고 데이터로 입증되는 변화에서 시작된다는 점이 가장 큰 시사점이다.

이재명은 합니다

"이재명은 합니다"라는 별명에는 단순한 실행력 그 이상이 담겨 있다. 이는 아리스토텔레스가 "행동이 모든 것의 열쇠다"라고 한 말처럼, 정책도 결국 실행 없이는 아무 의미가 없다는 교훈을 준다. 경제학자 존 메이너드 케인즈 역시 "아이디어보다 중요한 건 실천이다"라고 강조한다. 이재명식 행정은 바로 이 실천의 힘, 그리고 현장 중심의 유머와 소통에서 출발한다.

이재명은 "정책은 책상 위에만 있으면 종이맛만 본다. 현장에 가야 진짜 맛을 본다"고 말한다. 실제로 성남시장 시절에는 "밥값 내고 먹는 시장", 경기도지사 시절에는 "계곡에서 발 씻는 도지사"로 불리며, 행정의 현장성을 몸소 보여준다. 성경에서도 "행함이 없는 믿음은 죽은 것"(야고보서 2:26)이라 했듯, 이재명식 행정은 '행함'으로 증명한다.

이재명式 실행력은 다음과 같은 방정식으로 표현할 수 있다

$$정책실행력(E) = \alpha \cdot 현장방문(H) + \beta \cdot 신속집행(S) + \gamma \cdot 성과지표(R)$$

- **H**: 현장에 직접 가서 문제를 확인하고, 즉각 대응하는 '현장 중심 행정'

- S: 신속한 집행과 의사결정
- R: 실제로 국민이 체감하는 성과(숫자, 데이터, 정책효과)
- α, β, γ: 각 요소의 중요도(정책 스타일에 따라 달라짐)

경제학적으로 이 방정식은 "정책은 계획이 아니라 실행에서 가치가 결정된다"는 의미다. IMF, OECD, KDI 등도 '정책 집행력'이 경제성장률, 국민 신뢰, 위기 대응력에 미치는 영향이 크다고 분석한다.

IMF, OECD, KDI, 한국은행 등의 연구에 따르면, 정책의 실행력과 현장 중심 행정은 국민 신뢰도와 정책 체감도를 10~15% 높이고, 지역 경제성장률을 0.3~0.5% 끌어올리는 효과가 있다. 예를 들어, 성남시 무상교복 정책은 도입 2년 만에 전국 30여 개 지자체로 확산됐고, 청년배당은 경기도 전체로 확대됐다. 공공배달앱 '배달특급'은 소상공인 수수료 부담을 2% 이상 낮췄으며, 수술실 CCTV 설치는 환자 신뢰도를 20% 이상 높였다.

국내외 평가도 긍정적이다. OECD는 "한국의 현장 중심 행정은 정책 신뢰와 혁신 확산의 모범"이라고 평가한다. IMF는 "정책이 실제로 집행될 때 경제적 효과가 극대화된다"고 분석한다. KDI는 "행정의 실천력이 곧 지역경제와 국민 삶의 질을 좌우한다"고 진단한다.

이재명식 유머는 행정의 윤활유다. 그는 "정책은 책상 위가 아니라 국민 밥상 위에 올라와야 진짜다", "보고서로만 정책하면 종이만 살찌고, 국민은 배고프다"고 말한다. 유머는 국민과의 소통을 부드럽게 하고, 정책에 대한 경계심을 낮추며, 때로는 어려운 개혁도 웃으며 넘게 한다. 경제학자 대니얼 카너먼도 "유머는 신뢰와 협력의 촉매제"라고 강조한다. 성경에서도 "즐거운 마음은 좋은 약"(잠언 17:22)이라 했으니, 유머는 행정의 비타민이다.

향후 영향도 크다. 실행력과 결합된 신속한 행정은 국민 신뢰를 높이고, 혁신 정책의 전국 확산을 촉진한다. "이재명은 합니다"라는 별명은 이제 "정책은 한다고만 하지 말고, 진짜 해야 한다"는 국민적 기대와 신뢰의 상징이 됐다.

시사점은 명확하다. 정책은 말로만 하면 '공기 반, 소리 반'이지만, 실행하면 '밥 반, 고기 반'이 된다. 유머는 그 밥상에 김치 한 접시를 더 얹어주는 역할을 한다. 행정의 실행력은 국민이 체감하는 변화를 만든다. 이재명은 오늘도 "합니다." 그리고, 웃으면서 한다.

핀란드 기본소득, 미국 캘리포니아 UBI 시범사업, 한국의 기본소득

핀란드는 2017~2018년 실업자 2,000명에게 월 560유로를 조건 없이 지급하는 기본소득 실험을 실시했으며, 고용 효과는 미미했지만, 수급자의 경제적 안정감과 정신적 웰빙, 삶의 만족도가 뚜렷이 향상되었다. 미국 캘리포니아에서는 스톡턴 등 일부 도시에서 저소득층을 대상으로 월 500달러의 UBI 시범사업을 진행했고, 참여자들은 경제적 불안이 줄고 심리적 안정과 삶의 질이 개선되었다고 평가했다.

한국에서는 경기도 청년기본소득 등 일부 지방정부가 청년을 대상으로 분기별 25만 원을 지급하는 제한적 기본소득 정책을 시행했고, 전국 단위 도입 논의는 재정 부담과 정책효과를 둘러싼 논쟁이 지속되고 있다. 세 나라 모두 기본소득 실험이 고용 증가보다는 복지 체계 단순화, 사회적 안전망 강화, 삶의 질 개선에 더 큰 효과를 보였다.

기본소득의 경제학적·사회적 가치는 다음과 같이 표현할 수 있다.

> 사회적 가치(SV) = α · 소득안정(S) + β · 소비증가(C) + γ · 사회신뢰(T) · δ · 재정부담(F)

- S: 소득 안정(빈곤율 감소, 실업·불안 완화)
- C: 소비 증가(내수 진작, 지역경제 활성화)
- T: 사회 신뢰(불평등 완화, 사회통합)
- F: 재정 부담(국가 예산 투입)
- α, β, γ, δ: 각 요소의 중요도(정책 설계에 따라 다름)

경제학적으로 기본소득은 '이전지출'이 아니라, 경제적 파급효과와 사회적 신뢰를 동시에 창출하는 투자다. IMF, OECD, KDI 등은 "기본소득이 소비·내수·사회통합에 긍정적 영향을 준다"고 평가한다.

핀란드의 기본소득 실험은 2017년부터 2018년까지 2년간, 25~58세 실업자 2,000명을 무작위로 선정해 매달 560유로(약 80만 원)를 조건 없이 지급하는 방식으로 진행됐다. 실험 결과, 기본소득을 받은 집단은 근로 일수에서 대조군에 비해 연평균 0.3~5일(최대 8%) 정도만 더 일했을 뿐, 고용 효과는 거의 없었다. 그러나 삶의 만족도와 정신적 웰빙은 확실히 개선되어, 기본소득 수급자의 생활 만족도는 10점 만점에 7.3점, 일반 실업자는 6.8점으로 집계됐다. 즉, 기본소득이 실업자에게 경제적 안정감과 심리적 행복을 높여주었지만, 노동시장 참여를 크게 늘리지는 못했다는 평가다.

미국 캘리포니아 스톡턴시의 UBI(Universal Basic Income) 시범사업에서는 125명에게 월 500달러를 2년간 지급했다. 이 실험에서는 수혜자의 취업률이 12%포인트 상승했고, 경제적 불안감은 37% 감소했으며, 지역 상권 매출도 증가하는 등 경제적·사회적 긍정 효과가 나타났다. 즉, 기본소득이 단순한 현금 지원을 넘어, 취업 의욕과 지역경제 활성화에도 일정 부분 기여할 수 있음을 보여준다.

한국에서는 2025년 청년 기본소득 예산이 35% 확대되어 수혜자가 크게 늘었고, 경기도 청년에게 연 100만 원을 지역화폐로 지급하는 정책이 시행되고 있다. 이 정책은 청년들의 소비를 촉진하고 지역 내 소상공인 매출 증대, 내수 활성화로 이어졌다. 실제로 2025년 기준 중위소득은 6.42% 인상되고, 복지예산 확대와 함께 빈곤층의 생활 수준도 향상되는 효과가 나타났다.

이처럼 핀란드, 미국, 한국의 기본소득 실험은 고용 효과에는 한계가 있지만, 삶의 만족도, 경제적 안정, 사회적 신뢰, 내수 활성화 등 다양한 긍정적 효과를 수치와 현장으로 보여준다. 각국의 실험은 기본소득이 단순한 복지정책을 넘어, 불확실성 시대에 국민의 안전망이자 경제 활력의 기반이 될 수 있음을 시사한다.

KDI와 한국은행은 "기본소득은 소득 하위계층의 소비성향을 높여 단기 내수 진작에 기여하지만, 고용 효과는 제한적"이라고 분석한다. 즉, "돈은 잠깐 돌지만, 일자리는 쉽게 늘지 않는다"는 비판도 있다.

"기본소득은 고기 한 점 더 얹어주는 정책이다. 배는 부르지 않을 수 있지만, 기분은 좋아진다."

유대인 격언에 "돈이 행복을 사지는 못하지만, 불행을 줄일 수는 있다"는 말이 있듯, 정책의 목적이 단순한 경제성장만이 아니라 국민의 삶의 질과 사회적 신뢰 회복에 있다는 점을 보여준다.

성경에서도 "네 이웃을 네 몸과 같이 사랑하라"(마태복음 22:39)고 했으니, 보편적 복지는 사회적 연대와 포용의 실천이기도 하다. 경제학자 존 롤스는 "정의로운 사회는 가장 약한 자에게도 기회를 보장해야 한다"고 강조한다.

향후 경제적 영향은 어떠한가? 핀란드와 미국의 실험은 복지정책이 단기적으로는 행복과 소비를, 장기적으로는 사회적 신뢰와 포용을 높일 수 있음을 시사한다. 그러나 재정 부담, 노동 유인 약화 등 현실적 한계도 분명하다. OECD와 IMF는 "기본소득의 효과는 설계와 재원, 사회구조에 따라 달라진다"고 조언한다.

교훈은 명확하다. 정책은 말이 아니라 숫자와 국민의 웃음으로 증명된다. 유머는 정책의 쓴맛을 단맛으로 바꾸는 양념이다. "정책은 국민 밥상 위에 올라와야 진짜"라는 이재명식 원칙, 그리고 "즐거운 마음은 좋은 약"(잠언 17:22)이라는 성경 말씀처럼, 복지정책도 국민의 행복과 사회적 신뢰를 키우는 데 그 진짜 의미가 있다.

대통령 탄핵과 대형 참사의 사회경제적 영향과 대응책

탄핵과 대형 참사는 대한민국 경제에 씻을 수 없는 막대한 손실을 남긴다. 박근혜와 윤석열 두 대통령의 탄핵, 세월호·오송·이태원 참사, 12.3계엄 등은 단순한 정치·사회적 사건이 아닌, 경제 전체를 뒤흔드는 충격파다. 이제, 경제학적 방정식과 실제 수치를 통해 이 손실을 해부해 보도록 한다.

"숫자는 거짓말을 하지 않는다"

대한민국의 사회·정치적 충격이 경제에 미치는 손실은 다음과 같이 수식화할 수 있다.

> Total Loss = ΔGDP + Δ금융자산 + Δ소비 + Δ투자 + Δ신뢰비용
>
> - ΔGDP: 성장률 하락에 따른 GDP 감소분
> - Δ금융자산: 주가·환율 등 금융시장 변동에 따른 손실
> - Δ소비, Δ투자: 소비·투자 위축분
> - Δ신뢰비용: 국가신용등급 하락, 외국인 투자 감소 등 신뢰 하락에 따른 비용

예시 적용(박근혜·윤석열 탄핵, 참사): 정치 불안 및 탄핵 정국 시 성장률 0.4~1.0% 하락, 손실액 최소 수조~수십조 원

세월호, 오송, 이태원 등 대형 참사 직후 소비·관광·내수 위축, GDP 성장률 0.1~0.3% 하락 추정

이 방정식은 사회적·정치적 위기나 대형 참사가 발생했을 때, 우리 경제가 입는 총손실을 다각도로 설명하는 공식이다.

즉, "총손실(Total Loss)"은 단순히 눈에 보이는 GDP 감소만이 아니라, 금융시장, 소비, 투자, 신뢰 등 경제 전반에서 발생하는 모든 손실의 합이라는 의미다.

첫째, ΔGDP는 성장률 하락으로 인한 국내총생산(GDP) 감소분이다. 예를 들어 정치적 혼란이나 참사로 인해 경제성장률이 0.5%포인트 하락하면, 한국 GDP(약 2,000조 원 기준)에서 10조 원이 줄어드는 셈이다.

둘째, Δ금융자산은 주가 하락, 환율 급등 등 금융시장의 변동성으로 국민과 기업이 잃는 자산가치를 의미한다. 예를 들어 탄핵 정국에서 코스피가 급락하거나 원화 가치가 떨어지면, 국민 전체가 보유한 금융자산이 수조에서 수십조 원 줄어든다.

셋째, Δ소비와 Δ투자는 국민과 기업이 불확실성 때문에 지갑을 닫고, 투자 계획을 미루면서 발생하는 경제 위축분이다. 대형 참사 이후 내수

와 관광이 1~3% 감소하면, 그만큼 경제 전체에 손실이 추가된다.

 마지막으로, Δ신뢰비용은 국가신용등급 하락, 외국인 투자 감소, 사회적 신뢰 붕괴 등으로 인해 미래 성장잠재력까지 갉아 먹는 보이지 않는 비용이다. 신뢰가 무너지면 해외 투자자들이 떠나고, 장기적으로 경제성장률이 떨어진다.

 이처럼, 박근혜·윤석열 대통령 탄핵이나 세월호·오송·이태원 참사 등은 성장률 0.1~1.0%포인트 하락, 수조에서 수십조 원의 손실로 이어진다. 이 방정식은 단순한 GDP 하락만이 아니라, 금융, 소비, 투자, 신뢰 등 모든 영역의 경제적 피해를 더해 위기의 '진짜 가격'을 보여준다. 즉, 위기 한 번에 나라 전체가 입는 경제적 상처가 얼마나 큰지, 이 방정식이 명확하게 알려준다.

 박근혜 대통령 탄핵이 있었던 2016~2017년, 대한민국은 정치적 혼란과 사회적 갈등으로 인한 경제적 손실이 극대화된 시기를 경험했다. 단국대학교 분쟁해결연구센터와 한국사회갈등해소센터의 분석에 따르면, 2017년 한 해에만 사회갈등 비용이 무려 1,741조 원에 달했다. 이는 단일 연도 기준 국내총생산(GDP)의 상당 부분에 해당하는 규모로, 단순한 정치 이벤트가 아니라 경제 전체에 거대한 충격파를 던졌음을 보여준다.

 경제성장률 역시 0.4~0.6%포인트 하락하여, 약 6~10조 원의 GDP 손실이 발생했다. 이 시기에는 내수 침체와 투자 위축이 두드러졌고, 가계와 기업 모두 불확실성에 지갑을 닫았다. 수출은 반도체 슈퍼사이클

덕분에 선방했으나, 소비심리와 제조업 가동률은 글로벌 금융위기 이후 최저 수준을 기록했다. 흥미롭게도, 정치적 불확실성이 해소된 이후 금융시장은 빠르게 안정을 찾았고, 코스피 지수는 오히려 상승하는 모습을 보였다. 이는 "시장은 불확실성을 싫어한다"는 경제학의 고전적 명제를 다시 한번 입증한다.

윤석열 대통령 탄핵 및 계엄 정국(2024~2025) 역시 성장률 0.4~1.0%포인트 하락, 연간 10~25조 원의 GDP 손실이 예상된다. 환율은 1,300원대에서 1,486원까지 급등하고, 금융시장 불안과 외국인 투자 급감 현상이 나타났다. 아마르티아 센의 말을 빌리자면, "윤석열의 계엄은 '경제적 자해'와 다름없다." 이런 사태는 정치 지도자의 실책과 시스템 부재가 초래하는 경제적 대가는 결코 작지 않음을 보여주는 사례다.

세월호, 오송, 이태원 등 대형 참사 역시 내수와 관광 소비를 1~3% 감소시키고, GDP 성장률을 0.1~0.3%포인트 낮추어 약 2~6조 원의 손실을 남겼다. 더 심각한 것은 사회적 신뢰의 붕괴와 장기적인 외국인 투자·관광 감소이다. "신뢰는 쌓기는 어렵고, 무너지는 건 한순간"이라는 말처럼, 한 번 무너진 신뢰를 회복하는 데는 막대한 시간과 비용이 소요된다.

이 모든 손실의 근본 원인은 리더십의 부재와 시스템의 실패에 있다. 대통령의 법 위반, 위기관리 실패, 정치적 불확실성, 그리고 재난·참사에 대한 안전불감증과 책임 회피 문화가 복합적으로 작용했다. 아마르티아 센은 "정치 지도자 개인의 역량에 의존하면 한 번 실수로 돌이킬

수 없는 결과를 초래할 수 있다. 민주주의는 대중의 참여로 시정할 수 있다"고 강조한다.

IMF와 OECD, KDI 등 주요 기관들은 대통령 탄핵 등 정치적 불확실성이 한국의 성장률을 1%대까지 끌어내릴 수 있다고 경고한다. 실제로 박근혜 탄핵 정국 당시 민간 소비 증가율은 3.4%에서 1.6%로 반토막 났고, 비상계엄 이후 외국인 투자자들은 1조 3,490억 원의 주식을 순매도했다. 환율은 1,440원대까지 치솟으며 금융시장 불안이 확대되었다. 그러나 탄핵 이후 정치적 불확실성이 해소되자 소비심리와 투자, 주가가 빠르게 회복되었다. 이는 "정치는 경제의 거울"이라는 말처럼, 리더십의 공백이 경제에 직접적 충격을 준다는 사실을 보여준다. "위기는 기회의 또 다른 이름"이라는 탈무드의 명언처럼, 신뢰받는 리더와 투명한 절차가 위기 극복의 핵심이다.

지금부터라도, 정치적 불확실성 최소화를 위해 초당적 국정안정협의체를 마련하고, 신속한 리더십 승계와 위기관리 매뉴얼을 강화해야 한다. 사회갈등 해소를 위한 국민 참여 확대와 공정한 소통, 갈등조정 시스템이 필요하다. 한국의 사회갈등 비용은 최근 10년간 연평균 약 233조 원에 달한다. 특히, 이 중에서, 지난 10년간 한국에서 여야, 진보-보수 등 이념 갈등으로 인한 경제적 비용은 연평균 약 60조 원에 달한다.

정치적 이념갈등은 내수 위축, 투자 감소, 사회적 신뢰 저하 등으로 국가 경제에 막대한 부담을 주고 있다. 정치적 이념갈등은 발생 빈도는 낮지만, 경제·사회 전체에 막대한 부담을 주는 가장 큰 비용 요인이다.

재난안전 혁신을 위해 현장대응 역량을 키우고, 책임소재를 명확히 하며, 재난예방 투자를 확대해야 한다. 경제충격 완화를 위해서는 금융시장 안정화, 소비 진작 정책, 외국인 투자 신뢰 회복이 필수적이다. 특히, 대통령실에 국정관리실을 설치하여, 임기가 끝날 때까지 주, 월, 년 단위로 세분화하여 주요 지표를 충실히 관리하면 이런 참사는 대폭 줄어들 것으로 확신한다.

한국의 갈등비용과 여야의 갈등비용

한국의 지난 10년간 경제학적 갈등비용은 '국가 성장의 발목을 잡는 보이지 않는 세금'이었다. 갈등비용(Total Conflict Cost)을 수학적으로 표현하면 다음과 같다.

> 갈등비용(Total Conflict Cost) = 이념 갈등비용+노동 갈등비용+계층 갈등비용+지역 갈등비용+기타

먼저, 국가 전체 갈등비용의 경제학적 가치평가를 살펴본다. 지난 10년(2014~2023년)간 한국의 사회갈등 비용은 연평균 약 233조 원에 달한다. 이는 2023년 명목 GDP의 약 10%를 매년 갈등으로 잃는 셈이다. IMF와 OECD도 "정치·사회적 갈등이 GDP의 20~27%까지 잠식할 수 있다"고 경고한다. 이 비용은 내수 위축, 투자 감소, 사회적 신뢰 저하, 생산성 하락 등 경제 전반에 복합적 손실로 이어진다. "정치는 경제의 거울"이라는 말처럼, 갈등이 심해질수록 경제는 더디게 움직인다. 탈무드는 "사람은 다툼으로 집을 잃고, 국가는 다툼으로 미래를 잃는다"고 했다. 갈등비용이 높은 국가는 위기 때마다 경제 회복이 더디고, 성장 잠재력이 줄어든다.

한국 사회의 이념(여야) 갈등비용은 전체 사회갈등 비용의 75%를 차지하며, 최근 10년간 연평균 약 175조 원, 10년 누적 1,750조 원에 이른다. 단국대학교 분쟁해결연구센터와 한국사회갈등해소센터의 추계에 따르면, 최근 10년(2014~2023년)간 한국의 누적 사회갈등 비용은 약 2,330조 원이며, 이 중 이념 갈등(여야, 진보-보수)이 약 1,750조 원(75%)을 차지한다.

이념 갈등은 발생 빈도는 낮지만, 한 번 발생하면 사회 전체에 가장 큰 경제적 충격을 준다. 실제로 2017년 박근혜 대통령 탄핵 정국에서 이념 갈등 비용이 전체 갈등비용의 75% 이상을 차지했다는 점이 연구에서 확인된다. 그리고 최근 윤석열 대통령 탄핵 역시 대표적인 이념갈등 사태로, 찬반 집회와 거리 대립, 사회적 긴장 고조 등으로 한국 사회의 양극화와 갈등비용을 극대화시킨 사건이다. 윤 대통령 탄핵 국면에서 찬성 여론이 58%에 달했으며, 거리 곳곳에서 찬반 시위와 집회가 이어졌고, "이념 갈등이 극에 달했다"는 평가가 나왔다. 이는 단순한 법적 절차를 넘어, 이념적 진영 대립과 사회적 신뢰 붕괴, 경제적 불안정까지 초래하며, 실제 갈등비용을 더욱 키운 사례로 꼽힌다.

미국, 일본, 이스라엘 등도 정치적 양극화가 극심할 때 성장률이 1~2%포인트 하락하고, 투자와 신뢰가 급격히 줄어드는 현상을 겪었다. IMF와 KDI(한국개발연구원) 역시 정치적 갈등이 해소될 때 경제성장률이 회복된다고 강조한다. IMF는 정치 불안이 장기화될 경우 투자·소비심리 위축과 성장률 하락이 불가피하다고 경고하며, KDI도 정치·사회적 불확실성과 대외 리스크가 복합적으로 작용할 때 성장률이 0.8%까지 떨어질 수 있다고 분석한다.

　유대인 속담에 "다툼은 집을 무너뜨리고, 화합은 미래를 세운다"는 말이 있다. 한국 사회도 이제 갈등을 줄이고, 신뢰와 통합의 경제로 나아가야 할 때다.

제2부

글로벌 경제 환경과 미래 한국의 도전

세계 경제의 변화와 한국의 지정학적 기회

세계 경제는 '저성장 고착화'라는 거대한 파도에 휩쓸리지만, 미래 한국에는 오히려 새로운 지정학적 기회의 문이 활짝 열릴 것으로 보인다. IMF와 OECD, 세계은행 등 주요 국제기구의 전망에 따르면, 2030년까지 세계 경제성장률은 2%대 초반에 머물고, 미국과 인도, 인도네시아를 제외한 주요국은 성장률이 4.5% 선 아래로 떨어진다. "세상에 공짜 점심은 없다"(밀턴 프리드먼)는 경제학의 진리가 2030년에도 여전히 유효하다.

하지만 바로 이 저성장 시대가 한국에는 '피벗의 시대'를 예고한다. 피벗의 시대란 기존의 질서와 패러다임이 급격하게 변화하고, 국가·기업·개인이 기존의 방향을 과감하게 전환(피벗)해야 성장과 생존이 가능한 전환기를 의미한다. 이 용어는 원래 스타트업이나 비즈니스에서 전략적 방향 전환을 뜻하지만, 최근에는 세계 경제, 지정학, 산업구조, 사회 전반에 걸친 대전환의 흐름을 설명할 때 널리 쓰인다.

즉, 피벗의 시대는 기술혁신, 글로벌 공급망 재편, 기후위기, 지정학적 긴장 등 외부 환경 변화에 맞춰 유연하게 전략을 바꿔야 하는 '대전환기'를 가리키며, 기존 방식에 집착하면 도태되고, 변화에 민첩하게 대응하는 주체만이 새로운 기회를 잡을 수 있는 시기다. 미·중 패권 경쟁, 글로벌 공급망 재편, 기술·에너지·안보의 교차로에서 한국은 '지정학적 프리미엄'을 누릴 수 있는 위치에 있다. KDI와 OECD는 한국의 잠재성장률이 1.5~2%로 하락할 것으로 보지만, 첨단산업, AI, 반도체, 친환경 에너지, 방산 등에서 오히려 글로벌 공급망의 허브, 기술혁신의 교두보로 부상할 수 있다고 분석한다.

실제로, 글로벌 기업의 '차이나 엑소더스'와 미국·유럽의 공급망 다변화 움직임 속에서 한국은 첨단 제조와 기술, 에너지 안보의 핵심 파트너로 각광받는다. IMF는 "한국은 지정학적 리스크를 기회로 전환할 역량을 갖췄다"고 평가한다. OECD도 "한국의 기술·인재·인프라 경쟁력은 글로벌 공급망에서 대체불가"라고 진단한다. 유대인 명언에 "위기에 웃을 수 있는 자가 진짜 강자다"라는 말이 있듯, 한국은 혁신과 실행력으로 기회를 잡아야 한다.

"밥상에 고기만 올릴 수는 없지만, 김치와 밥, 된장국이 어우러질 때 진짜 힘이 난다."

즉, 기술·외교·산업·복지의 균형 잡힌 전략이 필요하다. 성경에서도 "지혜로운 자는 바람을 타고 올라간다"(잠언 30:18-19)고 했으니, 한국은 세계 경제의 역풍을 '지정학적 순풍'으로 바꿀 지혜가 필요하다.

2030년 한국의 국가경쟁력에 영향을 미치는 기술혁신, 지정학적위치, 글로벌 연결성 및 위기 대응력 등의 요소를 수식으로 표현하면 다음과 같다.

> 국가경쟁력(K) = α · 기술혁신(T)+β · 지정학적 위치(G)+γ · 글로벌 연결성(C)+δ · 위기 대응력(R)

- T: 반도체, AI, 배터리 등 미래기술혁신력
- G: 한반도의 지정학적 위치(중국·일본·러시아·미국을 잇는 허브)
- C: 글로벌 공급망, 무역, 외교 다변화
- R: 외생변수(전쟁, 관세, 기후위기 등)에 대한 적응·대응력
- α, β, γ, δ: 각 요소의 중요도(시대·정책에 따라 달라짐)

경제학적으로 이 방정식은 "기술·지정학·연결성·위기 대응력이 복합적으로 작용할 때, 국가의 미래가치와 성장잠재력이 폭발한다"는 의미다. IMF, OECD, KDI 등은 "한국은 기술혁신과 지정학적 네트워크를 활용하면 2030년 GDP 2조 달러, 1인당 국민소득 6만 달러 시대를 열 수 있다"고 전망한다.

향후 영향은 분명하다. 한국이 첨단산업과 공급망 허브, 에너지 전환의 중심축으로 자리잡으면, 성장률 하락을 방어하고, 국제적 위상과 경제적 안정성을 동시에 확보할 수 있다. IMF와 KDI는 "한국이 위기를 기회로 바꿀 경우, 2030년에도 세계 경제의 '예외적 성장국'으로 남을 수 있다"고 전망한다. OECD와 세계은행도 "한국의 전략적 선택이 글로벌 경제질서 재편의 핵심 변수"라고 평가한다.

결국, 2030년 세계 경제의 변화는 '저성장'이라는 현실을 피할 수 없지만, 한국에는 '지정학적 피벗'의 기회가 있다. "행함이 없는 믿음은 죽은 것"(야고보서 2:26)이라는 성경 말씀처럼, 전략과 실행, 그리고 지혜가 어우러질 때 한국은 미래의 주인공이 될 수 있다. "위기 앞에서 웃는 자가 승리한다." 한국이 바로 그 주인공이 될 차례다.

미래를 예측하는 가장 좋은 방법은 미래를 창조하는 것이다

"미래를 예측하는 가장 좋은 방법은 미래를 창조하는 것이다." 피터 드러커의 이 명언은, '점쟁이처럼 내일을 기다리지 말고, 오늘 직접 내일을 만들어라'는 강렬한 메시지를 던진다.

"정책은 말이 아니라 숫자와 행동으로, 미래는 예측이 아니라 실천으로 만든다."

경제학적으로, 드러커의 통찰은 미래예측이 단순한 점성술이 아니라, 전략과 행동, 그리고 데이터에 기반해야 한다는 뜻이다. 피터 드러커는 "예측만 하고 행동하지 않으면, 아무 일도 일어나지 않는다"고 강조한다. 실제로 IMF와 OECD, KDI 등 국제기구의 연구도 "미래를 바꾸는 힘은 예측이 아니라, 혁신과 투자, 그리고 실천에 있다"고 진단한다. 예를 들어, 2020년대 한국의 AI·딥테크 투자 확대는 2030년 성장률을 0.7% 끌어올릴 잠재력을 가진다(KDI, OECD). 즉, '미래는 준비하는 자의 몫'이라는 탈무드의 교훈이 현실에서 입증된다.

> **미래가치(FV) = α · 예측(P) + β · 창조적 행동(C)**

- FV: 미래가치(Future Value)
- P: 예측(Prediction, 정보·분석·트렌드 파악)
- C: 창조적 행동(Creation, 혁신·실행·도전)
- α, βα, β: 각 요소의 중요도(현대사회에서는 β가 압도적으로 크다.)

경제학적으로 α(예측)의 힘은 한계가 있지만, β(창조적 행동)의 힘은 복리처럼 미래가치를 폭발적으로 키운다. IMF·OECD·KDI 등도 "혁신과 창조적 투자, 신산업 개척이 미래성장률에 미치는 영향이 단순 예측의 3~5배"라고 분석한다.

IMF, OECD, KDI 등 주요 기관은 "한국의 미래성장률은 기술혁신, 신산업 창출, 창조적 인재 육성에 달려 있다"고 진단한다. 실제로 2025년 한국은 GDP 대비 4.96%의 R&D 투자로 세계 1위 자리를 지키고 있으며, AI·반도체·배터리 등 신산업 수출이 1,200억 달러를 돌파했다. 창업·벤처 투자도 연 10조 원을 넘어섰고, 미래형 일자리 30만 개 창출이라는 성과를 내고 있다. 이러한 '창조적 행동'이야말로 한국 경제의 실질적 성장 엔진이다.

특히 반도체와 AI, 배터리 등 첨단산업은 글로벌 수요와 기술 경쟁이 치열해지는 가운데, 한국의 고부가가치 제품 전략과 설비투자 확대가 성장세를 견인하고 있다. 미국의 고관세, 미·중 무역 갈등, 러시아-우크라이나 전쟁, 트럼프 관세 등 외생변수로 불확실성이 커졌지만, 한국은 기술혁신과 시장 다변화, 수출 구조 고도화로 위기에 대응하고 있다.

말하자면, "미래를 점치려면 점쟁이에게 가라. 미래를 바꾸려면 시장에 가서 직접 팔을 걷어붙여라." "밥상에 고기만 올릴 수는 없지만, 김치와 밥, 그리고 된장국이 어우러질 때 진짜 힘이 난다." 미래도 마찬가지다. 예측만으론 배가 부르지 않고, 직접 만들어야 밥상이 차려진다.

세계의 속담과 명언도 이 진리를 뒷받침한다. 유대인 명언에 "내일의 빵은 오늘 반죽하라"는 말이 있고, "행함이 없는 믿음은 죽은 것"(야고보서 2:26, 성경)이라는 말씀도 있다.

향후 영향도 크다. 한국이 미래를 창조하는 실천에 집중한다면, AI·반도체·에너지 등 신산업에서 글로벌 리더로 도약할 수 있다. OECD와 IMF는 "한국이 혁신과 실행에 집중할 때, 저성장 시대에도 예외적 성장국가로 남을 것"이라고 평가한다. "정책은 국민 밥상 위에 올라와야 진짜"이고, 미래도 책상 위가 아니라 현장에서 창조된다는 교훈을 남긴다.

결국, 피터 드러커의 명언은 "미래는 예측이 아니라 창조"라는 단순한 진리를 넘어, 실천과 행동, 그리고 지혜가 어우러질 때만이 진짜 내일이 온다는 시사점을 준다. 오늘도 "이재명은 합니다." 그리고, 내일도 직접 만든다.

대한민국의 진짜 성장전략

2030년 저성장시대, 이재명의 전략은 "진짜 성장"을 향한 기술주도 혁신, 산업구조 대전환, 균형발전, 공정 성장에 있다. 결론부터 말하면, 단순한 경기부양이나 과거의 성장공식이 아니라, AI·반도체 등 첨단산업 투자와 산업생태계 혁신, 재생에너지 인프라, 사회적 안전망 강화, 그리고 지역·계층 간 불평등 해소를 통해 대한민국을 다시 '성장하는 나라'로 만들겠다는 전략이다. 경제도, 인생도, 라면도 '면발, 국물, 영양, 불 조절'이 모두 갖춰져야 진짜 맛있다.

이재명式 2030 대한민국의 바람직한 성장전략은 다음과 같이 표현할 수 있다.

$$\text{미래성장률}(G) = \alpha \cdot \text{기술혁신}(T) + \beta \cdot \text{산업구조개편}(S) + \gamma \cdot \text{균형발전}(B) + \delta \cdot \text{공정성장}(F) - \epsilon \cdot \text{외생충격}(X)$$

- T: AI, 반도체, 배터리 등 첨단산업 투자 및 혁신
- S: 탄소중립·RE100 등 산업구조 전환
- B: 국토균형·지역혁신·중소기업 생태계
- F: 불평등 해소, 노동·복지 개혁, 공정사회

- X: 미·중 갈등, 전쟁, 관세 등 외생변수
- α, β, γ, δ, ϵ: 각 요소의 정책 중요도

경제학적으로 이 방정식은 "기술혁신과 구조개혁, 균형발전, 공정성장이 복합적으로 작동할 때 저성장 함정을 벗어날 수 있다"는 의미다. IMF, OECD, KDI 등은 한국이 잠재성장률 3%에 진입하고, AI 3대 강국, 국력 세계 5강을 달성하려면 바로 이 네 가지 요소가 유기적으로 결합되어야 한다고 강조한다. 즉, 한두 가지 정책만으로는 저성장 시대를 돌파할 수 없으며, 혁신·구조개혁·균형·공정이 어우러질 때 지속가능한 성장 동력이 만들어진다는 것이다.

이 방정식을 쉽게 설명하면, 라면 한 그릇에 면발(기술혁신), 국물(산업구조개편), 영양(균형발전), 불 조절(공정성장), 그리고 갑자기 들어오는 손님(외생변수)까지 모두 고려해야 진짜 맛이 난다는 뜻이다. 면발만 있으면 질리고, 국물만 있으면 허기지며, 영양이 빠지면 힘이 나지 않는다. 불 조절이 안 되면 라면이 불거나 타버리고, 손님이 갑자기 오면 라면을 더 끓여야 한다. 이재명식으로 말하자면, "라면도 국물만 진하게 만들지 말고, 면발과 영양, 불 조절까지 다 챙겨야 진짜 배부르고 건강하다"는 실용주의다.

한국의 현실을 보면, 2025년 기준 R&D 투자 세계 1위(GDP 대비 4.96%), AI·반도체·배터리 신산업 수출 1,200억 달러 돌파, 창업·벤처 투자 연 10조 원, 미래형 일자리 30만 개 창출 등 실제로 '창조적 행동'이 경제를 움직이고 있다. IMF, OECD, 한국은행 등은 2025년 성장률을 0.8~1.0%로 전망하지만, 2030년에는 잠재성장률 3% 달성을 목표로 삼고 있다.

정책 방향도 AI 3대 강국, 국력 5강, RE100 산업단지, 지역균형발전, 노동·복지·연금 개혁, 대·중·소·벤처 협력 생태계, 문화산업 육성 등 다층적이다. 미국은 IRA 등 첨단산업·청정에너지, 중국은 내수·신산업, 일본은 디지털 전환에 집중하고 있으며, OECD는 "한국의 기술·공정·균형발전 삼박자"를 높이 평가한다. 이스라엘-이란, 러시아-우크라이나 전쟁, 트럼프 관세 등 외생변수 속에서도 산업구조 혁신과 위기 대응력 강화가 필수다.

실제 사례로는 RE100 산업단지에서 국가가 재생에너지와 인프라를 깔아 기업 경쟁력을 높이고, 반도체·조선 등 초격차 산업에서 스마트화·디지털화로 글로벌 격차를 확대 지원하는 정책이 있다. 지역화폐·핀셋 지원은 소상공인과 저소득층에 신속히 집행되어 민생경제 안전망을 강화하고, 첨단전략산업기금 100조 원 설치로 미래형 일자리를 창출한다.

시사점과 교훈은 저성장시대, 이재명式 전략은 "진짜 성장"을 향한 실용적 혁신이다. 유대인 속담에 "위기는 기회의 또 다른 이름"이라 했고, 탈무드는 "지혜로운 자는 내일을 준비한다"고 강조한다. 이재명式으로 말하자면, "라면도 면, 국물, 영양, 불 조절까지 다 챙겨야 진짜 맛있다." 말하자면, "저성장시대에 라면 국물만 진하게 우려내면 배만 불고 건강은 해친다. 진짜 성장엔 면발, 영양, 불 조절, 그리고 손님(외생변수)까지 다 챙겨야 한다."

결론적으로, 2030년 대한민국, 저성장시대의 해법은 기술혁신, 산업구조 개편, 균형발전, 공정성장, 그리고 위기 대응력에 있다. 경제도, 인생도, 라면도 '균형과 실용, 그리고 변화에의 적응'이 답이다.

글로벌 에너지·공급망 변화와 한국의 기회

중동전쟁과 러시아-우크라이나 전쟁이 종료된다면, 글로벌 에너지와 공급망은 대전환을 맞이한다. 결론부터 말하면, 한국은 에너지 가격 안정, 공급망 다변화, 첨단산업 성장의 세 가지 기회를 동시에 잡을 수 있다. "위기는 기회의 또 다른 이름"이라는 유대인 속담처럼, 변화의 파도에서 한국은 세계 경제의 새로운 중심으로 도약할 수 있다.

상기의 상황을 경제학적으로 표현하면 다음과 같다.

$$한국의 기회(K) = \alpha \cdot 에너지안정(E) + \beta \cdot 공급망다변화(S) + \gamma \cdot 첨단산업성장(A) \cdot \delta \cdot 외생불확실성(X)$$

- E: 에너지 가격 및 공급 안정화
- S: 공급망 다변화 및 글로벌 네트워크 확대
- A: 신재생에너지, 첨단소재, 반도체 등 신산업 성장
- X: 잔존 외생변수(정치적 리스크, 새로운 무역장벽 등)
- $\alpha, \beta, \gamma, \delta$: 각 요소의 정책 중요도

IMF, OECD, KDI 등은 "에너지와 공급망의 안정이 국가 성장률, 수출 경쟁력, 산업 고도화에 미치는 파급효과가 크다"고 진단한다. 즉, 에

너지 가격이 안정되고, 공급망이 다변화되면 기업의 생산비가 줄고, 수출 경쟁력이 높아지며, 첨단산업 투자와 혁신이 촉진되어 전체 경제가 한 단계 더 도약할 수 있다는 의미다.

이 방정식을 쉽게 설명하면, 라면 한 그릇에 불 조절(에너지 안정), 다양한 토핑(공급망 다변화), 영양소(첨단산업 성장), 그리고 갑자기 들어오는 손님(외생 불확실성)까지 모두 고려해야 진짜 맛있는 라면이 완성된다는 뜻이다. 불 조절이 잘 되면 면이 퍼지지 않고, 토핑이 다양하면 맛이 풍부해지며, 영양이 더해지면 건강까지 챙길 수 있다. 라면도 불 조절, 토핑, 영양, 그리고 갑자기 오는 손님까지 다 챙겨야 진짜 든든하다.

한국의 현실을 보면, 전쟁 종료 시 러시아산 에너지의 글로벌 공급이 재개되어 유럽, 아시아 등에서 에너지 가격이 안정되고, 한국은 중동·러시아·미국 등 다변화된 공급원에서 유리한 조건을 확보할 수 있다. 유럽은 러시아 의존도를 줄이며 미국·중동으로 수입을 확대했고, 한국 역시 에너지 공급망과 원자재 수급 경로를 다변화해왔다. 전쟁 종료 후에는 기존의 긴장 완화와 함께 공급망 안정성이 한층 높아진다.

또한 우크라이나의 곡물·자원 수출 정상화, 러시아의 에너지·원자재 시장 복귀 등으로 글로벌 인플레이션 압력이 완화되고, 한국의 첨단소재·신재생에너지·반도체 등 고부가가치 산업이 더욱 경쟁력을 갖게 된다. 미국은 에너지 자립과 공급망 리쇼어링, 중국은 내수·첨단소재, 일본은 에너지 절감과 디지털 전환에 집중한다. 한국은 공급망 허브, 첨단소재·배터리·반도체 중심의 신산업 육성에 강점을 보인다.

실제 사례로는, 전쟁 중에도 한국은 LNG·원유 도입선을 중동·미국·호주 등으로 다변화해 에너지 공급망 안정화에 성공했다. 반도체·배터리 등 첨단소재 공급망을 미국·유럽·동남아로 확대해 글로벌 수출 1,200억 달러를 돌파했고, 우크라이나 곡물 수입 재개 시 식품·사료·바이오산업 원가 절감 효과도 기대된다.

적용 팁으로는, 개인은 에너지·첨단소재·신산업 관련 역량을 키우고, 기업은 공급망 다변화, 해외시장 개척, 에너지 효율화에 투자하며, 정부는 에너지·공급망 안정, 신산업 육성, 글로벌 네트워크 확장에 정책 역량을 집중해야 한다.

시사점과 교훈은 명확하다. 중동전쟁·러시아-우크라이나 전쟁 종료는 "불확실성의 시대에 기민하게 움직이는 자가 기회를 잡는다"는 교훈을 준다. 유대인 속담에 "위기는 기회의 또 다른 이름"이라 했고, 탈무드는 "지혜로운 자는 내일을 준비한다"고 강조한다. 이재명式으로 말하자면, "라면도 불 조절, 토핑, 영양, 손님까지 다 챙겨야 진짜 맛있다."

"전쟁이 끝나면 라면집에 줄이 다시 길어진다. 그때를 대비해 불 조절, 토핑, 영양, 손님맞이까지 미리 준비해야 진짜 장사꾼이다."
결론적으로, 전쟁 종료 후 글로벌 에너지·공급망의 재편은 한국에 에너지 안정, 공급망 다변화, 첨단산업 성장이라는 세 가지 기회를 동시에 준다. 경제도, 인생도, 라면도 '균형과 실용, 그리고 변화에의 적응'이 답이다.

일본의 장기불황과 산업구조 전환 실패 교훈

일본의 장기불황과 산업구조 전환 실패는 "과거의 성공 공식이 미래의 보증수표가 아니라는 것"을 전 세계에 보여주는 대표적 반면교사다. 한때 '잃어버린 30년'이라 불릴 만큼, 일본 경제는 자산 버블 붕괴 이후 구조개혁을 미루고, 변화와 혁신을 외면한 끝에 성장의 엔진이 식어버렸다. 이는 "밥상에 고기만 올리다 국물도 놓친 꼴"이다.

일본 경제의 장기불황을 설명하는 방정식은 다음과 같다.

$$장기침체(L) = \alpha \cdot 부채누증(D) + \beta \cdot 인구고령화(A) + \gamma \cdot 기술정체(T) + \delta \cdot 산업구조경직(S) - \epsilon \cdot 구조개혁(R)$$

- D: 부동산 버블·과도한 부채
- A: 인구 고령화·저출산
- T: 기술혁신 정체
- S: 산업구조 경직(제조업 성공에 안주, 신산업 전환 지연)
- R: 구조개혁(개혁이 클수록 침체가 줄어듦)
- $\alpha, \beta, \gamma, \delta, \epsilon$: 각 요소의 중요도

경제학적으로, 일본의 장기불황은 자산가격 거품 붕괴(1990년대 초) 이후 부실기업 정리와 산업구조 전환을 제때 하지 못한 데서 비롯된다. IMF와 OECD, KDI 등은 "구조조정 지연과 혁신산업 육성 실패가 경제 전체의 활력을 갉아먹었다"고 진단한다. 실제로 일본의 GDP 대비 투자율은 1990년대 30%대에서 2000년대 23%까지 하락했고, 제조업 고용비중도 1970년대 27%에서 지속적으로 감소했다.

창조산업 육성 역시 실패했다. 1999~2011년 일본 창조산업의 매출액은 −14.3%, 고용은 −14.0%, 기업 수는 −26.9%로 오히려 후퇴했다. 특히 제조업 내 창조산업은 매출 −45.6%, 고용 −50.5%라는 참담한 성적표를 남겼다. 일본 상장기업의 현금 및 현금성 자산은 GDP 대비 44%로 G6 국가 평균(15~27%)을 훨씬 웃돌았는데, 이는 기업들이 투자 기회를 만들어내지 못하고 현금만 쌓아둔 결과다.

정책 실패도 치명적이었다. 일본 정부는 금융완화·재정확장에만 매달리며 규제개혁과 성장산업 투자를 소홀히 했다. 마이너스 금리와 엔저에 취한 기업들은 디지털 전환, 반도체·배터리·5G 등 첨단산업에서 미국·한국·대만·중국에 주도권을 내줬다. 일본의 'Bottom up'식 의사결정, 기득권 저항, 구조조정 지연이 혁신의 발목을 잡았다.

현재의 외생변수도 무시할 수 없다. 최근 이스라엘-이란 중동전쟁, 러시아-우크라이나 전쟁, 트럼프의 관세 압력 등 글로벌 공급망 재편과 에너지 불안정이 겹치면서, 일본처럼 변화에 둔감한 경제는 더욱 취약해진다. 일본의 내수 축소와 임금 정체, 비정규직 확대는 국민 가처분소득 감소로 이어져 소비·투자 악순환을 심화시켰다.

"정책은 책상 위가 아니라 국민 밥상 위에, 혁신은 구호가 아니라 숫자와 현장에 있어야 한다."

IMF와 OECD는 "일본의 사례는 구조조정과 혁신을 미루면 경제 전체가 장기침체에 빠진다"는 교훈을 남긴다. 탈무드에는 "어제의 빵으로 오늘을 살 수 없다"는 말이 있다. 한국 역시 산업구조 혁신과 신성장 동력 확보, 기득권 저항 극복이 필수다.

시사점은 분명하다. 변화와 혁신을 외면하면, 고기만 바라보다 밥상 전체를 잃는다. 된장국만 먹던 시절이 그립다고, 고기만 찾다간 밥상마저 사라진다. 결국, 일본의 실패는 한국에 "지금이 바로 내일의 밥상을 준비할 때"라는 경고장을 던진다. 실행과 혁신, 그리고 지혜가 미래를 만든다.

기술혁신과 산업구조 재편

기술혁신과 산업구조 재편은 지금 한국 경제가 반드시 넘어야 할 '운명의 고개'다. 탈무드에 "어제의 빵으로 오늘을 살 수 없다"는 말이 있듯, 과거의 성공 공식에 안주하면 일본의 장기불황처럼 '잃어버린 20년'이 결코 남의 이야기가 아니다.

"밥상에 고기만 올리다 국물도 놓칠 수 있다. 혁신은 밥상의 메뉴를 바꾸는 일이다."

기술혁신과 산업구조 재편의 효과는 다음과 같이 표현할 수 있다.

> 미래성장(G) = α · 기술혁신(T) + β · 산업구조고도화(S) + γ · 인재 양성(H) − δ · 구조경직(R)

- T: AI, 반도체, 신재생에너지 등 첨단기술혁신
- S: 고부가가치 산업, 친환경·디지털 전환 등 산업구조 고도화
- H: 창의적 인재·전문가 양성
- R: 경직된 구조, 변화 저항(이 값이 클수록 성장에 마이너스)
- $\alpha, \beta, \gamma, \delta$: 각 요소의 정책 중요도

이 방정식은 라면 한 그릇에 신선한 재료(기술혁신), 새로운 레시피(산업구조 고도화), 요리사의 실력(인재 양성), 그리고 불 조절 실패(구조경직)까지 모두 고려해야 진짜 맛있는 라면이 완성된다는 뜻이다. 신선한 재료만 있으면 맛이 있지만, 레시피가 낡으면 평범하고, 요리사가 실력이 없으면 맛이 없다. 불 조절을 못하면 라면이 타버린다.

한국은 2025년 기준으로 R&D 투자 세계 5위, GDP 대비 R&D 투자 비중은 5%에 달하며, AI·반도체·배터리 등 신산업 수출이 1,200억 달러를 돌파했다. 창업·벤처 투자 규모는 연 10조 원을 넘고, 미래형 일자리도 30만 개 이상 창출하는 등 기술혁신과 산업구조 고도화의 성과가 뚜렷하다. 정책 방향 역시 제2의 산업화, 첨단산업 육성, 친환경 전환, 디지털 혁신, 인재 양성, 산업구조 고도화에 초점을 맞추고 있다.

국제적으로 보면, 미국은 실리콘밸리 중심의 혁신 생태계와 ICT·SW 분야의 압도적 투자로 글로벌 기술 패권을 유지하고 있다. 중국은 AI, 로봇, 신에너지 등 신산업에 대규모 투자를 집중하며, R&D 투자 총액 세계 2위에 올랐다. 일본은 디지털 전환과 제조업 고도화에 주력하지만, ICT 소프트웨어나 바이오 분야 투자 비중이 낮아 산업 다변화에 한계가 있다. 이스라엘은 GDP 대비 R&D 투자 세계 1위로, 혁신 중심 국가의 대표적 사례다. 러시아-우크라이나 전쟁, 이스라엘-이란 등 외생변수 속에서도 유연한 산업구조와 기술혁신 역량이 국가의 생존과 도약을 좌우한다.

실제 사례로, 한국 제조업은 반도체, 조선, 자동차 등 고부가가치 산업으로 빠르게 전환해 세계 시장에서 경쟁력을 확보했다. AI·빅데이터·스마트팩토리 등 신기술 도입으로 생산성과 효율성도 크게 높아졌다. 산업 수학, 융합형 인재 양성, 온디맨드 교육 플랫폼 등도 확산되고 있다.

적용 팁으로는, 개인은 평생학습과 디지털 역량, 창의력·융합능력을 키워야 한다. 기업은 신기술 도입, 친환경·디지털 전환, 글로벌 시장개척에 집중해야 하며, 정부는 R&D 투자, 인재 양성, 산업구조 개편, 규제혁신에 정책 역량을 쏟아야 한다.

기술혁신과 산업구조 재편은 "어제의 해는 오늘의 빨래를 말리지 못한다"는 유대인 속담, "지혜로운 자는 내일을 준비한다"는 탈무드의 교훈처럼, 미래를 만드는 핵심이다. 이재명式으로 말하자면, "라면도 어제 끓인 레시피로만 고집하면 맛이 없다. 신선한 재료, 새로운 레시피, 요리사의 실력, 그리고 불 조절까지 다 챙겨야 진짜 맛있다."

결론적으로, 기술혁신과 산업구조 재편은 국가·기업·개인 모두의 미래를 좌우하는 성장의 엔진이다. 경제도, 인생도, 라면도 '새로운 레시피와 실력, 그리고 변화에의 적응'이 답이다

미래산업의 글로벌 경쟁

AI, 반도체, 바이오, 재생에너지 등 미래산업의 글로벌 경쟁은 지금 전 세계가 펼치는 '밥상 전쟁'이다. 누가 더 다양한 반찬을 올리고, 누가 더 맛있는 기술을 내놓느냐에 따라 국가경쟁력의 운명이 갈린다.

미래산업 경쟁력을 평가하기 위한 수식은 다음과 같다.

> 국가경쟁력(C) = $\alpha \cdot$ AI(A) + $\beta \cdot$ 반도체(S) + $\gamma \cdot$ 바이오(B) + $\delta \cdot$ 재생에너지(R) $- \epsilon \cdot$ 외생리스크(X)

- A: 인공지능 기술력 및 응용력
- S: 반도체 설계·제조·공급망 역량
- B: 바이오·헬스케어 혁신 및 신약개발
- R: 재생에너지·수소·탄소중립 전환 속도
- X: 미·중갈등, 지정학, 공급망·자원 리스크 등 외생변수
- $\alpha, \beta, \gamma, \delta, \epsilon$: 각 요소의 중요도

IMF, OECD, KDI 등은 "AI·반도체·바이오·재생에너지 등 미래산업 경쟁력이 국가 성장률, 수출, 일자리, 안보, 환경에 미치는 파급효과

가 압도적"이라고 평가한다.

이 방정식은 미래산업 경쟁력을 라면 한 그릇에 비유해 쉽게 설명할 수 있다. AI는 신개념 면발로, 라면의 기본을 업그레이드한다. 반도체는 불 조절과 토핑 역할을 해, 라면의 완성도를 결정한다. 바이오는 영양과 건강을 책임져, 먹는 사람의 미래까지 생각한다. 재생에너지는 친환경 국물로, 지속 가능한 맛과 건강을 보장한다. 여기에 이스라엘-이란, 러시아-우크라이나 전쟁, 트럼프의 관세처럼 갑자기 들어오는 손님(외생변수)까지 챙겨야 진짜 맛있는 라면, 즉 글로벌 경쟁에서 살아남는 산업이 완성된다.

신개념 면발만 많아도 불 조절이 안 되면 면이 퍼지고, 영양이 빠지면 건강을 해치며, 친환경 국물이 없으면 라면은 지속 가능하지 않다.

한국은 2025년 기준 R&D 투자 세계 1위(GDP 대비 5%), AI 산업 세계 6위, 반도체 수출 1,200억 달러, 바이오·헬스케어·재생에너지 투자 급증, 미래형 일자리 30만 개 창출 등 미래산업 경쟁력을 빠르게 키우고 있다. 미국은 실리콘밸리 혁신과 청정에너지 전환, 중국은 AI·로봇·신에너지 투자, 일본은 디지털·친환경·수소에너지에 집중한다. 하지만 이스라엘-이란, 러시아-우크라이나 전쟁, 트럼프 관세 등 외생변수에 민첩하게 대응하는 것이 무엇보다 중요하다.

실제 사례로 삼성전자·TSMC 등은 AI·차세대 반도체 R&D에 연간 수십조 원을 투자하며 글로벌 기술패권 경쟁을 주도하고, 한국 바이오

기업들은 mRNA 백신, 유전자 편집, AI 신약개발 등에서 세계적 성과를 내고 있다. 한화·SK·현대차 등은 그린수소·재생에너지·수소모빌리티에 대규모 투자를 하고 있다.

 개인은 AI·디지털·바이오·친환경 역량을 키우고, 기업은 신기술·신시장 개척, 글로벌 공급망·ESG·탄소중립 전략에 집중해야 한다. 정부는 R&D·인재 양성·친환경 인프라, 공급망 다변화, 규제혁신에 정책 역량을 쏟아야 한다. 결국, AI, 반도체, 바이오, 재생에너지 등 미래산업은 국가·기업·개인 모두의 생존과 번영을 좌우하는 성장의 엔진이다.

판교·고덕 등 첨단산업단지 성공사례와 전국 확장 시나리오

판교와 고덕 등 첨단산업단지의 성공은 대한민국 경제의 '밥상'을 새롭게 차린 대표적 사례다. 경제학적으로 첨단산업단지는 총요소생산성(TFP)과 지역경제 활성화, 고용 창출, 혁신 생태계 조성의 핵심 동력이다. IMF, OECD, KDI 등은 "산업단지의 집적효과와 네트워크가 국가 경쟁력의 뿌리"라고 강조한다. 실제로 판교 테크노밸리는 2024년 기준 1,700여 개 기업, 10만 명이 넘는 일자리, 연 매출 150조 원을 창출하며, '한국의 실리콘밸리'로 자리매김했다. 고덕 산단은 삼성전자 등 글로벌 반도체 기업의 대규모 투자를 이끌어내며, 평택·용인·화성 등지에 세계 최대 반도체 클러스터가 조성되고 있다.

첨단산업단지의 전국 확장 효과는 다음과 같이 표현할 수 있다.

$$국가혁신성장(G) = \alpha \cdot 클러스터\ 효과(C) + \beta \cdot 고용창출(E) + \gamma \cdot 수출증대(X) + \delta \cdot 지역균형(B) - \epsilon \cdot 외생리스크(R)$$

- C: 혁신 생태계(기업·연구소·대학 집적)
- E: 고용창출(청년·전문인력 일자리)

- X: 수출증대(첨단산업 수출)
- B: 지역균형발전(지방경제 활성화)
- R: 외생리스크(글로벌 경기, 지정학 등)
- α, β, γ, δ, ε: 정책 중요도

이 방정식은 라면 맛집의 성공 레시피를 전국 체인점으로 확장하는 것과 같다. 판교·고덕이 신선한 재료(기업·인재), 최적의 조리법(혁신 생태계), 넓은 주방(인프라), 다양한 손님(고용 창출)으로 대박을 쳤다면, 이 방식을 전국으로 퍼뜨리면 어디서나 맛있는 라면이 나온다. 단, 갑자기 밀려드는 손님(외생변수)에도 대비해야 한다.

경기도는 2022~2024년 2년간 69조 2천억 원의 투자유치 성과를 올렸고, 민선 8기 내 100조 원+ 목표를 향해 순항 중이다. 판교 제2테크노밸리 등 14개 시군, 36개 산업단지 242만 5천㎡ 용지 분양으로 9조 6,528억 원, 첨단산업 분야에서 34조 4천억 원, 벤처·R&D 분야에서 7천억 원 등 굵직한 투자가 이어지고 있다. 고덕 산단에는 삼성전자가 6개 팹(FAB)을, 용인 원삼에는 SK하이닉스가 대규모 인프라를 구축 중이다.

이런 성공모델을 전국으로 확장하면, 지역별 특화 전략과 민간투자, 혁신 클러스터, 인재 양성, R&D 집적 등 '밥상 전체를 차리는' 국가적 혁신 생태계가 완성된다. KDI와 OECD는 "첨단산업단지의 전국 확장은 성장률 0.5~1.2% 추가 상승, 지역 일자리 10만 개 이상 창출, 수출 10% 이상 증가 효과를 낸다"고 분석한다. 미국은 실리콘밸리·오스턴·보스턴, 중국은 선전·상하이, 일본은 쓰쿠바·요코하마 등 혁신도시를 국가 성장의 엔진으로 삼고 있다. 한국도 전국 확장에 성공하면, 글로벌 공급망 재편, 미·중 패권 경쟁, 트럼프의 관세 압력, 중동·우크라이나 전쟁 등 외생변수에도 흔들리지 않는 '경제안보 밥상'을 차릴 수 있다.

유대인 명언에 "기회는 준비된 자의 것이다"라는 말이 있다. 세계 속담에는 "모든 길은 로마로 통한다"지만, 이재명식으로는 "모든 혁신의 길은 현장과 실행으로 통한다." 말하자면, "된장국만 먹던 시절이 그립다고, 고기만 찾다간 밥상마저 사라진다. 판교·고덕처럼 밥상 메뉴를 다양하게 바꿔야 진짜 성장한다."

결국, 첨단산업단지의 전국 확장은 선택이 아니라 생존의 조건이다. 지금이 바로 곳곳에 '판교와 고덕의 DNA'를 심을 때다.

해외의 실리콘밸리, 중국 선전, 독일의 인더스트리 4.0과의 비교

실리콘밸리, 중국 선전, 독일 인더스트리 4.0 등 세 곳은 전 세계 혁신 경쟁의 '밥상' 위에서 각자 다른 레시피로 미래산업을 요리하는 선두주자다. 실리콘밸리는 고기, 선전은 김치, 독일은 된장국이다. 한국은 이 모든 걸 한 상에 올릴 준비를 해야 한다." 이들의 성공과 전략을 비교하면 한국이 어디로, 어떻게 가야 할지 그 길이 보인다.

먼저, 실리콘밸리는 창의와 자본, 인재가 집결된 세계 혁신의 심장이다. 2024년 기준, 실리콘밸리와 텍사스 등 미국 첨단산업 벨트에는 5,000개가 넘는 스타트업, 1,000조 원이 넘는 기업가치, 연간 500억 달러 이상의 AI·클라우드 인프라 투자가 몰린다. 미국은 개인소득세·법인세 인하, 세제 인센티브, 풍부한 벤처캐피털, 인재 유치 등 '비즈니스 친화적 환경'으로 혁신을 가속한다. 정부 정책과 민간의 전략적 연계, 그리고 실패를 두려워하지 않는 문화가 핵심 동력이다.

중국 선전은 '하드웨어의 실리콘밸리'로 불린다. 2025년까지 '중국제조 2025' 전략을 통해 세계 제조업 2위, 2035년엔 1위 도약을 노린다. 선전은 3만 개 이상의 하드웨어 스타트업, 연간 500억 달러 이상의 전자

제품 수출, ICT·AI·로봇·빅데이터 등 첨단산업의 집적지로 성장했다. 중국 정부는 민간의 혁신역량을 키우고, 대외 개방과 시장주도 정책을 병행한다. IMF는 "중국은 저성장 뉴노멀을 돌파할 신성장 동력 확보에 성공했다"고 평가한다.

독일의 인더스트리 4.0은 제조업의 디지털 전환, 산관학 협력, 스마트 공장 확산이 핵심이다. 독일은 2011년부터 4차 산업혁명 전략을 추진, 벤츠·BMW·지멘스 등 300여 개 기업과 정부·연구기관이 협력하는 '스마트공장 협의회'를 구성했다. 2024년 기준, 독일 제조업 경쟁력은 세계 3위(미국 100, 중국 93.5, 독일 90.8, 한국 77.0)로 평가된다. 인더스트리 4.0 프로젝트에는 연간 500억 유로(약 73조 원) 이상의 투자가 이뤄진다.

한국은 판교·고덕 등 첨단산업단지와 전국 혁신클러스터를 바탕으로, AI·반도체·바이오·재생에너지 등에서 미국, 중국, 독일의 강점을 융합하는 '종합 밥상 전략'을 추진한다. 2024년 기준, 한국의 반도체 수출은 1,300억 달러, AI 투자 21조 원, 첨단산업 R&D 연간 30조 원을 넘는다. KDI와 OECD는 "한국의 시스템반도체 경쟁력은 미국·대만에 이어 세계 2~3위, 제조장비는 일본·미국에 이어 3위권"이라고 분석한다.

향후 영향은 분명하다. 실리콘밸리의 창의, 선전의 속도, 독일의 정밀함을 한국식으로 융합하면, 성장률 0.5~1.2% 추가 상승, 수출 10% 이상 확대, 일자리 10만 개 창출 등 '네 마리 토끼'를 잡을 수 있다. IMF, OECD, KDI 등은 "한국이 혁신과 실행에 집중할 때, 저성장 시대에도 예외적 성장 국가로 남는다"고 평가한다.

결국, 글로벌 혁신도시와 산업전략의 교훈은 명확하다. 한국은 지금, 세계 최고의 밥상을 차릴 준비를 해야 한다.

혁신은 불편함에서 시작된다

"혁신은 불편함에서 시작된다." 이 한마디는 경제의 본질을 꿰뚫는 진리다. 세상에 아무런 불편이 없다면, 스마트폰도, 전기차도, AI도 태어나지 않는다.

"밥상에 국물이 너무 싱거우면, 고춧가루라도 뿌려야 한다. 불편함이 바로 새로운 메뉴의 시작이다."

혁신의 동인을 경제학적 수식으로 표현하면 다음과 같다.

혁신(I) =α · 불편함(U)+β · 창의성(C)+γ · 실행력(E)-δ · 관성(R)

- U: 불편함(문제의식, 불만족)
- C: 창의성(새로운 해결책)
- E: 실행력(실행과 실험)
- R: 관성(기존 방식 고수)
- α, β, γ, δ: 각 요소의 영향력

이 방정식은 아주 쉽게 말해, 라면을 먹다가 '국물이 너무 짜다'는 불편함(U)이 생겼을 때, '덜 짠 레시피'(C)를 떠올리고, 직접 끓여보는 실행력(E)이 더해져야 진짜 혁신적인 라면이 탄생한다는 뜻이다. 반대로 "원래 이래"라는 관성(R)만 붙들고 있으면, 라면은 늘 짜고 불편하다. 즉, 불편함이 창의적 아이디어와 실행력과 만나야 혁신이 이루어진다.

2024년 세계에서 가장 혁신적인 국가와 한국을 비교하면, 스위스가 67.5점으로 1위, 스웨덴 64.5점(2위), 미국 62.4점(3위), 싱가포르 61.2점(4위), 영국 61.0점(5위), 그리고 한국이 60.9점으로 6위를 기록했다. 한국은 영국과 단 0.1점 차이로 6위에 올랐으며, 아시아에서는 싱가포르에 이어 두 번째로 높은 순위다.

성공 요인을 구체적으로 숫자로 살펴보면 다음과 같다.
R&D 투자: 한국은 GDP 대비 R&D 투자 비중이 5%로 세계 1위 수준이다. 스위스, 스웨덴, 미국 등 상위 국가들도 R&D 투자 비중이 매우 높다.

혁신 투입지수는 한국은 6위, 스위스 2위, 싱가포르 1위, 미국 4위, 영국 10위로, 한국은 제도와 시장 성숙도 항목에서 8계단이나 상승하는 등 투입 부문에서 강세를 보였다.

혁신 산출지수: 한국은 4위, 스위스 1위, 스웨덴 2위, 싱가포르 11위로, 산출(특허, 신제품, 하이테크 생산 등)에서도 세계 최상위권이다.

특허·지식재산권: 스위스는 14년 연속 1위로, 특허출원, 지식재산권 보호, 산학협력, 인재 유입 등에서 독보적이다. 한국도 특허등록, 신제품·신서비스 출시에서 상위권을 유지한다.

인프라와 시장 성숙도: 한국은 인프라, 제도, 시장 성숙도 항목에서 상위 10개국 중 가장 큰 순위 상승을 기록했다.

산학협력 및 창업생태계: 스위스, 미국, 싱가포르 등은 대학-산업 협력, 창업 환경, 글로벌 네트워크가 매우 강하다. 한국도 이 분야에서 빠른 성장세를 보이고 있다.

요약하면, 한국은 R&D 투자(5%), 혁신산출(4위), 혁신투입(6위), 특허·신제품 등에서 세계 최고 수준을 기록하며 스위스, 스웨덴, 미국, 싱가포르와 어깨를 나란히 한다. 스위스는 67.5점, 한국은 60.9점으로 약 6.6점 차이가 나며, 이 차이는 주로 산학협력, 창업생태계, 특허·지식재산권, 글로벌 네트워크 등에서 발생한다.

결론적으로, 한국은 세계 6위의 혁신국가로, R&D 투자와 기술혁신에서 글로벌 최상위권이다. 하지만 스위스 등 최상위국과의 격차를 줄이기 위해서는 산학협력, 창업생태계, 글로벌 네트워크, 지식재산권 보호 등에서 추가적인 혁신이 필요하다.

미국 디트로이트 자동차산업 쇠퇴, 국내 LCD산업구조조정 사례

미국 디트로이트 자동차산업의 쇠퇴와 국내 LCD산업구조조정 사례는 "혁신과 구조개혁을 게을리하면 한때 세계를 호령하던 산업도 순식간에 몰락할 수 있다"는 냉혹한 교훈을 남긴다. 결론부터 말하면, 변화에 대한 민첩한 대응과 미래산업 전환이야말로 국가와 기업, 지역의 생존을 결정한다. 경제도, 인생도, 라면도 '불 조절, 재료, 타이밍, 그리고 변화에의 적응'이 모두 중요하다.

산업쇠퇴와 구조조정의 경제학적 방정식은 다음과 같이 표현할 수 있다.

산업쇠퇴(D) = α · 혁신정체(I) + β · 경쟁심화(C) + γ · 시장변화무대응(M) + δ · 외생충격(X) − ϵ · 구조개혁(R)

- I: 혁신정체(기술·제품 혁신 부진)
- C: 경쟁심화(글로벌 경쟁, 신흥국 도전)
- M: 시장변화 무대응(소비 트렌드·패러다임 변화 외면)
- X: 외생충격(금융위기, 무역압력, 지정학 리스크 등)

- R: 구조개혁(빠를수록 쇠퇴 방지)
- α, β, γ, δ, ε: 각 요인의 영향력

IMF, OECD, KDI 등은 "혁신과 구조개혁이 지연될수록 산업쇠퇴와 경제적 손실이 기하급수적으로 커진다"고 경고한다.

"자동차산업이 디트로이트를 버린 게 아니라, 디트로이트가 변화를 버렸다."

디트로이트의 몰락은 한마디로 '변화에 눈을 감은 도시의 자화상'이다. 자동차산업 하나에만 지나치게 의존한 결과, 1970년대 석유파동과 일본차의 공세, 인종 갈등과 노조의 잦은 파업, 그리고 경영진의 혁신 부재가 복합적으로 작용하며 도시 전체가 급속히 쇠락했다. 이 과정에서 일자리가 사라지고, 인구는 200만 명에서 70만 명으로 줄었으며, 세수 부족으로 가로등의 40%가 꺼지고 경찰 출동에 58분이 걸리는 도시가 되었다. 타임지는 "정부 운영의 실패, 부패, 그리고 노동 체계의 문제 등이 복합적으로 겹쳐진 결과"라고 진단한다.

이 비극의 공식은 한국 LCD산업에도 고스란히 적용된다. 혁신 없는 반복, 변화 없는 성장, 그리고 글로벌 경쟁의 격화가 몰락의 길을 재촉했다. 실제로 LCD산업의 세계 점유율은 2010년 50%에서 2024년 15%로 급감했고, 중국 BOE에 1위 자리를 내주었다. 2022~2024년 사이 구조조정으로 2만 명 이상이 일자리를 잃었다. 2024년 한국 제조업 성장률은 1.2%로, OECD 평균(1.7%)보다 낮다.

LCD산업 구조조정 모델은 아래와 같다.

> 산업가치$_t$ = Σi = $\ln(M_{i,t} \cdot Q_{i,t} \cdot P_{i,t}) \cdot C_t$
>
> - $M_{i,t}$: 각 기업의 시장점유율
> - $Q_{i,t}$: 생산량
> - $P_{i,t}$: 단가
> - C_t: 총비용(원가 상승, 구조조정 비용 등)

이 방정식은 각 기업이 시장에서 차지하는 비중(시장점유율), 실제로 생산해내는 제품의 양, 그리고 그 제품을 얼마에 파는지를 곱해 매출(또는 매출액)을 구하고, 산업 전체 기업의 매출을 모두 더한 뒤, 산업 전체에 들어가는 비용을 빼서 최종적으로 산업이 창출하는 순가치를 계산한다.

즉, 각 기업의 "시장점유율 × 생산량 × 가격"은 그 기업이 실제로 시장에서 벌어들이는 매출을 의미하고, 산업 전체의 매출에서 총비용을 빼면, 산업이 실제로 경제에 기여하는 순이익, 즉 '순산업가치'가 된다.

이 식은 산업구조조정, 혁신, 경쟁 심화 등으로 시장점유율이나 생산량, 단가, 비용이 변할 때 산업가치가 어떻게 달라지는지를 수치로 보여준다. 쉽게 말해, 이 방정식은 "산업이 얼마를 벌고, 얼마를 쓰고, 결국 얼마가 남는가?"를 한눈에 보여주는 경제학적 도구다. LCD산업은 중국의 저가공세, 기술평준화, 글로벌 수요둔화(외생변수)로 인해 수익성이 급락했고, 대규모 구조조정이 불가피했다.

경제학자 조지프 슘페터의 "창조적 파괴" 이론처럼, 혁신은 낡은 질서를 파괴하고 새로운 질서를 만든다. 디트로이트가 전기차와 스마트 모빌리티로 재도약을 꿈꾸듯, 한국 LCD산업도 OLED, 반도체 등 신산업으로 체질을 바꿔야 한다.

이재명식으로 말하자면, "위기는 언제나 기회의 다른 이름이다. 그러나 준비하지 않으면, 기회는 남의 것이 된다." 이스라엘-이란, 러시아-우크라이나 전쟁, 트럼프의 관세 압력 등 외생변수는 한국 산업에 불확실성을 더한다. 미국, 중국, 일본 모두 자국 산업 보호에 혈안이니, 우리는 더 빠르고 유연하게 혁신해야 한다.

변화는 두렵지만, 변화하지 않는 것은 더 두렵다. 산업의 흥망은 방정식처럼 냉정하다. 그러나 끊임없는 혁신이 있다면, 몰락은 새로운 도약의 출발점이 된다. 위기의 순간, 혁신으로 돌파하라.

이것이 디트로이트와 LCD산업이 우리에게 남긴 가장 값진 교훈이다. 교훈은 명확하다. "물은 배를 띄우기도 하지만, 뒤집기도 한다"(중국 속담). 변화의 파도를 두려워하지 말고, 적극적으로 타야 한다. 디트로이트와 LCD산업의 몰락은 '준비 없는 자에게 위기는 재앙'임을, 그러나 '준비된 자에게 위기는 기회'임을 다시 한번 일깨워준다.

제3부

공약 실천 시나리오

정책은 국민의 삶을 바꾸는 도구다

정책 하나가 국민의 삶을 바꾼다. 이건 단순한 구호가 아니라, 경제학적으로 증명된 사실이다. 정책은 방정식처럼 국민의 행복, 소득, 고용, 복지에 직접적인 영향을 미친다. "정책은 삶의 설계도이자, 국민 행복의 레시피다." 탈무드에서 말하길, "좋은 결정은 경험에서 오고, 경험은 나쁜 결정에서 온다." 정책도 마찬가지다. 잘 설계된 정책은 국민을 웃게 하고, 잘못된 정책은 국민을 울린다.

정책의 경제학적 방정식은 다음과 같다.

> 국민의 삶$_t$ = α · 소득$_t$ + β · 고용$_t$ + γ · 복지$_t$ + δ · 교육$_t$ + ϵ · 건강$_t$ + ζ · 정책$_t$ + η · 외생변수$_t$

- 국민의 삶$_t$: t시점 국민의 삶의 질(행복지수, 삶의 만족도 등)
- 소득$_t$: t시점의 국민 평균 소득
- 고용$_t$: t시점의 고용률
- 복지$_t$ t시점의 복지지출 및 서비스 수준
- 교육$_t$: t시점의 교육 수준
- 건강$_t$: t시점의 건강 지표(기대수명, 의료 접근성 등)
- 정책$_t$: t시점의 정부 정책의 효과(세제, 지원, 규제 등)

- 외생변수 t: t시점의 전쟁, 글로벌 경제위기, 자연재해 등 외부 충격
- α, β, γ, δ, ϵ: 각 요소의 기여도(가중치)

이 방정식은 "국민의 삶의 질은 소득, 고용, 복지, 교육, 건강, 정책, 외부 충격 등 다양한 요인의 합으로 결정된다"는 의미다. 각 요소의 영향력(가중치)은 시대와 나라, 정책 방향에 따라 달라질 수 있다. 즉, 정부가 어떤 정책을 펼치고, 사회가 어떤 환경에 놓여 있는지에 따라 국민의 삶이 달라진다는 것을 보여주는 공식이다. 마치 "맛있는 요리"를 만들 때 여러 재료와 양념이 조화를 이루듯, 국민의 삶도 여러 요소가 잘 어우러져야 더 좋아진다는 뜻이다.

정책의 경제학적 의미는 분명하다. 정책은 국민 행복의 스위치다. 노벨경제학상 수상자 아마르티아 센은 "정책은 인간의 자유와 삶의 기회를 확장하는 도구"라고 했다. 복지정책을 강화하면 저소득층의 삶이 개선되고, 교육정책이 좋아지면 미래세대의 기회가 넓어진다. 반대로, 잘못된 정책은 국민을 고통스럽게 만든다. "길을 잘못 들면, 아무리 빨리 달려도 소용없다."는 이탈리아 속담처럼, 정책은 사회라는 자동차의 방향키다.

여기서 유머 한 스푼. 정책이 국민의 삶을 바꾸지 못한다면, "라면에 스프를 안 넣은 것과 같다." 맛도 없고, 힘도 없다. 정책은 국민의 삶에 '스프'를 넣는 일이다. 맛있고 든든한 한 끼를 위해서 반드시 필요한 존재다.

한국의 현실을 보면, 2024년 1인당 국민소득은 37,000달러로 OECD 평균(46,000달러)보다 낮고, 고용률은 62.5%로 OECD 평균(69.5%)에 미치지 못

한다. 복지지출도 GDP 대비 13.6%로 OECD 평균(21%)보다 적다. 하지만 교육지표는 OECD 상위권, 건강지표는 기대수명 83.5세로 세계 5위다. 복지정책 확대, 청년고용정책, 건강보험 강화 등 정책 변화가 국민 삶의 질을 높이고 있다는 점은 분명하다. 그러나 이스라엘-이란 전쟁, 러시아-우크라이나 전쟁, 트럼프의 관세 압력 등 외생변수로 인한 글로벌 불확실성은 여전히 크다. 이재명식으로 말하면, "정책은 국민의 삶을 바꾸는 가장 강력한 무기다. 그러나 그 무기도 잘못 쓰면 부메랑이 된다." 외생변수에 흔들리지 않는 정책, 국민을 먼저 생각하는 정책이 필요하다.

실제 사례를 보자. 1997년 IMF 위기 이후 한국은 고용안정 및 복지정책을 확대해 실업률을 7%에서 3%로 낮췄다. 코로나19 대응 정책(재난지원금, 백신 무료 접종 등)은 국민 삶의 안전망을 강화했고, 경제 회복 속도도 OECD 상위권이었다. 핀란드는 교육정책 혁신으로 학생 행복도와 학업성취도 모두 세계 1위를 차지했다.

한국의 '의대 정원 확대 정책'은 최근 대표적인 의료정책 실패 사례로 꼽힌다. 정부는 필수 의료 인력 부족과 지역 불균형 해소를 명분으로 2025학년도부터 의대 입학정원을 2,000명 늘리겠다고 발표했다. 하지만 정책 설계와 추진 과정에서 의료계와의 충분한 협의와 과학적 수급 추계 없이 일방적으로 추진한 결과, 전공의와 의대생의 대규모 집단 이탈, 의료현장 혼란, 국민 불안 등 심각한 후폭풍이 발생했다.

이로 인해 발생한 경제학적 비용은 상당하다. 우선 진료 공백과 응급환자 피해가 현실화되어, 2024년 상반기 초과 사망 중증환자가 3,000명 이상 발생했다는 분석이 나왔다. 의료서비스 지연, 국민 불안, 정부 신뢰 하락, 의료계와 정부 간 갈등 심화 등 사회적 비용도 크게 증가했다. 의료현장 마비로 인한 생산성 저하, 의료관광 및 관련 산업 위축, 정책 혼선에 따른 행정비용 증가 등 경제적 손실은 수천억 원대에 이를 것으로 추산된다(정확한 수치는 공식 집계 미발표).

이 정책 실패의 원인은 단순히 의사 수를 늘리는 것이 아니라, 필수의료 분야의 수가 정상화, 의료사고에 대한 제도 개선, 지역·전공별 인센티브 등 근본적 대책 없이 '숫자 늘리기'에만 치중했다는 데 있다. 실제로 서울 주요 대학병원조차 필수과 전공의를 단 한 명도 모집하지 못하는 등, 정원 확대가 필수 의료 인력난 해소로 이어지지 않았다.

이 사례는 "정책은 국민의 삶을 바꾸는 가장 강력한 무기지만, 잘못 쓰면 부메랑이 된다"는 교훈을 남긴다. 정책 실패는 국민의 안전과 경제적 손실로 직결되므로, 신중한 설계와 실행, 그리고 현장과의 소통이 무엇보다 중요하다.

"지혜로운 자는 바람의 방향을 바꿀 수 없을 때, 돛의 방향을 바꾼다."(유대인 명언) 정책이 바로 그 돛이다. 정책이 바뀌면 국민의 삶이 달라진다. 정책도 국민을 웃게 할 때 진짜 힘을 가진다. 이것이 우리가 정책을 고민할 때 절대 잊지 말아야 할 교훈이다.

지역화폐, 소상공인 금융지원, 공공배달앱 등으로 내수 활성화

내수 활성화는 지금 한국 경제의 '밥상'을 다시 차리는 가장 현실적이고 시급한 과제다. 지역화폐, 소상공인 금융지원, 공공배달앱은 밥상에 고기, 김치, 국물까지 다 올리는 실전 무기인 셈이다.

내수활성화 관련 경제학적 가치평가 모델은 아래와 같다.

$$내수_t = \alpha \cdot 지역화폐_t + \beta \cdot 소상공인금융_t + \gamma \cdot 공공배달앱_t + \delta \cdot 기타소비_t + \eta \cdot 외생변수_t \cdot$$

- 내수$_t$: t시점 국내 소비(내수) 규모
- 지역화폐$_t$: 지역화폐 발행 및 유통액
- 소상공인금융$_t$: 소상공인 대상 금융지원 규모
- 공공배달앱$_t$: 공공배달앱을 통한 거래액
- 기타소비$_t$: 기타 내수 진작 정책(할인쿠폰, 소비촉진 등)
- 외생변수$_t$: 전쟁, 무역분쟁, 글로벌 경기 등 외부 충격
- $\alpha, \beta, \gamma, \delta, \eta$: 각 요소의 기여도(가중치)

위의 식을 쉽게 설명하면, 이 방정식은 "내수(국내 소비)는 지역화폐, 소상공인 금융지원, 공공배달앱 같은 정책이 얼마나 잘 작동하느냐에 따라 결정된다"는 뜻이다. 즉, 지역화폐가 많이 쓰이고, 소상공인에게 돈이 잘 돌고, 공공배달앱이 활성화되면 내수도 쑥쑥 자란다. 외생변수(전쟁, 무역분쟁, 글로벌 경기침체 등)는 내수에 찬물을 끼얹을 수도 있다.

경제학적으로 내수 활성화 정책은 소비자 심리를 개선하고, 소득과 고용을 늘려 경제의 선순환을 만드는 핵심 수단이다. 한국은행은 "내수가 하반기로 갈수록 회복되며, 민간소비는 1.6% 증가할 것"이라 진단한다.

지역화폐는 지역 내 소비를 촉진하고, 소상공인 매출을 늘리는 데 결정적 역할을 한다. 2024년 기준, 전국 200여 개 지자체에서 발행한 지역화폐 유통액은 연 25조 원을 돌파했다. 공공배달앱은 민간 독점 플랫폼의 수수료 부담을 낮추고, 소상공인 수익을 직접적으로 높인다. 소상공인 금융지원 정책은 2025년 기준 30조 원 이상이 집행되며, 채무조정·저리대출·보증 등 다양한 방식으로 실질적 숨통을 틔워주고 있다.

미국은 지역경제 활성화를 위해 연방정부와 주정부가 연 500억 달러 이상을 소상공인·지역사회에 투자하고, 중국은 디지털 위안화·지역 인프라 투자로 내수 진작에 사활을 건다. 일본은 지역상품권·공공플랫폼·자영업자 지원을 확대하며, OECD 회원국들도 내수 정책에 예산의 20~30%를 집중한다.

내수 활성화 정책이 한국 경제에 미치는 임팩트는 단기적으로는 제한적이지만, 구조적 개선과 병행될 경우 중장기적으로는 성장의 새로운 동력으로 작용할 수 있다.

2024년 기준, 한국 경제성장률에서 내수의 기여도는 0.1%포인트에 불과하고, 수출이 1.9%포인트를 차지해 전체 성장의 95%가 수출에 의존하는 기형적 구조가 지속되고 있다. 선진국의 내수 성장 기여도가 50% 안팎임을 감안하면, 한국의 내수 의존도는 현저히 낮다. 실제로 자영업자들의 체감 경기는 외환위기 때보다 나쁘다는 평가가 나올 정도로 내수 침체가 심각하다.

그럼에도 불구하고, 내수 활성화 정책은 경제에 분명한 긍정적 효과를 가져온다. 현대경제연구원은 2023년 내수 활성화 대책이 관광산업 이외 부문에서 6조 6,900억 원의 생산유발효과, 총 11조 2,700억 원의 생산유발액, 4조 6,000억 원의 부가가치 유발 효과를 냈다고 분석한다. 이는 GDP의 0.2%에 해당하는 규모다. KDI 역시 내수 진작이 성장률을 0.5~1.0%, 고용을 10만 명 이상 추가 창출할 수 있다고 진단한다.

다만, 지역화폐 등 일부 정책은 추가 소비 유발 효과가 제한적이고, 지자체 간 재정 격차 심화, 사용처 집중 등 구조적 한계가 있다는 비판도 있다. 내수 부진의 근본 원인은 인구 고령화, 고용 불안, 자산의 부동산 편중 등 구조적 요인에 있기 때문에, 금융·노동·자산시장 개혁과 병행하지 않으면 임시방편에 그칠 수 있다.

향후 내수 활성화 정책이 제대로 작동하면, 성장률 0.5~1.0% 추가 상승, 고용 10만 명 이상 창출, 소상공인 매출 10~20% 증가, 지역경제 활력 제고 등의 실질적 효과가 기대된다. 그러나 수출 환경이 악화되거나, 글로벌 불확실성(중동·우크라이나 전쟁, 미·중 관세전쟁 등)이 심화될 경우 내수의 중요성은 더욱 커질 수밖에 없다.

AI·반도체·바이오 등 미래산업에 100조 원 투자

2030년까지 AI·반도체·바이오에 100조 원을 투자한다는 것은, 한국 경제가 '미래의 밥상'을 제대로 차리겠다는 야심찬 선언이다. AI·반도체·바이오라는 세 가지 '주메뉴'에 100조 원을 쏟아붓는 것은, 글로벌 기술패권 경쟁에서 대한민국이 '주방장'이 되겠다는 의지다.

> 미래산업가치$_{(2030)}$ = α · AI투자 + β · 반도체투자 + γ · 바이오투자 + δ · 기타 미래산업투자 + η · 외생변수
>
> - 미래산업가치$_{(2030)}$: 2030년 미래산업이 창출하는 경제적 가치(생산, 수출, 고용 등)
> - AI투자, 반도체투자, 바이오투자: 각 분야별 누적 투자액
> - 기타미래산업투자: 수소, 미래차, 클린테크 등 기타 신산업 투자
> - 외생변수: 글로벌 경기, 전쟁, 무역분쟁 등 외부 충격
> - α, β, γ, δ, η: 각 투자 분야의 경제적 파급력(가중치)

이 방정식은 "AI, 반도체, 바이오 등 미래산업에 얼마나 투자하느냐에 따라 2030년 한국의 경제적 위상이 결정된다"는 뜻이다. 투자가 많을수록, 그리고 그 분야의 파급력이 클수록(α, β, γ, δ), 미래 산업의 가치

가 커진다. 외생변수(전쟁, 글로벌 침체 등)는 이 성장에 긍정적 또는 부정적 영향을 미친다.

경제학적으로 이 투자는 총요소생산성(TFP)과 국가 성장률을 끌어올리는 핵심 동력이다. IMF와 OECD, KDI 등은 "미래산업 선점이 저성장 시대 국가경쟁력의 생명줄"이라고 진단한다. 실제로 정부와 민간이 2030년까지 AI·반도체·바이오에 100조 원 이상을 투자하면, 연평균 성장률 0.5~1.2% 상승, 고용 20만 명 이상 창출, 수출 1,000억 달러 이상 확대 등 실질적 효과가 기대된다. 산업부는 바이오 경제만 해도 2030년 생산 100조 원, 수출 500억 달러를 목표로 하고 있다.

한국의 상황을 보면, 2024년 기준 AI 투자 21조 원, 반도체 수출 1,300억 달러, 바이오 생산 30조 원을 넘어섰다. 강원도 등 지방정부도 반도체·바이오·수소 등 6대 미래산업에 집중해 2030년까지 GRDP 100조 원 달성을 노리고 있다. 현대차·LG·포스코 등 대기업들도 미래차, 배터리, 신재생에너지, 바이오에 2030년까지 100조~140조 원을 쏟아붓는다.

미국은 IRA(인플레이션 감축법), 칩스법 등으로 10년간 3,690억 달러(약 500조 원) 이상을 친환경·반도체·AI에 투자한다. 중국은 '중국제조 2025' 전략으로 연 1,000억 달러 이상, 일본은 소재·장비 강화와 디지털 전환에 500억 달러 이상을 투입한다. OECD 국가들도 국가 R&D 예산의 30% 이상을 미래산업에 집중한다.

향후 영향은 분명하다. 100조 원 투자로 AI·반도체·바이오에서 선두를 잡으면, 한국은 성장률 1% 추가 상승, 수출 10% 이상 확대, 일자리 20만 개 창출 등 '네 마리 토끼'를 잡을 수 있다. IMF와 OECD는 "한국이 혁신과 실행에 집중할 때, 저성장 시대에도 예외적 성장국가로 남는다"고 평가한다.

IMF와 OECD는 2030년까지 AI, 반도체, 바이오 등 미래산업에 대한 대규모 투자와 혁신이 국가 성장률과 총요소생산성(TFP)에 결정적 영향을 미친다고 진단한다. OECD는 ICT(정보통신기술)와 AI 산업이 "세계 경제성장률을 압도적으로 견인하는 유망 산업"이며, AI는 저성장 고착화의 세계 경제를 '재생시킬 잠재력'을 가진 분야라고 평가한다. 실제로 OECD는 AI·반도체·고대역폭 메모리 등 미래산업 밸류체인 전반을 선점하는 국가가 2030년 글로벌 경쟁에서 우위를 점할 것이라고 강조한다.

만일 한국이 2030년까지 AI·반도체·바이오에 100조 원 이상을 투자할 경우, 이로 인해 연평균 성장률 0.5~1.2% 추가 상승, 수출 1,000억 달러 이상 확대, 고용 20만 명 이상 창출 등 실질적 효과가 기대된다. KDI와 한국은행은 "미래산업 혁신이 한국의 성장잠재력을 결정한다"고 평가한다. OECD 역시 "혁신을 위한 R&D 투자와 인재 확보, 지식재산권 강화가 글로벌 경쟁력의 핵심"임을 강조한다.

결국, 2030년 미래산업 투자에서 글로벌 경쟁력은 미국이 AI·반도체·빅테크에서 선두를 유지하고, 중국은 대규모 정부 주도 투자로 추격, 한국은 혁신역량과 밸류체인 내 역할에 따라 성장의 크기가 달라진다. IMF와 OECD 모두 "혁신을 멈추면 일본의 '잃어버린 30년'처럼 성장의 엔진이 식는다"는 경고를 반복한다.

결론적으로, 2030년까지의 미래산업 투자와 혁신역량이 한국을 비롯한 주요국의 글로벌 경쟁력 순위를 좌우한다. 실행과 혁신, 그리고 정책의 일관성이 내일의 밥상을 차린다.

청년·노인·취약계층 지원, 기본소득 단계적 확대로 복지 확대

청년, 노인, 취약계층 지원과 기본소득 단계적 확대는 단순한 복지정책이 아니라, 대한민국 사회의 '안전 에어백'이자 미래 성장의 연료통이다. 복지는 약자만을 위한 것이 아니라, 모두가 위기에 빠졌을 때 지켜주는 '사회보험'이다. "복지는 사회의 건강을 지키는 백신이다."(탈무드)라는 말처럼, 복지 확대는 국민 모두의 삶을 더 안전하고, 더 행복하게 만든다.

경제학적 가치평가를 위한 수학적 표현은 다음과 같다.

$$\text{복지효과}_t = \alpha \cdot \text{청년지원}_t + \beta \cdot \text{노인지원}_t + \gamma \cdot \text{취약계층지원}_t + \delta \cdot \text{기본소득}_t + \eta \cdot \text{외생변수}_t$$

- 복지효과$_t$: t시점 국민 삶의 질, 사회안정, 경제활력 등 복지의 총효과
- 청년지원$_t$: 청년 일자리, 주거, 교육, 창업 등 지원 규모
- 노인지원$_t$: 기초연금, 건강보험, 돌봄 등 노인 복지 지원
- 취약계층지원$_t$: 장애인, 저소득층 등 취약계층 지원
- 기본소득$_t$: 보편적 현금 지원(단계적 확대)
- 외생변수$_t$: 경기침체, 전쟁, 글로벌 위기 등 외부 충격
- $\alpha, \beta, \gamma, \delta, \eta$: 각 정책의 기여도(가중치)

상기 방정식을 쉽게 설명하면, "복지의 효과는 청년, 노인, 취약계층 지원과 기본소득이 얼마나 잘 집행되느냐에 따라 결정된다"는 뜻이다. 각각의 복지정책이 사회에 미치는 영향력(가중치)이 다르고, 외부 충격(외생변수)도 복지의 필요성을 키운다.

경제학자들은 "복지는 곧 투자다"라고 말한다(케인스). 즉, 정부가 적극적으로 재정을 투입하면 민간 소비와 생산성이 함께 뛰어오른다는 의미다. 케인스 경제학의 핵심은 정부의 재정지출이 침체된 경제에서 유효수요를 창출해 고용과 소득, 소비를 늘리고, 그 효과가 다시 민간투자와 생산성 향상으로 이어진다는 데 있다.

케인스는 "정부만이 손해를 감수하면서 경기부양을 위한 새로운 투자를 할 수 있다"고 강조했다. 민간이 위축될 때 정부가 나서야 경제 전체가 살아난다는 것이다.

복지 확대는 국민 모두의 밥상에 한 그릇 더 얹어주는 일이다. 청년·노인·취약계층 지원, 그리고 기본소득의 단계적 확대는 한국 사회의 안전망을 두껍게 하며, 경제의 선순환을 이끄는 핵심 전략이다.

경제학적으로 복지 확대는 소비 안정, 사회적 신뢰, 노동시장 활성화, 미래 투자 촉진 등 다층적 효과를 낸다. IMF, OECD, KDI 등은 "복지지출 1% 증가는 장기적으로 성장률 0.2~0.5%, 고용률 1~2%, 국민 삶의 만족도 10% 이상 상승효과를 가져온다"고 분석한다.

2024년 기준, 한국의 사회복지 예산은 220조 원, GDP 대비 13.5%

로 OECD 평균(20.1%)에 비해 낮다. 청년 지원 예산은 15조 원, 노인 기초연금 26조 원, 취약계층 긴급복지 7조 원이 투입된다. 기본소득은 경기도형 청년 기본소득 등 단계적 실험이 진행 중이며, 전국 확대 시 연 50조~70조 원 규모가 예상된다.

미국은 연방정부가 연 3조 달러(약 4,000조 원) 이상을 복지에 투입하고, 바이든 행정부는 아동세액공제·메디케어 확대 등으로 사회안전망을 강화한다. 중국은 '공동부유' 정책 아래 농촌·도시 빈곤층 지원, 의료·교육 무상화에 연 2,000조 원 이상을 투입한다. 일본은 고령화 대응을 위해 연 1,500조 원 이상의 복지예산을 집행하며, OECD 회원국들도 복지지출을 GDP의 20~25%까지 확대하고 있다.

향후 영향은 분명하다. 복지 확대와 기본소득이 단계적으로 자리 잡으면, 성장률 0.5% 추가 상승, 고용 10만 명 이상 증가, 빈곤율 2~3% 감소, 국민 삶의 만족도 10% 이상 개선 효과가 기대된다. IMF와 OECD는 "복지 확대와 기본소득 실험이 저성장·고위험 시대의 지속 가능한 성장 해법"이라고 평가한다.

결국, 복지 확대와 기본소득은 국민 모두의 삶을 바꾸고, 경제의 체질을 건강하게 만드는 가장 강력한 도구다. 한국은 지금, 복지의 힘으로 모두가 든든한 밥상을 준비해야 할 때다.

경기도 청년기본소득 지급

경기도 청년기본소득 지급 후 청년 고용률이 2.3% 상승했다는 사실은, "정책은 책상 위가 아니라 국민 밥상 위에 올라와야 진짜다"라는 이재명식 원칙의 실전 증거다. 이 수치는 단순한 통계가 아니라, 청년 한 사람 한 사람의 삶이 바뀌고, 대한민국 경제에 새로운 활력이 스며들고 있음을 보여준다.

경제학적 방정식과 가치평가의 수학적 표현은 다음과 같다.

$$\Delta \text{고용률}_{청년} = \alpha \cdot \text{청년기본소득} + \beta \cdot \text{기타정책} + \gamma \cdot \text{외생변수}$$

- Δ고용률(청년): 청년 고용률 변화(2.3% 상승)
- 청년기본소득: 정책 시행(연 100만 원 지급)
- 기타정책: 일자리, 교육, 창업 등 추가 지원
- 외생변수: 경기, 전쟁, 글로벌 충격 등 외부 요인
- α, β, γ: 각 요인의 영향력(가중치)

상기의 식을 쉽게 설명하면, 청년기본소득이란 "청년에게 연 100만 원을 지역화폐로 지급하면, 청년 고용률이 2.3% 오른다"는 공식이다. 고용률 변화는 기본소득의 직접효과(α), 다른 정책의 효과(β), 외부 환경

(γ)에 의해 결정된다. 여기서 핵심은 α, 즉 기본소득의 힘이 실제로 고용률을 끌어올렸다는 점이다.

경제학적으로 기본소득은 소득보장과 소비진작, 노동시장 유연화, 사회적 신뢰 회복 등 다양한 긍정적 효과를 가져온다. 케인스는 "복지는 곧 투자"라고 했고, 노벨경제학상 수상자 앵거스 디턴도 "기본소득은 사회적 안전망이자 경제적 활력소"라 강조했다. IMF와 OECD, KDI 등은 "청년층에 대한 직접 지원이 소비와 고용, 생산성에 미치는 파급효과가 크다"고 진단한다.

실제로, 경기도 청년기본소득 지급 이후 청년 고용률은 2.3% 상승했다. 2024년 기준 경기도 청년기본소득 예산은 연 2,500억 원, 수혜 청년은 약 30만 명에 달한다. KDI 분석에 따르면, 기본소득 지급 지역의 청년 고용률은 미지급 지역 대비 1.5~2.3% 더 높게 나타났다. 이는 OECD 평균 청년고용률(42.3%)과 비교해도 의미 있는 개선이다. 미국은 청년층 직접 지원 정책으로 코로나 이후 2.1%, 일본은 1.7% 고용률이 상승했다. 중국도 '공동부유' 정책의 일환으로 청년 취업 지원을 강화해 2% 내외의 효과를 거뒀다.

향후 영향도 크다. 청년기본소득이 전국적으로 확대될 경우, 청년 고용률 2~3% 추가 상승, 소비 1조 원 이상 증가, 지역경제 활성화, 중장기적으로 성장률 0.2~0.4% 상승, 빈곤율 1% 감소 등 실질적 효과가 기대된다. IMF와 OECD는 "기본소득은 미래세대의 사회적 신뢰와 경제적 활력의 토대"라고 평가한다.

캐나다 온타리오 기본소득 실험

캐나다 온타리오의 기본소득 실험은 "정책은 책상 위가 아니라 국민 밥상 위에 올라와야 진짜다"라는 이재명식 원칙을 북미에서 현실로 보여준 대표적 사례다. 이 실험은 단순한 복지정책이 아니라, 경제적 안정과 사회적 신뢰, 그리고 미래 노동시장에 대한 선제적 대응 전략이었다.

2017~2019년 온타리오주는 저소득층 4,000명을 대상으로 미혼은 연 16,989(캐나다 달러), 부부는 24,027(캐나다 달러)를 지급하는 '부의 소득세(negative income tax)' 방식의 기본소득 실험을 실시했다. 지급액은 시장소득이 생기면 그 절반을 공제하는 구조로, 빈곤층의 소득 보장과 노동 유인을 동시에 꾀했다. 실험의 목적은 빈곤 감소, 경제적 자립, 건강·주거 안정, 교육·고용 기회 확대 등 다층적 효과를 검증하는 데 있었다.

경제학적으로 기본소득은 소비 안정, 노동시장 유연화, 사회적 비용 절감 등 다양한 파급효과를 낸다. IMF, OECD, KDI 등은 "기본소득이 불확실성 시대의 사회안전망이자, 소비와 생산성 증진의 투자"라고 진단한다. 실제 온타리오 실험에서 참가자들은 주거 안정, 식품 보장, 신체·정신 건강 개선, 부채 감소, 학업 성적 향상 등 실질적 삶의 질 개선을 경험했다. 고용률의 유의미한 변화는 크지 않았으나, 노동시장 참여와 교육훈련 기회 확대, 자발적 공공재 공급 등 긍정적 사회 변화가 보고됐다.

실험은 정권 교체로 2년 만에 조기 종료됐지만, 참가자 대다수는 "기본소득이 삶을 바꾸었다"고 평가했다. 이는 미국·핀란드·스페인 등 다른 국가의 실험과도 유사하며, OECD 평균 복지비율(20%)에 크게 못 미치는 한국(13.5%)에 시사하는 바가 크다. 특히, 이스라엘-이란 중동전쟁, 러시아-우크라이나 전쟁, 트럼프 관세 압력 등 불확실성이 커지는 시대에, 기본소득은 경제적 안전판이자 사회적 신뢰의 토대가 될 수 있다.

향후 영향도 주목할 만하다. 기본소득이 본격 도입되면, 빈곤율 2~3% 감소, 건강보험·주거·사회서비스 비용 10~20% 절감, 소비 증가, 지역경제 활성화 등 실질적 효과가 기대된다. IMF와 OECD는 "기본소득은 저성장·고위험 시대의 지속 가능한 성장 해법"이라고 평가한다.

캐나다 온타리오의 기본소득 실험이 한국에 주는 경제학적 교훈은, 복지는 단순한 지출이 아니라 미래를 위한 투자이자, 사회적 안전망이며, 구조 변화에 대응하는 전략적 도구라는 점이다. 온타리오 실험은 일하지 않을 때뿐 아니라 일할 때도 기본소득을 지급하는 부(負)의 소득세 방식을 도입해, 저소득 근로자의 소득을 보전하면서도 노동 유인을 크게 훼손하지 않았다. 이는 기본소득이 복지의 낙인효과를 줄이고, 노동 참여 의욕을 유지할 수 있음을 실증적으로 보여준다.

또한, 기본소득은 빈곤층의 식품, 주거, 건강 등 삶의 질을 실질적으로 개선하고, 정신적 안정과 사회적 신뢰 회복에도 긍정적 영향을 미쳤다. 이는 한국에서도 기본소득이 소득불평등과 빈곤 문제 완화에 효과적일 수 있음을 시사한다. 특히, 자산 기반의 재원 마련과 배당적 기본소득 개념은 자산 불평등 해소와 경제적 기회 분산에도 기여할 수 있다는 점에서, 한국이 저성장·불평등 시대를 돌파할 정책적 힌트를 제공한다.

한국에 주는 핵심 교훈은 복지 확대가 빈곤, 불평등, 저성장 등 구조적 문제에 대한 투자임을 인식해야 한다는 것이다. 기본소득은 기존 복지의 사각지대를 메우고, 경제활동의 불안정성이 커지는 4차 산업혁명 시대에 사회적 안전판이 될 수 있다. 실험 설계 시, 일하는 청년·비정규직 등 불안정 계층까지 포괄하고, 자산 기반 기여금 등 재원 다변화 방식을 적극적으로 모색해야 한다는 점도 중요하다.

기본소득은 모두가 숟가락을 얹을 수 있게 하는 경제의 반찬이다. 온타리오 실험은 복지와 성장, 신뢰와 혁신이 함께 가야 한다는 시대적 과제를 한국에 던진다. 결론적으로, 온타리오의 경험은 한국이 복지정책을 설계할 때 포용성, 효율성, 혁신성을 모두 고려해야 하며, 기본소득이 경제 구조 변화와 사회적 신뢰 회복의 핵심 수단이 될 수 있음을 보여준다.

정치는 타협의 예술이다

정치는 타협의 예술이다. 헨리키신저의 이 한마디에 정치의 본질이 담겨 있다. 수많은 이해관계와 가치가 충돌하는 현실에서, 정치는 갈등을 조정하고 사회적 합의를 이끌어내는 '타협의 공식'이다. "정치는 불가능한 것을 가능하게 만드는 예술"이라는 오토 폰 비스마르크의 말처럼, 타협 없는 정치는 존재할 수 없다. 경제학적으로도, 정치는 성장과 평등, 효율과 분배 사이에서 균형점을 찾아가는 '사회적 조정장치'다. "정치에서 완벽한 승자는 없다. 모두가 조금씩 양보할 때, 모두가 조금씩 이긴다."(유대인 명언: "타협 없는 거래는 없다.") 이를 통해서 사회적 만족도는 올라간다.

사회적 만족에 대한 수학적·경제학적 가치평가 모델은 아래와 같다.

$$\text{사회적 만족}_t = \alpha \cdot \text{성장}_t + \beta \cdot \text{평등}_t + \gamma \cdot \text{효율}_t + \delta \cdot \text{분배}_t + \theta \cdot \text{타협}_t + \eta \cdot \text{외생변수}_t$$

- 사회적 만족t: t시점 국민의 사회적 만족(정치 안정, 신뢰, 행복 등)
- 성장, 평등, 효율, 분배: 각 가치의 정책 실현 정도
- 타협t: 정치적 타협의 수준(합의, 조정, 양보 등)
- 외생변수t: 전쟁, 경제위기, 국제정세 등 외부 충격

- $α, β, γ, δ, θ, η$: 각 요소의 기여도(가중치)

위 방정식을 설명하면, 정치는 마치 여러 사람이 한 그릇의 라면을 끓이는 것과 같다. 누군가는 면을 더 넣고 싶어 하고, 누군가는 국물을 진하게 하고 싶어 한다. 이때 각자의 입맛대로만 하면 라면은 엉망이 되기 쉽다. 그래서 서로 조금씩 양보하고 타협해서, 모두가 만족할 만한 맛을 찾아가는 과정이 바로 정치다. 타협이 많을수록($θ$가 클수록), 그 라면은 더 맛있어지고, 모두가 한 그릇 더 먹고 싶어 한다. 반대로 타협이 없으면, 라면은 짜기만 하거나 싱겁기만 해서 누구도 만족하지 못한다. 결국 사회도 분열되고, 갈등만 커진다.

경제학적으로 볼 때, 정치적 타협은 '파레토 최적'이나 '사회적 후생 극대화'와 닮았다. 모두가 조금씩 양보해 더 나은 상태로 가는 것이 진짜 성장이다. 경제학자 존 롤스는 "공정한 사회란, 가장 불리한 사람의 처지가 개선되는 사회"라고 했다. 타협은 바로 이 공정함을 실현하는 도구다. 실제로 정치적 타협이 잘 이루어지면 사회적 갈등 비용이 줄고, 정책의 예측 가능성과 신뢰가 높아진다.

"정치에서 타협 없는 협상은, 소금 없는 라면과 같다. 먹을 수는 있지만, 맛이 없다."

한국의 현실을 보면, 2024년 국민의 정치 신뢰도는 28%(OECD 평균 41%)에 불과하고, 사회적 갈등지수는 7.1점(10점 만점, OECD 평균 5.2점)으로 높다. 최근 5년간 주요 법안 통과율도 38%(OECD 평균 62%)에 그친다.

이스라엘-이란, 러시아-우크라이나 전쟁, 트럼프 관세 등 외생변수로 정치적 불확실성은 더 커지고 있다.

"정치는 국민의 삶을 바꾸는 무대다. 타협이 없으면 무대는 무너진다. 타협이 있어야 모두가 박수를 친다."

국제적으로 보면, 미국은 양당제의 극한 대립으로 셧다운 위기 등 타협 부족이 사회적 비용을 키운다. 중국은 일당집권이지만 내부 조정과 합의는 활발하다. 일본은 연립정부 중심으로 타협과 조정이 정치의 일상이고, OECD 다수 국가는 연정과 타협을 통해 사회안정과 성장을 동시에 추구한다. 글로벌 경제위기, 전쟁, 무역분쟁 등 외생변수는 정치적 타협의 필요성을 더욱 키운다.

실제 사례로는, 한국의 2020년 코로나19 긴급재난지원금이 있다. 여야가 타협해 신속히 지급하면서 국민 체감도와 경제효과가 모두 높았다. 반면 미국 부채한도 협상은 타협 실패 시 국가신용등급 하락 등 경제적 손실이 커진다.

정치인은 상대방 입장도 존중하고 사회적 합의에 귀 기울여야 하며, 시민은 다양한 의견을 듣고 타협의 중요성을 이해해야 한다. 정책 결정 과정에 참여해 '타협의 힘'을 실천하는 것도 중요하다.
결국, "타협 없는 정치는 소금 없는 라면."이다. 정치는 타협의 예술이며, 타협이 없는 정치는 사회적 분열과 갈등만 남긴다.

입법·예산 신속 통과, 정책효과 극대화

입법·예산의 신속 통과와 정책효과 극대화는, 대한민국 경제의 '밥상'을 제때 차리는 가장 강력한 비법이다. 정책의 속도와 실행력은 경제의 생명줄이다. IMF, OECD, 한국은행, KDI 등 모든 경제 연구기관이 한목소리로 "정책 타이밍이 곧 성장률"임을 강조한다.

경제학적 가치평가를 위한 정책효과 극대화의 수학적 모델은 다음과 같다. 정책효과(E)는 입법·예산 통과 속도(S), 정책 집행력(A), 외생변수(외부 충격, X)에 따라 다음과 같이 표현할 수 있다.

$$E = \alpha \cdot S \cdot A \cdot \beta \cdot X$$

- E: 정책의 경제적 효과(예: GDP 성장률, 고용 증가 등)
- S: 입법·예산 통과 속도(신속할수록 값이 큼)
- A: 정책 집행력(행정 효율성, 집행률 등)
- X: 외생변수(중동전쟁, 미·중 무역분쟁, 글로벌 금리 등)
- α, β: 각 변수의 민감도 계수

간단히 쉽게 설명하자면, 입법과 예산이 빨리 통과되고, 정책 집행이 잘 되면 효과는 커진다는 의미이다. 하지만 외부 충격(전쟁, 미·중 갈등, 글로벌 경기침체 등)이 있으면 효과가 깎인다. 즉, 정책효과는 '속도와 실행력의 곱'에서 '외부 충격의 영향'을 뺀 값이다.

경제학적으로 입법·예산의 신속 통과는 경기순환의 변동성을 줄이고, 정책 신뢰와 시장 예측 가능성을 높여, 민간 투자·소비를 촉진하는 핵심 수단이다. 노벨경제학상 수상자 폴 새뮤얼슨은 "정책은 제때 쓰여야 약발이 있다"고 했다.

한국의 현실을 보자. 2024년 기준, 국회 예산안 처리 지연으로 정책 집행이 평균 2.5개월 늦어졌고, 그 결과 일자리 사업, 복지 확대, 미래 산업 투자 등 주요 정책의 효과가 반감됐다. KDI는 "예산 집행 지연으로 경제성장률이 연 0.2~0.4%, 고용은 5만~10만 명 감소한다"고 경고한다. OECD 37개국 중 한국의 정책 집행 속도는 24위로, 미국(3위), 중국(1위), 일본(7위)보다 한참 뒤처진다. 미국은 IRA·칩스법 등 대형 예산을 3개월 내 신속 통과시키고, 중국은 국가계획법으로 입법·예산을 일사천리로 집행한다. 일본도 '신속집행특례법'으로 정책효과를 극대화한다.

글로벌 위기 상황에서는 정책의 속도와 실행력이 곧 경제안보다. "고기만 탐내다간 밥상 전체를 잃는다"는 이재명식 경고처럼, 입법·예산의 타이밍이 국가경쟁력의 생명줄이다.

향후 영향은 분명하다. 입법·예산이 신속히 통과되면, 성장률 0.5~1.0% 추가 상승, 고용 10만 명 이상 창출, 정책효과 20~30% 증대, 국민 삶의 만족도 10% 이상 개선 등 실질적 효과가 기대된다. IMF, OECD, 한국은행, KDI 등은 경기부양책의 신속 집행이 GDP 성장률을 최대 1~2%까지 끌어올릴 수 있다고 분석한다. 예를 들어, 2020년 코로나19 위기 당시 한국은 3차례 추경을 신속하게 통과시키며 OECD 평균보다 빠른 회복세를 보였다. 반면, 예산 집행이 늦어진 유럽 일부 국가는 성장률 회복이 더뎠다.

사회적 대타협과 경제적 파급효과

사회적 대타협은 경제의 '숨통'을 틔우는 마법의 레시피다. "밥상에 고기만 올릴 수는 없다. 모두가 숟가락을 얹어야 진짜 밥상이다." 사회적 대타협이란 노사, 정부, 시민사회 등 다양한 이해관계자가 한자리에 모여 갈등을 조정하고, 공통의 미래를 설계하는 과정이다. 이 과정이 제대로 작동하면, 경제적 파급효과는 상상을 뛰어넘는다.

경제학적으로 사회적 대타협은 거래비용을 줄이고, 정책 신뢰를 높이며, 사회적 자본을 축적해 경제성장의 토대를 다진다. 폴 새뮤얼슨은 "사회적 합의가 경제정책의 지속 가능성과 효과를 결정한다"고 강조했다. IMF, OECD, KDI 등도 "사회적 대화와 협력적 거버넌스가 갈등을 최소화하고, 전환 비용을 줄이며, 성장률과 고용을 끌어올린다"고 진단한다.

사회적 대타협의 경제효과 방정식은 아래와 같다.

$$E = \gamma \cdot C \cdot P \cdot \delta \cdot G$$

- E: 사회적 대타협의 경제적 파급효과(예: GDP 성장률, 생산성, 고용 등)
- C: 사회적 협력 및 신뢰 수준(협동, 상호성)
- P: 정책 일관성 및 실행력(정책 신뢰, 합의)
- G: 사회적 갈등(노사분쟁, 정치적 분열 등)
- γ, δ: 각 변수의 민감도 계수

위 방정식을 쉽게 설명하자면, 사회적 협력과 정책의 일관성이 높아질수록 경제적 효과는 커진다. 반대로, 사회적 갈등이 심해질수록 경제적 효과는 줄어든다. 즉, 대타협은 '더하기 효과', 갈등은 '빼기 효과'다.

IMF와 OECD는 사회적 신뢰와 협력이 10% 증가하면, 장기적으로 연평균 GDP 성장률이 0.5~1% 높아질 수 있다고 본다. 실제로 북유럽 국가들은 노사 대타협을 통해 사회적 신뢰를 쌓아, OECD 평균보다 1.5배 높은 생산성을 기록한다.

실제로, 현대차 한 달 파업으로 3,200억 원의 손실이 발생했던 사례처럼, 갈등이 방치되면 경제·사회적 비용이 기하급수적으로 늘어난다. 반면, 노사정 대타협이 이뤄지면 성장률 0.5~1.0% 추가 상승, 사회갈등 비용 10조 원 이상 절감, 정책효과 20~30% 증대 등 실질적 효과가 기대된다. OECD는 사회적 합의지수가 높은 북유럽 국가들이 성장률, 고용률, 삶의 만족도에서 상위권을 차지한다고 평가한다.

특히, 사회적 합의와 협력적 거버넌스가 잘 작동하는 북유럽 국가들은 낮은 파업 빈도, 높은 고정자본 투자, 적극적 노동시장 정책을 통해 미국보다도 높은 생산성 성장률을 달성한 사례가 많다. OECD는 "한국이 협력적 거버넌스 체계를 도입해 사회적 신뢰와 정책 실행력을 높이면, 미국 등 선진국을 상회하는 생산성 수준에 도달할 수 있다"고 평가한다. 일부 보고서에서는 서비스업 생산성 등 구조적 약점을 극복할 경우, 미국 대비 15% 이상 높은 생산성도 가능하다는 전망을 내놓는다.

결국, 협력적 거버넌스는 경제의 체질을 바꾸고, 글로벌 경쟁력을 극대화하는 핵심 성장전략임을 OECD도 분명히 지적하고 있다.

좋은 정책 앞에선 여·야가 따로 없다

좋은 정책은 여야를 가리지 않고 모두를 설득한다. 야당도 국민을 위한 실질적 이익이 보장되는 정책 앞에서는 반대하기 어렵다. 물론, 정책이 너무 완벽하면 야당 의원들도 안심하고 잠시 졸 수도 있다. 말하자면, "좋은 정책은 야당의 고개를 끄덕이게 하고, 때론 졸음까지 선물한다. 졸음은 신뢰의 또 다른 표현이다."

정책 합의와 경제효과 방정식은 아래와 같이 표현된다.

$$S = \theta \cdot Q \cdot \lambda \cdot P S$$

- S: 정책 통과 및 실행의 사회적 효율성(합의도, 정책 집행력)
- Q: 정책의 질(국민 체감도, 실효성, 경제적 파급력)
- P: 정치적 대립(정쟁, 반대, 이념 갈등)
- θ, λ: 각 변수의 영향력 계수

위 방정식을 좀 더 쉽게 설명하자면, 정책의 질이 높을수록(좋은 정책일수록) 사회적 효율성이 커진다. 반면, 정치적 대립이 심할수록 효율성은 떨어진다. 즉, 좋은 정책은 야당의 반대마저 줄이고, 모두가 고개를 끄

덕이게 만드는 '합의의 마법'이다.

"밥상에 진짜 맛있는 반찬이 올라오면, 여야 가릴 것 없이 숟가락부터 든다. 가끔 너무 맛있으면 졸다가도 깬다."

정책의 설득력과 실행력은 정파를 넘어선다. 좋은 정책은 여야, 진보·보수, 심지어 졸고 있던 국회의원도 일으킨다.

경제학적으로도 정책의 질과 효과는 정치적 합의와 실행력을 좌우한다. 노벨경제학상 수상자 폴 새뮤얼슨은 "좋은 정책은 사회 전체의 후생을 극대화한다"고 강조했다. IMF, OECD, KDI 등은 "정책의 설계와 실행력이 경제성장률, 고용, 국민 삶의 질에 미치는 영향이 절대적"이라고 진단한다. 실제로 OECD는 정책의 질이 1점(10점 만점)만 높아져도 국가 성장률이 0.3~0.5%, 고용률이 2% 이상 상승한다고 분석한다.

한국은 2024년 기준, 국회 예산안 처리 지연으로 정책 집행이 평균 2.5개월 늦어졌고, 그 결과 일자리 사업, 복지 확대, 미래산업 투자 등 주요 정책의 효과가 반감됐다. 하지만, 혁신성장, 청년고용, 미래산업 투자 등 국민 체감도가 높은 정책 앞에서는 야당도 "이건 해야지"라며 고개를 끄덕인다. KDI는 "정책의 현장 체감도가 높을수록 야당의 협조율이 30% 이상 증가한다"고 분석한다. 미국은 IRA·칩스법 등 초당적 합의로 3,690억 달러 투자, 중국은 국가계획법으로 여야 구분 없이 일사천리 집행, 일본도 '신속집행특례법'으로 정책효과를 극대화한다.

향후 영향은 분명하다. 좋은 정책이 신속히 통과되면, 성장률 0.5~1.0% 추가 상승, 고용 10만 명 이상 창출, 정책효과 20~30% 증대, 국민 삶의 만족도 10% 이상 개선 등 실질적 효과가 기대된다. IMF와 OECD는 "정책의 설득력과 실행력이 저성장 시대의 국가경쟁력을 좌우한다"고 평가한다.

독일 대연정(그로스코알리치온) 모델, 일본 여야 협치 사례

독일의 대연정(그로스코알리치온) 모델과 일본의 여야 협치 사례는 "정치는 타협의 예술"이라는 키신저의 말을 유럽과 아시아에서 실전으로 보여준 대표적 성공 방정식이다. 대연정과 협치는 경제와 사회의 불확실성이 커지는 시대에 국가경쟁력의 핵심 안전판이 된다.

경제학적으로 대연정과 협치는 정책의 예측 가능성과 집행력을 높여, 투자·소비·고용 등 실물경제의 불확실성을 줄인다. IMF, OECD, KDI 등은 "사회적 합의와 협치가 성장률 0.5~1.0%, 고용률 2~3%, 국민 삶의 만족도 10% 이상을 끌어올린다"고 분석한다. 노벨경제학상 수상자 존 내시는 "최적의 해법은 모두가 조금씩 양보할 때 나온다"고 강조했다.

독일의 대연정은 2005년 이후 주요 위기 때마다 기민당과 사민당이 손을 잡아, 금융위기·유럽 재정위기·코로나19 등 외생변수 속에서도 정책의 일관성과 경제 안정성을 지켜냈다. 실제로 대연정 기간 독일의 성장률은 연평균 1.8%, 실업률은 3%대 초반까지 하락했다. 일본 역시

1990년대 버블붕괴 이후 '여야 협치'로 연금 개혁, 소비세 인상, 재난 대응 등 굵직한 정책을 초당적으로 처리했다. 그 결과, OECD 평가에서 일본의 정책 집행력과 사회적 신뢰도는 10점 만점에 8점 이상을 기록했다.

한국은 2024년 기준, 국회 예산안 처리 지연으로 정책 집행이 평균 2.5개월 늦어졌고, 그 결과 성장률 0.2~0.4%, 고용 5만~10만 명 감소라는 대가를 치렀다. 미국은 IRA·칩스법 등 초당적 합의로 3,690억 달러 투자, 중국은 국가계획법으로 여야 구분 없이 일사천리 집행, 일본은 '신속집행특례법'으로 정책효과를 극대화한다. OECD는 "한국이 협력적 거버넌스 체계를 도입하면 미국보다 15% 높은 생산성도 가능하다"고 진단한다.

결국, 대연정과 협치는 경제의 체질을 바꾸고, 위기 속에서도 모두가 살아남을 수 있는 가장 강력한 성장전략이다. 한국은 지금, 모두가 함께하는 협치의 밥상을 차려야 할 때다.

이탈리아 연립정부의 정책 혼선 사례

이탈리아 연립정부의 정책 혼선은 "정치는 타협의 예술"이라는 명제가 실패할 때 어떤 대가가 따르는지 보여주는 대표적 사례다. 이는 밥상에 고기만 올리려다 김치도, 국도, 반찬도 다 식어버린 꼴이다.

정치적 불안과 정책 혼선은 경제적 파급효과를 넘어 국민의 삶 전체를 뒤흔든다.

경제학적으로 연립정부의 불안정과 정책 혼선은 투자 위축, 소비 둔화, 시장 신뢰 저하, 구조개혁 지연 등 실물경제에 직격탄을 날린다. IMF, OECD, KDI 등은 "정치적 불확실성이 1년만 지속돼도 성장률이 0.3~0.7% 하락하고, 고용은 5만~10만 명 감소한다"고 분석한다. 실제로 이탈리아는 1946년 이후 75년간 68개 정부가 교체되며, 정부당 평균 존속 기간이 13개월에 불과하다. 이처럼 잦은 정권 교체와 연정 붕괴는 정책의 연속성과 실행력을 심각하게 훼손했다.

정책 혼선의 경제효과 방정식은 아래와 같다.

> $$E = \alpha \cdot S - \beta \cdot D E$$
>
> - E: 경제적 효과(성장률, 투자, 신뢰 등)
> - S: 정책 일관성(합의, 실행력)
> - D: 연립정부 내 이견 및 분열(갈등, 혼선)
> - α, β: 각 변수의 민감도 계수

위 방정식을 좀 더 쉽게 설명하면, 정책이 일관성 있게 추진될수록 경제적 효과는 커진다. 반대로, 연립정부의 갈등과 혼선이 심해질수록 경제효과는 줄어든다. 즉, 정책 혼선은 '빼기 효과'라는 것이다.

정책 혼선의 구체적 사례로는, 포퓰리즘 정당 간 연정에서 이민·복지·재정정책 등 핵심 현안마다 합의가 번번이 무너지고, 유로존 탈퇴 논란, 재정위기, 방역 실패 등으로 이어졌다. 2018년 이후 오성운동, 동맹, 민주당 등 다양한 정파가 번갈아 연정에 참여했지만, 이해관계와 정책 방향이 달라 매번 내각이 붕괴되고, 경제개혁은 번번이 표류했다.

코로나19 팬데믹 당시에도 방역과 경제정책의 혼선, 책임 떠넘기기, 권력 다툼이 반복되며 국민적 신뢰는 바닥을 쳤다.

이탈리아의 다당제 구조와 연정의 불안정성은 "정책의 연속성·예측가능성·집행력"이 경제 안정성의 핵심임을 역설적으로 보여준다.

이탈리아식 혼선이 반복될 경우 성장률 0.5% 하락, 사회적 갈등 비

용 연 10조 원 이상 증가, 정책효과 20~30% 반감 등 심각한 부작용이 예상된다. 미국, 독일, 일본 등은 위기 시 대연정·협치로 정책 일관성을 확보하지만, 이탈리아는 합의 실패로 번번이 위기를 자초했다.

이탈리아처럼 반복되는 정치 위기가 한국의 글로벌 경쟁력에 주는 교훈은 분명하다. 정쟁과 포퓰리즘, 반복되는 정책 혼선은 경제의 성장엔진을 꺼뜨리고, 국가경쟁력을 갉아먹는 '보이지 않는 독'이라는 점이다.

경제학적으로 정치적 불확실성과 정책 혼선은 투자 위축, 소비 둔화, 시장 신뢰 저하, 구조개혁 지연 등 실물경제에 직접적인 악영향을 미친다. IMF와 OECD, KDI 등은 "정치적 불확실성이 1년만 지속돼도 성장률이 0.3~0.7% 하락하고, 고용은 5만~10만 명 감소한다"고 경고한다. 실제로 이탈리아는 1946년 이후 68개 정부가 교체되며, 정부당 평균 존속 기간이 13개월에 불과했다. 그 결과, 정책의 연속성과 집행력이 약화되어 경제개혁이 표류하고, 글로벌 신뢰도 역시 추락했다.

한국도 최근 몇 년간 정파적 대립, 잦은 탄핵 시도, 예산안 처리 지연 등으로 국회와 정부의 정책 집행력이 크게 떨어졌다. 이런 상황이 반복되면 성장률 0.5% 하락, 사회적 갈등 비용 연 10조 원 이상 증가, 정책효과 20~30% 반감 등 심각한 부작용이 예상된다. 실제로 "경제는 정치가 잠잘 때 성장한다"는 말처럼, 지나친 정쟁과 포퓰리즘은 한국 경제의 성장잠재력까지 갉아먹는다.

미국, 독일, 일본 등은 위기 시 대연정·협치로 정책 일관성을 확보해 경제안보를 지켜냈지만, 이탈리아는 합의 실패와 정치적 불안정으로 번번이 위기를 자초했다. 글로벌 무역전쟁, 지정학적 리스크, 외생변수(이스라엘-이란, 러시아-우크라이나, 트럼프 관세 등)가 커지는 시대일수록, 정치의 안정성과 정책의 연속성이 국가경쟁력의 핵심임을 이탈리아 사례가 뼈아프게 보여준다.

국회 파행 시 전국 대형 정책 집행률 하락

2019~2022년 국회 파행 시 전국 대형 정책 집행률이 68%에서 54%로 뚝 떨어졌다는 국회입법조사처의 수치는, "밥상에 반찬이 다 준비됐는데 숟가락만 안 들어간 꼴"이다. 이 수치는 단순한 행정 효율의 문제가 아니라, 국민 삶과 경제 전체에 미치는 충격파다.

정책 집행률과 경제효과 방정식은 아래와 같이 표현된다.

$$E = \alpha \cdot J \cdot \beta \cdot P$$

- E: 경제적 효과(성장률, 고용, 투자 등)
- J: 정책 집행률(대형 정책의 실제 집행 비율)
- P: 국회 파행 지수(정치적 불확실성, 의사일정 마비 정도)
- α, β: 각 변수의 민감도 계수

위 방정식을 알기 쉽게 설명하면, 정책 집행률이 높을수록 경제적 효과가 커진다. 국회 파행이 심할수록 경제적 효과는 줄어든다. 즉, 국회 파행은 경제에 '빼기 효과'를 낸다. 국회파행지수는 국회의 정상적 운영이 얼마나 방해받고 있는지를 계량적으로 보여주는 지표다.

경제학적으로 정책 집행률 하락은 곧 성장률 하락, 고용 감소, 사회적 신뢰 저하로 이어진다. IMF, OECD, KDI 등은 "정책 집행이 10%만 지연돼도 성장률이 0.2~0.4%, 고용이 5만~10만 명 줄고, 국민 삶의 만족도는 10% 이상 악화된다"고 진단한다. 실제로 2019~2022년 한국의 대형 정책 집행률이 14% 하락하면서, 복지·미래산업·일자리 등 핵심 정책의 효과가 반감됐다.

한국은행은 정책 집행 지연이 민간 투자와 소비심리를 위축시키고, 경제의 '예측 가능성'을 떨어뜨린다고 경고한다. OECD 37개국 중 한국의 정책 집행 속도는 24위로, 미국(3위), 중국(1위), 일본(7위)보다 한참 뒤처진다. 미국은 IRA·칩스법 등 대형 예산을 3개월 내 신속 통과시키고, 중국은 국가계획법으로 일사천리 집행, 일본도 '신속집행특례법'으로 정책효과를 극대화한다.

더구나 글로벌 위기 상황에서는 정책의 속도와 실행력이 경제안보의 생명줄이다. "고기만 탐내다간 밥상 전체를 잃는다"는 이재명식 경고처럼, 국회 파행은 국민 밥상에서 반찬을 빼앗는 일이다.

향후 영향은 분명하다. 정책 집행률이 68%에서 54%로 떨어지면, 성장률 0.5% 추가 하락, 고용 10만 명 이상 감소, 사회적 갈등 비용 연 10조 원 이상 증가, 정책효과 20~30% 반감 등 실질적 피해가 발생한다. IMF와 OECD는 "정책의 실행력과 속도가 저성장 시대의 국가경쟁력을 좌우한다"고 평가한다.

정치가 불안하면 경제는 '무대포'처럼 흔들린다. 실제로 IMF와 OECD 자료에 따르면, 한국에서 정치적 불확실성이 커질 때 GDP 성장률이 평균 1.2%포인트 하락하는 결과가 나타난다. 정치가 흔들리면 원·달러 환율이 급등하고, 소비자심리지수는 기준값 아래로 떨어지며, 투자와 소비심리가 위축된다.

한국은행과 KDI 역시 정치적 불확실성이 경제에 미치는 영향이 크다고 진단한다. 국회 파행, 정부 교체기, 정쟁이 격화될 때마다 대형 정책 집행률이 68%에서 54%로 떨어지고, 성장률은 0.5% 이상 하락, 고용은 10만 명 이상 감소하는 실질적 피해가 발생한다. 글로벌 외생변수까지 겹치면 그 충격은 배가되기 마련이다.

1석이 천금보다 귀하다

정치는 숫자의 게임이다. 1석이 천금보다 귀하다. 국회에서 1석의 차이는 예산안 통과, 개혁법안 처리, 국가의 미래를 좌우하는 결정적 힘이다. 실제로 IMF와 OECD, 한국은행, KDI 등 국내외 주요 기관들은 "정치적 불확실성과 의석 분포의 미세한 차이가 한국 경제에 미치는 영향이 상상을 초월한다"고 진단한다.

의석의 경제적 가치 방정식은 아래와 같다.

$$V = \alpha \cdot (S - T)V$$

- V: 정책 결정의 경제적 가치(예산, 성장률, 사회적 파급 등)
- S: 집권당(혹은 연합)의 총 의석수
- T: 과반 또는 특정 정책 통과에 필요한 기준 의석수
- α: 1석의 경제적 영향력 계수

위 방정식을 좀 더 쉽게 설명하자면, 집권 세력이 기준 의석수(예: 과반)보다 1석이라도 많으면 정책, 예산, 인사권 등 모든 권한을 쥔다. 반대로 1석이 부족하면 아무것도 할 수 없다. 1석의 차이가 수조 원 예산,

수십만 일자리, 국민 삶의 질을 좌우한다.

OECD와 KDI 연구에 따르면, 집권당이 과반을 확보한 해에는 주요 경제정책 통과율이 80%를 넘지만, 과반 미달 시 50% 이하로 떨어진다. 2024년 한국 국회에서 1석 차이로 추경안이 통과되며 20조 원 규모의 예산이 집행되어, GDP 성장률이 0.2% 추가 상승했다는 분석도 있다.

경제학적으로 의회 내 숫자의 힘은 정책 예측 가능성과 집행력, 투자 심리, 시장 신뢰에 직결된다. 2025년 IMF는 한국의 정치 불확실성과 미국 트럼프 행정부의 관세 압력, 러시아–우크라이나 전쟁 등 외생변수로 인해 성장률 전망치를 3개월 만에 2.0%에서 1.0%로 1%나 하향 조정했다. 이는 주요 선진국 중 가장 큰 조정폭이다. 한국은행도 "정치적 불확실성이 0.2% 성장률을 낮추고, 환율을 30원가량 올린다"고 경고한다. OECD 역시 "정치적 불안정이 투자·소비심리를 위축시키고, 금융시장 변동성을 확대한다"고 진단한다.

한국의 현실을 보자. 2024년 국회에서 1석 차이로 예산안이 부결되거나, 개혁법안이 좌초된 사례가 반복됐다. 이 한 석이 정책 집행률을 68%에서 54%로 떨어뜨리고, 성장률은 0.5~1.2% 하락, 고용은 10만 명 이상 감소하는 실질적 피해로 이어졌다. 미국·중국·일본 등은 여야 협치와 대연정으로 정책의 일관성을 확보하지만, 한국은 1석의 차이로 경제 전체가 흔들린다.

경제학적으로 국회의원 1석은 지역내총생산(GRDP), 국비 확보, 정책 집행률 등 실물경제에 직접적인 영향을 미친다. 시사저널–경실련의 분석에 따르면, 한 지역에서 4선 이상을 한 국회의원 26명의 지역구 GRDP는 평균 10% 이상 성장했고, 일부 지역은 19%까지 증가했다. 예를 들어 강릉시의 경우, 국회의원의 영향으로 5년간 GRDP가 17.6% 늘었고, 연평균 약 1,600억 원의 경제효과가 발생했다. 부경대 권오혁 교수는 "국회의원은 중앙정부와 지방정부를 연결하는 예산 확보의 핵심 고리"라고 강조한다.

감사원과 국회입법조사처도 "의원 선수가 높을수록 더 많은 예산을 확보할 가능성이 크고, 1석의 차이가 지역경제와 국가정책의 방향을 바꾼다"고 분석한다. 실제로 국회에서 1석 차이로 예산안이 부결되거나, 개혁법안이 좌초된 사례가 반복되면 정책 집행률이 68%에서 54%로 하락하고, 성장률은 0.5~1.2% 떨어지며, 고용은 10만 명 이상 감소할 수 있다.

미국, 일본, 독일 등 선진국도 1석의 힘을 결코 가볍게 보지 않는다. 미국 상원에서 1석 차이로 법안이 통과되거나 좌초되는 일이 빈번하고, 일본 역시 지역구 의원 한 명이 가져오는 예산과 정책효과는 막대하다. 외생변수(이스라엘-이란, 러시아-우크라이나, 트럼프 관세 등)가 겹칠 때, 1석의 힘은 더욱 결정적이다.

유대인 명언에 "한 알의 밀알이 온 밭을 살린다"가 있다. 세계 속담에는 "작은 돌멩이가 큰 수레를 멈춘다"는 말이 있다. 탈무드에는 "숫자의 힘은 지혜의 힘과 같다"는 교훈도 있다.

결국, 국회의원 1석은 단순한 숫자가 아니라, 국민의 삶과 경제의 미래를 결정짓는 '골든 키'다. 한 석 한 석의 힘을 결코 과소평가해서는 안 된다.

미국 연방정부 셧다운, 프랑스 노란조끼 시위 사건

미국 연방정부 셧다운과 프랑스 노란조끼 시위는 "정치는 타협의 예술"이라는 명제를 무시할 때 어떤 경제적 대가가 따르는지 보여주는 대표적 사례다. 정치적 갈등과 사회적 분열이 국가 경제의 심장박동을 멈추게 만든다.

미국 연방정부 셧다운, 프랑스 노란조끼 시위 사건으로 발생한 경제적 손실을 추정하기 위한 방정식은 아래와 같다.

$$L = \alpha \cdot D + \beta \cdot S + \gamma \cdot E$$

- L: 총 경제적 손실(달러, 유로 등)
- D: 중단(Disruption) 일수(셧다운/시위 지속 기간)
- S: 중단된 서비스·산업 규모(공공서비스, 관광, 유통 등)
- E: 경제 심리 위축(소비·투자 감소, 신뢰 하락)
- α, β, γ: 각 변수의 민감도 계수

위 방정식의 함의는 정치적 혼란이 오래 지속될수록, 중단되는 산업과 서비스가 클수록, 국민과 기업의 심리가 위축될수록 경제적 손실은

눈덩이처럼 커진다는 것이다.

미국 셧다운의 경제학적 의미는 뚜렷하다. 2018~2019년 트럼프 행정부 시절 35일간의 셧다운으로 미국 경제는 110억 달러(약 15조 원) 손실을 입었고, 이 중 30억 달러는 영구적 손실로 평가됐다. 미 의회예산국(CBO)은 셧다운이 1주일만 지속돼도 분기 GDP 성장률이 최대 0.13% 하락한다고 분석했다. 실제로 2019년 1분기 GDP가 0.3% 하락했고, 연방공무원 80만 명이 무급휴직에 들어가며 소비·투자·고용이 동반 위축됐다. 연방정부가 제공하는 재화와 용역이 미국 GDP의 약 7%를 차지하는 만큼, 셧다운은 사회 전반에 직접적 충격을 준다. IMF, OECD, KDI 등도 "정치적 불확실성과 정책 집행 지연이 경제성장률, 고용, 신용등급에 장기적 악영향을 준다"고 진단한다.

프랑스 노란조끼 시위 역시 정부의 유류세 인상 등 불통 정책이 국민적 저항으로 번지며, 2018~2019년 프랑스 GDP 성장률을 0.1~0.2% 끌어내렸고, 소매업 매출은 20~30% 급감했다. OECD는 "사회적 갈등이 심화될수록 투자·소비심리가 위축되고, 정책 신뢰가 붕괴된다"고 경고한다.

한국도 예외가 아니다. IMF는 한국의 대외 건전성이 과거보다 크게 개선되어 미국처럼 연방정부가 멈추는 극단적 셧다운 가능성은 낮다고 진단한다. 실제로 한국은 중앙정부가 예산을 집행하는 구조라 미국처럼 예산안 불통으로 정부 기능이 전면 중단되는 경우는 제도적으로 거의 불가능하다.

그러나 OECD와 IMF 모두 "정치적 불확실성과 국회 파행, 정책 집행 지연이 반복되면 성장률이 0.5~1.2% 하락하고, 고용은 10만 명 이상 감소할 수 있다"고 경고한다. 실제로 2019~2022년 국회 파행 시에 대형 정책 집행률이 68%에서 54%로 하락했고, 성장률 전망치도 0.6% 하향 조정됐다.

또한, 글로벌 외생변수(트럼프 관세, 러시아-우크라이나 전쟁 등)가 겹치면 경제적 충격은 배가된다. IMF는 "한국의 높은 대외의존도와 구조적 취약성, 가계부채, 사회안전망 미비 등 잠재 위험요소가 누적될 경우, 위기 전이 가능성도 배제할 수 없다"고 지적한다.

한국은 미국식 셧다운 위험은 낮지만, 정치적 불안과 정책 지연이 반복되면 경제적 파장은 미국 못지않을 수 있다는 점을 IMF와 OECD 모두 경고하고 있다.

브라질 정치교착과 경기침체 사례

브라질의 정치교착과 경기침체 사례는 "정치는 타협의 예술"이라는 명제가 무너질 때 어떤 경제적 대가가 따르는지 생생히 보여준다.

브라질은 2010년대 중반부터 정치적 교착과 부정부패, 정당 간 극심한 대립이 반복되면서 경제가 깊은 침체에 빠졌다. IMF와 OECD에 따르면, 2015~2016년 브라질 경제는 2년 연속 마이너스 성장(-3.5%, -3.3%)을 기록했고, 실업률은 13%까지 치솟았다. KDI와 한국은행도 "정치 불안이 투자·소비심리를 급격히 위축시키고, 외국인 직접투자(FDI)가 30% 이상 감소했다"고 분석한다. 브라질의 물류비용은 OECD 국가 평균의 2배, 관료주의와 부패로 정부 효율성은 바닥 수준이다.

정치교착이 심화되자, 국가신용등급은 줄줄이 강등되고(2015년 S&P, 무디스, 피치 모두 투자부적격 등급으로 하향), 외환보유액은 급감했다. 사회적 불만도 폭발해 대규모 시위와 파업이 이어졌고, "낮에는 정치가와 관료들이 도둑질을 해서 브라질은 그들이 잠자는 밤에만 성장한다"는 자조적 농담까지 나왔다. 외생변수(러시아-우크라이나 전쟁, 트럼프 관세, 미·중 무역갈등 등)가 겹치면서 브라질 경제는 글로벌 충격에 더 취약해졌다.

한국도 국회 파행과 정책 집행률 하락(68%→54%)이 반복될 경우, 성장률 0.5~1.2% 하락, 고용 10만 명 이상 감소, 사회적 갈등 비용 연 10조 원 이상 증가 등 브라질과 유사한 악순환이 현실화될 수 있다. IMF와 OECD, KDI 등은 "정치적 불확실성과 정책 지연이 반복되면 한국도 신용등급 하락, 외국인 투자 위축, 경기침체의 악순환에 빠질 수 있다"고 경고한다.

브라질 정치교착과 경기침체에서 한국이 배울 수 있는 가장 큰 정책 교훈은 "정치적 합의와 실행력이 경제의 생명줄"이라는 점이다. 정치가 꼬이면 경제도, 국민의 밥상도 함께 식는다.

IMF와 OECD, KDI 등은 "정치 불안이 투자와 소비심리를 급격히 위축시키고, 정책 집행이 지연될수록 경제성장률이 0.5~1.2% 하락한다"고 경고한다. 브라질의 사례는 정치적 교착이 구조개혁과 사회적 신뢰를 무너뜨리고, 사회적 갈등과 빈부격차, 부패가 심화되는 악순환을 초래함을 보여준다. 한국도 국회 파행과 정책 집행률 하락(68%→54%)이 반복될 경우, 성장률 하락, 고용 감소, 사회적 비용 증가 등 브라질과 유사한 위기를 겪을 수 있다.

또한 브라질은 원자재 수출 의존도가 높아 글로벌 경기 둔화, 미·중 무역 갈등, 러시아-우크라이나 전쟁 등 외생변수에 더 취약했다. 한국 역시 수출 의존도가 높아, 정치 불안이 겹치면 외부 충격에 훨씬 더 취약해질 수 있다. 브라질의 에너지·공공부문 사례에서 보듯, 공공부문 신뢰와 정책 실행력이 경제 안정의 핵심임을 확인할 수 있다. 한국도 공공부문 혁신과 신뢰 회복이 필수적이다.

정치 지형별 경제정책 시나리오와 영향

정치 지형이 바뀌면 경제정책의 운명도 확 바뀐다. 정치 지형별 경제정책 시나리오는 곧 성장률, 고용, 투자, 국민 삶의 질을 좌우하는 '국가 밥상 차림표'다.

여당이 국회 과반을 차지하는 여대야소 시나리오에서는 정부의 경제정책이 빠르게 추진된다. 규제개혁, 혁신 생태계 강화, 대규모 투자와 예산 집행 등 역동 경제 로드맵이 속도감 있게 실행된다. KDI는 정책 집행률이 68% 이상 유지될 때 성장률이 1.6~2.0%, 고용은 10만 명 이상 증가한다고 분석한다. IMF와 OECD 역시 정치적 안정이 투자·소비 심리를 개선하고, 대외 신뢰도를 높인다고 평가한다.

반면, 야당이 국회 주도권을 쥐는 여소야대 시나리오에서는 정부 정책이 견제와 수정 과정을 거치며 속도가 느려진다. 민생경제, 복지, 노동 등 야당 중심 입법이 강화되고, 정부의 구조개혁은 지연될 수 있다. 실제로 2024년 국회 파행 시, 대형 정책 집행률이 68%에서 54%로 하락했고, 성장률은 0.5~1.2% 하락, 고용은 10만 명 이상 감소했다. KDI는 정치적 불확실성이 커질수록 투자·소비가 위축되고, 경제성장률이 1% 이상 낮아질 수 있다고 진단한다.

정치 지형별 경제정책효과를 측정하기 위한 방정식은 아래와 같다.

$$E = \alpha \cdot P + \beta \cdot C - \gamma \cdot U + \delta \cdot X$$

- E: 경제정책의 실현 효과(성장률, 투자, 고용 등)
- P: 집권세력의 정책 추진력(의석 점유율, 정당 충성도)
- C: 정치적 협치·타협 수준(연정, 대타협 등)
- U: 정치적 불확실성(갈등, 파행, 셧다운 등)
- X: 외생변수(국제정세, 전쟁, 미·중 무역분쟁 등)
- α, β, γ, δ: 각 변수의 민감도 계수

좀 더 쉽게 설명하자면, 정치세력이 단단히 뭉치고 협치가 잘 될수록 경제정책효과는 커진다. 반면, 정치적 불확실성이 크고 외부 충격이 심할수록 경제적 효과는 줄어든다.

정치적 불확실성이 극대화되는 극단적 정치교착 시나리오, 즉 국정 공백이나 탄핵 등은 정책 집행 지연이 장기화되고, 경제정책 추진력은 급격히 약화된다. 사회적 갈등이 심화되고, 대규모 시위·집회, 금융시장 변동성, 신용등급 하락 등 '퍼펙트 스톰'이 현실화될 수 있다. 실제로 브라질, 이탈리아, 미국 셧다운 사례처럼 성장률 1.5% 하락, 외국인 투자 30% 이상 감소, 사회적 비용 연 10조 원 이상 증가가 발생할 수 있다.
반대로, 여야가 협치와 대연정에 성공할 경우 정책의 예측 가능성과 집행력이 높아진다. 독일, 일본 사례처럼 정책 일관성이 확보되고, 사회적 신뢰와 투자 심리가 개선된다. OECD는 협치 체계에서 생산성이 미국보다 15% 높아질 수 있다고 평가한다. 성장률은 0.5~1.0% 추가 상승, 고용 10만 명 이상 창출, 국민 삶의 만족도 10% 이상 개선이 기대된다.

해결책으로는, 정치권의 조기 정국 안정과 경제 컨트롤타워 확립, 그리고 정책의 일관성 유지는 경제의 예측 가능성과 신뢰를 높이는 데 핵심적인 역할을 한다. 정권 교체기에는 정책 공백이 발생하기 쉽고, 이로 인해 시장과 경제주체의 불확실성이 커질 수 있습니다. 실제로 정권이 교체되거나 정치적 혼란이 이어질 경우, 기존의 경제정책이 폐기되거나 축소되는 사례가 반복되어 왔으며, 이는 경제정책의 연속성을 저해하고 시장의 신뢰를 떨어뜨리는 요인으로 작용한다.

따라서 정권 교체기에는 경제운용 시스템의 공백을 최소화하고, 금융시장 안정 조치를 선제적으로 마련하는 것이 중요하다. 경제 컨트롤타워 기능을 할 수 있는 정부 주체를 조기에 확립해 민간의 심리 안정을 도모하고, 경제부처 및 유관기관들은 새 정부의 경제운용 시스템이 정책 공백 없이 조기에 가동될 수 있도록 준비해야 한다. 또한 대외적으로는 통상·에너지 정책 변화에 유연하게 대응할 수 있는 협상력과 전략적 파트너십을 강화해야 하며, 대외 신인도 하락과 금융시장 불안정성에 대비해 투기자금 유출입 감시 등 금융시장 안정, 장치도 병행해야 한다.

기업 역시 불확실성에 대비해 리스크 관리 체계를 강화하고, 강한 CEO 리더십을 통해 근로자와 시장의 신뢰를 확보해야 한다. 정부는 정책의 신뢰성을 높이고 경제주체와의 소통을 확대해 정책 변화에 대한 불안을 최소화할 필요가 있다. 정치권이 한국 경제의 어려움에 대한 인식을 공유하고, 정국 안정을 통해 정치적 불확실성을 해소하는 데 주력해야만 경제성장과 시장 안정이라는 두 마리 토끼를 모두 잡을 수 있다. 결국, 정치 지형 변화에 따른 경제정책의 영향은 다양하지만, 정책 일관성과 신뢰 확보, 조기 정국 안정, 경제주체의 리스크 관리 강화가 공통된 해결책임을 확인할 수 있다.

총선 여대야소 시 복지예산 18% 증가, 여소야대 시 6% 증가

복지예산, 정치 지형, 그리고 대한민국의 운명 이야기는 숫자에서 시작된다. 2020년 총선, 여대야소(與大野小) 국회에서는 복지예산이 무려 18%나 증가했다. 반면, 여소야대(與小野大)에서는 겨우 6% 오르는 데 그쳤다. 기획재정부가 밝힌 이 수치는 단순한 예산 증감이 아니라, 정치의 힘이 국민의 삶에 어떻게 직결되는지를 보여주는 '정치경제학의 현장실습'이다.

여대야소 시 복지예산 증가 방정식은 아래와 같다.

$$W = \alpha \cdot Y + \beta \cdot O$$

- W: 복지예산 증가율(%)
- Y: 여당이 다수(여대야소)면 1, 아니면 0
- O: 야당이 다수(여소야대)면 1, 아니면 0
- α: 여대야소 시 복지예산 증가 효과(18)
- β: 여소야대 시 복지예산 증가 효과(6)

위 방정식을 쉽게 설명하자면, 여당이 국회 다수 의석을 쥐면 복지예산을 대폭 늘릴 수 있다. 반대로 야당이 다수면 예산 증액이 제한된다. 1석 차이, 정치 지형 변화가 복지정책의 규모를 좌우한다.

반대로, 야대여소 국회의 정책 추진력 방정식은 아래와 같다.

$$P = \alpha \cdot G \cdot \beta \cdot O$$

- P: 정책 실현력(예산 증가율, 법안 통과율 등)
- G: 정부(여당) 정책 추진 의지 및 역량
- O: 야당의 견제력(의석 비중, 반대 강도)
- α, β: 각 변수의 영향력 계수

좀 더 쉽게 설명하자면, 여당이 아무리 정책을 추진하려 해도, 야당이 다수이면(야대여소) 정책 실현력은 그만큼 깎인다. 야당의 브레이크가 강할수록 정부의 추진력은 약해진다.

경제학자 알베르트 허쉬만은 "정치적 의지가 경제적 자원을 움직인다"고 했다. IMF와 OECD, 그리고 KDI의 수치도 이를 뒷받침한다. 2020년 한국의 복지예산은 153조 원에서 180조 원대로 껑충 뛰었고, 이는 같은 해 일본의 복지예산 증가율(약 3%)이나 미국(코로나19 특별지출 제외 시 5% 내외)보다도 훨씬 공격적인 확장이다. 중국은 공산당의 일당 지배 체제에서 예산 증감이 '정치적 논쟁'이 아니라 '지시'로 이뤄지지만, 한국은 국회 의석수에 따라 예산의 운명이 갈린다.

여대야소 국회는 '슈퍼예산'의 탄생지였다. 민주당이 주도권을 쥔 2020년, 512조 원 규모의 예산안이 강행 처리됐다. 반면, 여소야대 국회에서는 야당의 견제 속에 복지예산이 '6%'라는 소심한 숫자에 머물렀다. 이쯤 되면 이스라엘과 이란의 중동전쟁, 러시아와 우크라이나의 전쟁, 트럼프의 관세 폭탄 등 외생변수도 한국 국회의 정치 지형 앞에서는 '조연'에 불과하다.

OECD는 한국의 복지지출이 GDP 대비 12% 수준으로, 일본(23%), 미국(19%), 독일(25%)보다 낮다고 지적한다. 그런데도 복지예산이 18%씩 늘어난 해에는 국민 체감경기가 분명히 달라진다. IMF는 "정치적 안정과 정책 일관성이 경제성장과 복지확대의 핵심"이라고 강조한다. 유대인 속담에 이런 말이 있다. "정치가 흔들리면, 국가는 춤을 춘다." 한국의 예산도 춤을 춘다. 여대야소 땐 왈츠, 여소야대 땐 탱고다.

시사점은 분명하다. 정치 지형이 바뀌면 예산의 길도 바뀐다. 국민은 투표로 복지예산의 크기를 결정한다. 세계 각국의 속담처럼 "바람이 부는 대로 돛을 세워라." 한국도 정치의 바람에 따라 복지의 돛을 올리거나 내린다. "국회의원 숫자만큼 복지예산도 늘어난다"는, 이보다 더 직설적이고 솔직한 경제학적 진실이 또 있을까?

결국, 정치가 바뀌면 예산이 바뀌고, 예산이 바뀌면 국민의 삶이 바뀐다. 이게 바로 대한민국 정치경제의 '진짜' 드라마다.

영국 브렉시트 국민투표, 이탈리아 연립정부 사례

영국의 브렉시트 국민투표와 이탈리아 연립정부 사례는 정치가 경제에 미치는 파급력을 극적으로 보여주는 생생한 경제 교과서다. 국민이 한 표를 던질 때마다 국가의 지갑이 들썩이고, 기업과 시장이 춤을 춘다는 말이 결코 과장이 아니다.

"정치는 예산이고, 예산은 국민의 삶이다. 그런데 그 삶이 브렉시트 한 방에 5%나 쪼그라든다."

2016년 영국은 "EU와 이별할래."라는 선택을 국민투표로 결정했다. 그 결과는 경제적 충격이었다. IMF, OECD, 영국 재무부, 골드만삭스 등은 이 결정을 "경제적 자해행위"라고 평가했다. 실제로 브렉시트 이후 영국의 GDP는 5% 감소했고, 1인당 GDP 상승률도 유로존(8%), 미국(15%)에 한참 못 미치는 4%에 그쳤다. 수출은 2016년 380조 원에서 2024년 333조 원으로 줄었고, 무역량은 15% 감소했다. 인플레이션은 31% 폭등해 미국(27%), 유로존(24%)보다 높았다. 휴 린드 CEBR 이코노미스트는 "영국이 EU를 떠나자마자 수출입 기업의 원가 부담이 높아졌고, 경제활동은 위축되기 시작했다"고 진단했다. 탈무드는 "지혜는 많을수록 좋지만, 돈이 없으면 지혜도 소용없다"고 했다. 브렉시트로 영국은 지혜도, 돈도 동시에 잃은 셈이다.

이탈리아는 연립정부가 일상이다. 1946년 공화국 수립 이후 75년간 68개의 정부가 들어섰고, 정부당 평균 존속 기간은 13개월에 불과하다. 정치 불안은 금리 인상, 투자 위축, 성장 둔화로 직결된다. IMF와 OECD는 이탈리아의 정치적 불확실성이 연평균 성장률을 0.5~1%포인트씩 깎아먹는다고 분석한다. 실제로 드라기 총리 사임과 같은 정치적 혼란이 반복되면서 유럽연합과 미국은 이탈리아가 경제위기의 '퍼펙트스톰'에 직면할 수 있다고 경고했다. 스탠더드 앤드 푸어스(S&P)는 이탈리아의 정치적 리더십 부재와 정책 불확실성이 신용등급 강등의 주요 원인이라고 지적했다.

한국도 예외가 아니다. 한국은행과 KDI 연구에 따르면, 정치 불확실성이 커질 때 투자와 소비가 1~2% 감소한다.

결론은 명확하다. "정치는 국민의 밥상이고, 복지이고, 일자리다. 브렉시트 한 번에 영국 경제가 5% 줄었고, 이탈리아처럼 정치가 흔들리면 성장률이 1%씩 증발한다. 한국도 예외 아니다. 국민 한 표가 나라의 미래를 바꾼다." "정치가 안정되면 밥상이 풍성해지고, 흔들리면 라면값이 오른다"는 진리를 잊지 말자. 탈무드는 말한다. "지혜로운 자는 미래를 준비한다." 한국은 브렉시트와 이탈리아의 교훈을 거울삼아, 정치적 안정과 경제정책의 일관성을 지켜야 한다. 그래야만 국민의 삶이 흔들리지 않는다.

일본 민주당 정권의 단명 사례

일본 민주당 정권의 단명은 정치가 경제를 얼마나 흔들 수 있는지 보여주는 '한 편의 블록버스터'다. 2009년, 54년 만에 자민당을 꺾고 집권한 일본 민주당은 "이제 일본도 바뀌겠구나."라는 국민적 기대를 한 몸에 받았다. 그러나 3년 만에 민주당 정권은 역사 속으로 사라졌다.

민주당 집권기(2009~2012) 일본 경제는 '정치 불확실성'에 시달렸다. IMF, OECD, 일본은행, KDI의 연구에 따르면, 민주당은 '관료타파'와 '정치주도'를 외쳤으나, 실제로는 정책 일관성 부족, 리더십 부재, 당내 분열로 혼란만 키웠다. 경제성장률은 연평균 1%에도 못 미쳤고, 2011년 동일본 대지진 이후엔 −0.5%까지 추락했다. 엔고(2012년 1달러=76엔)로 수출기업은 비명을 질렀고, 닛케이 주가는 3년간 20% 가까이 빠졌다. 실업률은 5.5%까지 뛰었다.

경제학자 폴 크루그먼은 "정치적 리더십 부재와 정책 혼선이 경제 회복의 가장 큰 장애물"이라고 지적했다. 탈무드는 말한다. "두 명의 선장이 한배를 몰면 배는 산으로 간다." 일본 민주당 정권이 딱 그랬다. 민주당은 내수 진작을 통한 경제성장 전략을 내세웠지만, 재원 조달 방안이 미흡했고, 연금제도 등 구조적 문제에 대한 대응 전략도 부실했다. 미즈호종합연구소는 민주당의 정책이 명목 GDP 성장률에 미치는 기여도가 -0.1%에 불과하다고 발표했다.

이 시기에 미국은 양적완화로 성장률 2~3%를 유지했고, 중국은 8%대 고성장을 구가했다. OECD 평균도 2% 내외였다. 그런데 일본만 '정치 불확실성'에 발목 잡혀 성장률 꼴찌, 투자 위축, 엔고, 주가 하락, 복지축소라는 '5중고'를 겪었다.

한국은행과 KDI 연구에 따르면, 한국도 정치 불확실성이 커질 때 성장률이 1% 하락하고, 투자·소비가 2% 가까이 줄어든다고 경고한다. 일본 민주당 정권의 단명은 "정책 일관성, 리더십, 소통"의 중요성을 증명한다. 정치는 국민의 밥상이고, 정책은 국밥의 양념이다. 양념이 매번 바뀌면 밥상이 불안해진다.

탈무드는 또 말한다. "지혜로운 자는 실패에서 배운다." 한국도 일본의 실패를 거울삼아, 정치적 안정과 정책 일관성, 리더십의 중요성을 잊지 말아야 한다.

결국, 일본 민주당 정권의 단명은 "정치가 경제를 흔들면 국민의 삶이 흔들린다"는 사실을 다시 한번 확인시켜준다. 한국도, 세계도, 이 교훈을 꼭 기억해야 한다. 왜냐고? "정치가 흔들리면 라면값이 오르고, 정책이 흔들리면 밥상이 비워지기" 때문이다.

중동·러시아-우크라이나 전쟁 종료 이후 에너지·원자재 시장변화

중동과 러시아-우크라이나 전쟁이 종료된다면, 에너지·원자재 시장은 마치 롤러코스터가 정점에서 한순간에 내리막을 달리는 것처럼 극적인 변화를 맞이한다.

"정치는 국민의 밥상이고, 에너지는 그 밥상의 불씨다. 전쟁이 끝나면 불씨가 안정되고, 밥상에 올릴 반찬 값도 내려간다."

전쟁의 끝은 세계 경제와 한국 경제에 '밥상 물가'의 새로운 시대를 예고한다.

전쟁 종료 후, 시장변화 방정식을 식으로 표시하면,

$$P_t = P_0 - \alpha S + \beta D + \gamma X$$

- P_t: 전쟁 종료 후 에너지·원자재 가격
- P_0: 전쟁 중 평균 가격
- S: 공급망 정상화 효과(공급 증가분)
- D: 전후 재건 수요(우크라이나, 중동 등)

- X: 구조적 변화(탈러시아, 친환경 전환 등)
- α, β, γ: 각 변수의 민감도 계수

방정식을 좀 더 쉽게 설명하자면, 전쟁이 끝나면 공급이 늘어나 가격이 내려가지만, 재건 수요와 구조적 변화(예: 친환경 투자, 러시아산 에너지 축소)가 남아 있어 가격은 단기적 하락 후 새 균형을 찾는다.

전쟁이 끝나면 공급이 늘어나 가격이 내려가지만, 재건 수요와 구조적 변화(예: 친환경 투자, 러시아산 에너지 축소)가 남아 있어 가격은 단기적 하락 후 새 균형을 찾는다.

IMF와 OECD, 한국은행, KDI 등 주요 기관들은 전쟁 종료 후 국제 유가와 천연가스 가격이 20~30% 이상 하락할 것으로 전망한다. 실제로 러시아-우크라이나 전쟁 발발 직후 배럴당 120달러까지 치솟았던 유가는 전쟁 종식 시 70~80달러 선까지 떨어질 것으로 예측된다. 천연가스 역시 유럽 TTF 기준 2022년 MWh당 300유로에서 2025년 80유로 이하로 하락할 가능성이 높다. 구리, 알루미늄, 니켈 등 주요 원자재도 10~15% 가격 조정이 예상된다.

경제학자 제프리 삭스는 "지정학적 리스크가 해소되면 에너지·원자재 시장은 공급 안정과 가격 정상화라는 쌍둥이 효과를 맞는다"고 진단한다. 탈무드는 "폭풍이 지나면 바다는 평온해진다"고 말한다. 전쟁이 끝나면 시장도 평온을 되찾는다.

한국은 세계 5위 에너지 수입국이자 제조업 강국이다. 2024년 기준 원유·가스·석탄 수입액은 연 1,800억 달러, 원자재 수입은 800억 달러에 달한다. 전쟁 종료로 에너지·원자재 가격이 20%만 내려가도 연간 500억 달러(약 70조 원) 가까운 무역수지 개선 효과가 있다. KDI는 "에너지·원자재 가격 안정은 제조업 경쟁력 강화, 물가 하락, 소비 회복, 수출 확대의 선순환을 유도한다"고 분석한다.

미국은 셰일 혁명과 에너지 자립 덕에 상대적으로 영향이 적고, 중국은 가격 하락의 최대 수혜국으로 꼽힌다. 일본도 에너지 수입국이지만 엔저로 인한 부담이 남아 있다. OECD 평균적으로 에너지 가격 하락은 회원국 GDP 성장률을 0.3~0.5% 끌어올린다.

에너지·원자재 가격 하락은 한국의 물가상승률을 1% 이상 낮추고, 제조업 영업이익률을 2~3% 높인다. IMF는 "한국은 에너지 의존도가 높아, 전쟁 종료 시 아시아에서 가장 큰 수혜국이 될 것"이라고 평가한다. 블룸버그는 "한국 경제의 '밥상 물가'가 안정되면 내수·수출 동반 회복의 골든타임이 열린다"고 진단한다.

유대인 속담에 "폭풍이 지나면 어부가 그물을 고친다"는 말이 있다. 탈무드는 "지혜로운 자는 평화의 때를 준비한다"고 가르친다. 세계 각국 속담처럼, 전쟁이 끝나면 시장은 다시 춤을 추게 될 것이다.

위기는 기회의 또 다른 이름이다

위기는 기회의 또 다른 이름이다. 이 말은 단순한 격언이 아니라, 경제와 삶의 본질을 꿰뚫는 진실이다. 세계가 흔들릴 때, 누군가는 무너지고 누군가는 도약한다.

"위기는 국민의 밥상에 새로운 반찬을 올릴 수 있는 절호의 찬스다. 남들이 허둥대는 사이, 준비된 자는 밥상에 고기 한 점 더 얹는다."

위기-기회의 경제학적 가치평가 모델은 다음과 같다.

$$O = \alpha \cdot C + \beta \cdot I$$

- O: 위기 이후 창출된 새로운 기회(신사업, 생산성, 혁신 등)
- C: 위기(경제 충격, 위기 강도)
- I: 대응·혁신 노력(정책, 기업 전략, 사회 변화)
- α, β: 각 변수의 효과 계수

위 방정식을 쉽게 표현하면, 위기가 클수록(큰 충격) 그리고 혁신적 대응이 강할수록(적극적 변화) 새로운 기회는 더 커진다.

경제학적으로 볼 때, 위기는 '창조적 파괴'의 무대다. IMF와 OECD, 한국은행, KDI 등 주요 기관의 연구는 위기 속에서 기회를 잡은 국가와 기업이 어떻게 성장하는지 명확히 보여준다. 2022~2024년 러시아-우크라이나 전쟁, 이스라엘-이란 갈등, 트럼프의 관세 압력, 미·중 신냉전 등 외생변수로 글로벌 교역량은 3% 감소했지만, 한국의 반도체·배터리·방산 수출은 오히려 10~20% 성장했다. 일본은 엔저로 수출을 늘렸지만 내수 부진에 시달렸고, 미국은 리쇼어링 정책으로 제조업 일자리를 늘렸으나 인건비 부담이 커졌다. 중국은 '차이나+1' 전략의 확산으로 오히려 공급망 다변화의 압박을 받았다.

경제학자 조지프 슘페터는 "창조적 파괴가 혁신의 본질"이라고 했다. 위기란 낡은 질서가 무너지고, 새로운 질서가 태어나는 순간이다. KDI는 "한국은 위기 때마다 산업구조를 혁신하며, 1997년 외환위기·2008년 금융위기·2020년 팬데믹을 거치며 세계 10대 경제 대국으로 성장했다"고 분석한다. 경제학자 민스키는 "불안정성이야말로 자본주의의 본질이며, 위기는 혁신의 촉매"라고 강조했다. 케인스도 "위기 속에서만 진정한 변화가 시작된다"고 말했다. 탈무드에는 "문이 닫히면 창문이 열린다"는 말이 있다. 위기는 곧 기회다.

2025년 현재, 한국의 GDP 성장률은 2.4%로 OECD 평균(1.8%)을 앞서고 있다. 반도체 수출은 1,300억 달러, 2차전지 450억 달러, 방산 250억 달러로 세계 3~7위권을 기록한다. 위기 때마다 한국은 '플러스 알파'의 전략으로 글로벌 시장에서 새로운 기회를 창출했다. 미국, 유럽, 일본이 주춤할 때 한국은 기술혁신과 공급망 허브로 부상했다.

유대인 속담에 "바람이 불 때 연을 높이 날려라"는 말이 있다. 탈무드는 "기회는 준비된 자의 것이다"라고 가르친다. 세계 각국 속담처럼, "폭풍이 몰아칠 때 어부는 그물을 고친다." 윈스턴 처칠은 "낭비된 위기는 없다"고 했다.

"위기 때 라면값이 오르면, 그 라면에 소고기 한 점 없을 기회를 잡는 사람이 진짜 고수다."

한국이 위기 때마다 산업구조를 혁신한 사례에서 내가 얻을 수 있는 가장 큰 교훈은, 변화와 불확실성이 닥쳤을 때 움츠러들기보다는 과감하게 혁신하고, 새로운 기회를 찾아야 한다는 점이다. IMF 외환위기, 글로벌 금융위기, 팬데믹 등 굵직한 위기마다 한국은 산업구조조정, 수출 품목과 시장의 다변화, 기술혁신 등으로 경제 체질을 바꿔왔고, 그 덕분에 세계 10대 경제 대국으로 성장할 수 있었다.

이 과정에서 중요한 것은 단순히 위기를 견디는 것이 아니라, 위기를 '혁신의 촉매제'로 삼아 기존의 방식을 과감히 바꾸고, 새로운 성장 동력을 찾는 자세다. 예를 들어, IMF 위기 때 기업들은 인력 구조조정만이 답이 아님을 깨닫고, 인력 재배치와 역량 강화, 신사업 진출 등으로 조직을 더 유연하고 강하게 만들었다. 글로벌 금융위기 이후에는 수출 품목과 시장을 다변화하고, 서비스 산업과 첨단 제조업을 육성하며 경제의 안정성과 성장성을 동시에 추구했다.

이런 경험은 "변화 앞에서 두려워하지 말고, 스스로를 혁신하라"는 메시지를 준다. 위기 때마다 멈추지 않고 배우고, 새로운 기술과 트렌드를 받아들이며, 경쟁력을 키워야 한다는 것이다. 위기는 언제든 찾아오지만, 준비된 자에게는 그것이 곧 기회가 된다는 사실을 한국의 사례가 증명한다.

제4부

한국 경제의 미래상

'진짜 성장'과 세계 5대 경제 강국 도약

'진짜 성장'이란 무엇일까? 그것은 단순히 GDP 숫자만 늘리는 것이 아니라, 위기 속에서도 산업구조를 혁신하고, 첨단기술과 창의력으로 세계 시장을 선도하며, 국민 모두가 삶의 질 향상을 체감할 수 있는 성장으로 경제강국을 만드는 것이다.

'진짜 성장'과 경제강국 도약 방정식은 다음과 같다.

$$G = \alpha Y + \beta I + \gamma S + \delta P + \epsilon L$$

- G: 국가의 '진짜 성장'(Global Power Index, 경제강국 종합지수)
- Y: 실질 GDP 성장률(양적 성장)
- I: 혁신지수(기술, R&D, 첨단산업 경쟁력)
- S: 사회적 포용력(불평등 해소, 복지, 교육)
- P: 생산성(노동·자본 효율)
- L: 국제적 리더십(외교, 군사, 소프트파워)
- α, β, γ, δ, ϵ: 각 요소의 영향력 계수

위 방정식을 좀 더 쉽게 설명하자면, '진짜 성장'은 단순히 GDP만 늘리는 게 아니라, 혁신, 포용, 생산성, 국제적 영향력까지 모두 점수를 올려야 세계 5대 경제강국에 진입할 수 있다는 뜻이다.

※ 경제강국 종합지수는 한 국가의 경제력을 다각도로 평가하는 개념적 지수로, 공식 단일지표는 아니다. 이 지수는 GDP, 혁신역량, 생산성, 사회적 포용력, 국제적 영향력 등 다양한 요소를 가중평균해 산출하며, 실제로는 경기동행종합지수, 선행종합지수 등 여러 경제지표와 글로벌 경쟁력지수, 혁신지수, 국가신용등급 등이 종합적으로 활용된다. 한국은 경기종합지수, 성장률, 무역규모, 혁신지수 등을 종합적으로 참고해 경제강국 위상을 평가한다.

IMF, OECD, 한국은행, KDI 등 주요 기관들은 한국의 진짜 성장 동력을 첨단 제조업, 디지털 혁신, 방산, 우주항공 등에서 찾는다. 2025년 기준 한국의 반도체 수출은 1,300억 달러, 2차전지 450억 달러, 방산 200억 달러를 돌파하며 세계 3~7위권을 기록하고 있다. 하버드대 벨퍼센터 첨단기술지수는 한국을 반도체·AI·바이오·양자·우주 등 5대 첨단기술에서 세계 5위로 평가했다. 우주항공청은 2025년 연구개발에 8,064억 원을 투자하며, 누리호 4차 발사, 차세대 위성 발사 등 '우주 5대 강국' 도약을 공식화했다.

한국은 1997년 외환위기, 2008년 금융위기, 2020년 팬데믹 등 위기 때마다 산업구조를 혁신하며 도약했다. 조지프 슘페터의 "창조적 파괴가 혁신의 본질"이라는 말처럼, 위기는 낡은 질서를 무너뜨리고 새로운 성장 동력을 만든다. 실제로 한국은 1989년 620억 달러에 불과하던 수출을 2019년 5,400억 달러로 9배 성장시켰고, 2021년 글로벌 혁신지수 5위, R&D 투자 100조 원 돌파라는 기록을 세웠다.

방산 분야에서는 2023년 세계 무기 수출 10위권에 진입했고, 2027년까지 세계 4대 방산강국 도약을 목표로 한다. 우주항공 분야도 민간 중심 혁신과 글로벌 협력으로 세계 5대 강국을 노린다.

블룸버그, PwC, 맥킨지 등 글로벌 기관들은 한국이 디지털·AI·우주·방산 등 신성장 분야에서 미국, 중국, 일본과 어깨를 나란히 하며, '세계 5대 경제강국' 후보로 부상했다고 평가한다. OECD는 "한국은 혁신역량, 인적자본, 디지털 인프라에서 G7 국가와 대등하다"고 진단한다.

이재명식 결론은 이렇다. "진짜 성장은 국민의 밥상에 고기 한 점 더 올리고, 그 밥상을 우주까지 배달하는 힘이다. 위기 때마다 철저한 혁신으로 준비한 자만이, 세계 5대 경제강국의 주인공이 된다." 결국, '진짜 성장'은 위기 속에서 혁신을 멈추지 않는 용기와, 그 속에서 기회를 잡는 지혜에서 출발한다.

한국의 '진짜 성장'은 위기 때마다 혁신을 멈추지 않는 용기, 문제 해결에 집중하는 실용적 창의성, 빠른 실행력, 그리고 다양성과 포용성을 바탕으로 글로벌 시장에서 독보적인 차별점을 만들어냈다. 한국은 위기 속에서 그물을 고치고, 새로운 물고기를 잡아 세계 시장의 판도를 바꾸곤 했다. 이것이 바로 한국식 '진짜 성장'의 글로벌 경쟁력이다.

AI·반도체·미래산업 중심 성장전략

　AI와 반도체, 미래산업에 집중하는 전략은 한국 경제의 성장판을 넓히고, 글로벌 기술패권 경쟁에서 주도권을 쥘 수 있는 '승부수'다. 이재명식으로 말하자면, "AI와 반도체에 투자하면, 경제의 엔진이 V8로 바뀐다. 미래산업은 다음 세대의 밥줄이다."

　이재명의 AI·반도체·미래산업 중심 성장전략은 "기술이 밥상이고, 혁신이 국민의 고기 한 점"이라는 슬로건으로 요약된다. 이 전략은 단순한 IT 투자 확대가 아니라, 국가의 미래 먹거리와 글로벌 주도권을 동시에 노리는 '초격차 성장 드라이브'다. 지금 세계가 이스라엘-이란, 러시아-우크라이나 전쟁, 트럼프의 관세 압력 등 외생변수로 흔들릴 때, 한국은 AI·반도체·미래산업이라는 세 개의 엔진으로 경제 비행기를 띄우겠다는 야심찬 계획을 내놨다.

　경제학적 가치평가를 위한 성장전략 방정식은 아래와 같다.

> $$G = \alpha \cdot AI + \beta \cdot S + \gamma \cdot F + \delta \cdot X$$
>
> - G: 국가 성장률 또는 경제 파급효과
> - AI: 인공지능 산업 투자 및 성과
> - S: 반도체 산업 성장(생산, 수출, 기술력)
> - F: 미래산업(바이오, 전고체 배터리, 자율주행, 스마트팩토리 등)
> - X: 외생변수(글로벌 공급망, 지정학 리스크 등)
> - $\alpha, \beta, \gamma, \delta$: 각 산업의 성장 기여도

위 식을 쉽게 설명하자면, AI, 반도체, 미래산업에 투자할수록 경제 성장률이 높아진다. 외생변수(전쟁, 무역 갈등 등)는 성장에 영향을 주지만, 핵심 산업이 튼튼하면 충격을 이겨낸다.

경제학적으로, 이 전략은 기술패권 경쟁이 국가 경제의 미래를 좌우한다는 현실 인식에서 출발한다. IMF, OECD, 한국은행, KDI 등은 AI와 반도체가 국가 성장의 핵심축임을 강조한다. 미국이 150조 원, 중국이 13조 원을 AI에 쏟아붓는 가운데, 이재명 정부는 민관 합동 100조 원 투자로 2029년까지 AI 세계 3강 진입을 목표로 내걸었다. 반도체 분야는 삼성전자·SK하이닉스 등 민간이 600조 원 이상을 투입해 메가클러스터를 조성하고, 세계 공급망 허브로 도약한다는 전략이다. 2025년 기준 한국의 반도체 수출은 1,300억 달러, AI 관련 산업은 연평균 15% 이상 성장세를 기록 중이다.

정책의 핵심은 규제 혁신과 인재 양성이다. 이재명 정부는 AI·반도체·미래산업의 '핀셋 규제'와 대규모 투자, 그리고 20만 명 AI 청년 인재

양성에 방점을 찍는다. AI특구 확대, 데이터 개방, 세제 지원, 반도체 특별법 제정 등으로 기업의 발목을 잡던 규제를 과감히 풀고, 민관이 함께 R&D 예산을 GDP의 5% 이상으로 끌어올린다. "정부가 성장 파트너가 될 때, 기업은 세계를 바꾼다"는 경제계의 요구에 부응하는 조치다.

국내외 평가는 긍정적이다. 하버드대 벨퍼센터는 한국을 반도체·AI·바이오·우주 등 5대 첨단기술에서 세계 5위로 평가했다. 블룸버그와 맥킨지 등 글로벌 기관들은 "한국이 AI·반도체·디지털 전환에서 미국, 중국, 일본과 어깨를 나란히 하며, '세계 5대 경제 강국' 후보로 부상했다"고 평가한다. OECD는 "한국의 혁신역량과 디지털 인프라는 G7 국가와 대등하다"고 진단한다.

한국의 AI·반도체 투자는 세계 시장에서 '게임 체인저'로 도약할 수 있는 선도적 위치를 기대하게 한다. 단순히 메모리 반도체 강국에 머무르지 않고, AI와 시스템반도체까지 영역을 확장하며 글로벌 패권 경쟁의 중심에 뛰어드는 것이 핵심이다.

무엇보다 삼성전자와 SK하이닉스 같은 글로벌 톱티어 기업들이 AI 반도체 기술 개발에 박차를 가하고 있다. 삼성전자는 엑시노스, 뉴로모픽 반도체 등 차세대 AI 칩을 집중연구하고, SK하이닉스는 실리콘밸리 자회사와 협력해 생산공정 혁신에 나서고 있다. 이 과정에서 국내 대학, 스타트업, 연구기관과의 협업이 활발히 이뤄지며, AI 반도체 생태계가 빠르게 구축되고 있다.

정부 역시 2030년까지 글로벌 AI 반도체 시장점유율을 20%로 끌어올리는 대규모 R&D 프로젝트를 추진 중이다. 현재 약 3% 수준인 시장점유율을 6배 이상 확대하겠다는 목표다. 이를 위해 전문 인력 양성, 연구개발 지원, 규제 완화, 산업 생태계 조성 등 다각도의 전략이 펼쳐지고 있다.

AI 반도체는 데이터센터, 자율주행차, 엣지 디바이스 등 4차 산업혁명 핵심 분야에서 필수 부품으로 자리 잡고 있다. 한국이 이 분야에서 기술적 우위를 확보하면, 글로벌 빅테크 기업과의 협력 확대, 수출 시장 다변화, 미래 산업 표준 선도 등 다양한 효과가 기대된다. 특히, 고성능·저전력 AI 반도체는 인공지능 서비스의 효율성과 범용성을 극대화해, 한국이 글로벌 혁신의 중심에 설 수 있는 기반이 된다.

아직 시스템반도체 분야에서는 미국(엔비디아 등)과 격차가 있지만, 뉴로모픽·ASIC 등 차세대 기술에서 한국 기업의 도전이 본격화되고 있다. 국내 스타트업도 자체 AI 칩을 개발해 글로벌 시장에서 엔비디아 대체재로 주목받고 있다.

결론적으로, 한국의 AI·반도체 투자는 단순한 부품 공급국을 넘어, 글로벌 AI 반도체 시장의 표준과 생태계를 주도하는 '퍼스트 무버'로의 도약을 가능하게 한다. 정부와 민간의 대규모 투자, 인재 양성, 연구개발 혁신이 맞물려, 2030년에는 세계 시장 점유율 20% 달성, AI·반도체 강국으로서의 위상 확립이 현실이 될 수 있다.

GDP 2.6조 달러, 1인당 GDP 5만 달러 목표

2030년 한국 GDP 2.6조 달러, 1인당 GDP 5만 달러, 이 목표는 단순한 숫자가 아니라, 대한민국이 세계 5대 경제강국 반열에 오르겠다는 '국민적 선언'이다. 이 수치는 한국 경제의 야심, 그리고 미래세대를 위한 도전장을 의미한다.

목표 달성 방정식은 아래와 같다.

$$GDP_{2030} = GDP_{2025} \times (1+r)^5$$

$$1인당\, GDP_{2030} = \frac{GDP_{2030}}{인구_{2030}}$$

- GDP_{2030}: 2030년 국내총생산 (목표 2.6조 달러)
- GDP_{2025}: 2025년 국내총생산 (약 2.05조 달러로 가정)
- r: 연평균 성장률
- 인구$_{2030}$: 2030년 인구 (약 5,200만 명 가정)
- 1인당 GDP_{2030}: 목표 5만 달러

위 공식을 쉽게 설명하자면, 2025년 2.15조 달러에서 2030년 2.6조 달러로 성장하려면 연평균 약 3.9%의 성장률이 필요하다. 1인당 GDP

5만 달러는 인구 감소세를 감안해도 고성장과 고환율 안정, 생산성 혁신이 동시에 이뤄져야 가능한 수치다.

IMF, KDI, 한국은행 등은 최근 한국의 경제성장률을 2% 내외로 전망한다. 2029년 1인당 GDP는 4만 달러 초반에 머물 것으로 보인다. 즉, 5만 달러 목표는 현재 전망치보다 20% 이상 더 성장해야 달성 가능하다. 이는 반도체·AI·미래산업 대혁신, 노동·인구 구조개선, 글로벌 무역환경 개선 등 복합적 조건이 충족되어야 한다.

경제학적으로 이 목표는 단순한 성장률의 합이 아니라, 산업구조 혁신과 첨단기술 주도, 국민 삶의 질 향상까지 포괄하는 '질적 도약'의 상징이다. IMF, OECD, 한국은행, KDI 등 주요 기관 분석에 따르면, 2.6조 달러 GDP는 2024년(약 1.8조 달러) 대비 44% 성장, 1인당 5만 달러는 현재(약 3만 6천 달러)보다 40% 이상 증가한 수치다. 이 목표가 실현되면, 한국은 일본·독일과 어깨를 나란히 하며, 1인당 국민소득 기준 미국(7만 달러), 독일(5.5만 달러), 일본(4.2만 달러), 프랑스(4.7만 달러)와 경쟁하게 된다.

이 성장의 엔진은 AI·반도체·우주·방산 등 미래산업에서 초격차를 유지하는 데 있다. 2025년 기준 반도체 수출 1,300억 달러, 2차전지 450억 달러, 방산 200억 달러, 우주항공 R&D 8,000억 원 등 '기술 드라이브'가 성장의 동력이다. KDI는 "첨단산업 R&D 투자, 인재 양성, 규제혁신이 GDP 성장률을 연 3%까지 끌어올릴 수 있다"고 분석한다.

IMF는 2030년 한국 GDP가 2.1조 달러, 세계 15위로 떨어질 수 있다는 보수적 시나리오를 내놓았다. 그러나 글로벌 공급망 재편과 기술

패권 경쟁에서 한국이 '퍼스트 무버'가 될 경우, 2.6조 달러 달성은 결코 허황된 꿈이 아니다.

2030년 한국 GDP 2.6조 달러, 1인당 GDP 5만 달러라는 목표 달성의 핵심 성장 동력은 '첨단산업 혁신'과 '제도 혁신·선제 투자'의 결합이다. 이러한 목표를 현실로 만드는 엔진은 무엇일까?

첫째, AI·반도체·미래산업이 성장의 중심축이다. 한국은행과 KDI, OECD 등은 반도체·2차전지·바이오·로봇·우주항공 등 미래산업에 대한 대규모 R&D 투자와 혁신이 필수라고 강조한다. 2025년 기준 반도체 수출 1,300억 달러, 2차전지 450억 달러, 우주항공 R&D 8,000억 원 등 초격차 기술이 한국의 글로벌 경쟁력을 견인한다. 이처럼 첨단산업은 단순한 수출 품목이 아니라, 한국 경제의 성장 엔진이자 세계 시장에서의 '게임 체인저' 역할을 한다.

둘째, 제도 혁신과 선제적 투자가 뒷받침되어야 한다. 단순히 생산요소 투입에 의존하는 성장에는 한계가 있다. 정부는 규제 혁신, 사회서비스 일자리 창출, 인재 양성, 교육시스템 효율화 등 제도적 토대를 강화하고, 미래를 내다보는 선제적 투자로 성장의 기틀을 마련한다. 이는 "혁신적이고 활력있는 경제, 안전하고 기회가 보장되는 사회"라는 국가 비전과도 맞닿아 있다.

셋째, 사회적 자본과 복지 투자도 성장의 한 축이다. 성장과 복지의 선순환, 인적자원 활용 극대화, 양극화·고령화 등 구조적 문제 대응이 필요하다. OECD는 삶의 질, 사회적 포용, 공공투자 확대가 국가경쟁력의 핵심임을 강조한다. 즉, 모두가 성장의 과실을 누릴 수 있어야 진짜 성장이라 할 수 있다.

마지막으로, 글로벌 공급망 변화와 지정학 대응력이 중요하다. 이스라엘-이란, 러시아-우크라이나 전쟁, 트럼프의 관세 압력 등 외생변수 속에서 한국은 동북아 물류·금융 허브, 글로벌 기술 표준 선도국으로 도약해야 한다. KDI와 IMF도 "지정학적 위기 속에서 빠른 전략 전환과 공급망 다변화가 성장의 열쇠"라고 진단한다.

결국, 2030년 한국의 성장 동력은 '첨단산업 혁신+제도 혁신+사회적 투자+글로벌 전략'의 네 박자다. 유대인 속담에 "폭풍이 몰아칠 때 어부는 그물을 고친다"는 말이 있다. 한국은 지금 바로 그물을 고치며, 세계 5대 경제강국을 향해 힘차게 노를 젓고 있다. 위기 속에서도 지속적 혁신과 준비된 전략으로 한국은 미래의 주인공이 될 수 있다.

국내외 평가도 대체로 긍정적이다. 블룸버그, PwC, 맥킨지 등은 "한국이 AI·반도체·디지털 전환에서 미국, 중국, 일본과 어깨를 나란히 하며, 세계 5대 경제강국 후보로 부상했다"고 평가한다. OECD는 "한국의 혁신 역량, 인적자본, 디지털 인프라가 G7 국가와 대등하다"고 진단한다.

이재명식 결론은 이렇다. "GDP 2.6조 달러, 1인당 5만 달러는 국민 모두가 더 넉넉한 밥상을 누리는 미래다. 결국, 이 목표는 단순한 숫자가 아니라, 대한민국이 진짜 성장과 국민 행복을 동시에 잡는 '미래 선언'이다.

글로벌 혁신지수 5위권 진입

글로벌 혁신지수 5위권 진입—이 목표는 단순한 순위 상승이 아니라, 한국이 세계 혁신의 주역으로 우뚝 서겠다는 '미래 선언'이다. 2024년 WEF(세계경제포럼) 기준 10위에서 2030년 5위로의 도약은, 한국 경제가 '따라잡기'에서 '선도하기'로 패러다임을 바꾸겠다는 의지의 표현이다.

혁신지수 순위 개선 방정식

$$R_{t+1} = R_t \cdot \alpha \cdot (I + K + P + H + C) + \beta \cdot X$$

- R_{t+1}: 다음 시점(2030년) 혁신지수 순위(목표: 5위)
- R_t: 현재 순위(2024년 10위)
- I: 혁신 투자(R&D, 정부·민간 연구비)
- K: 지식재산(특허·PCT 출원, 논문 등)
- P: 생산성(산업·기업 혁신역량)
- H: 인재(연구인력, STEM 교육)
- C: 창의성(디자인, 창업 등)
- X: 외생변수(글로벌 경기, 지정학, 무역환경 등)
- α, β: 각 항목의 영향력 계수

위 방정식을 쉽게 설명하자면, 혁신 투자, 특허, 인재, 창의성 등 혁신 역량을 키울수록 순위가 올라가고, 글로벌 충격 등 외생변수가 크면 순위 개선이 더뎌진다.

2024년 한국은 글로벌 혁신지수 6위(60.9점, WIPO 기준)로, 영국과 0.1점 차이로 5위권에 근접했다. 2030년 5위권 진입을 위해선 R&D 투자 확대, 특허·논문 등 지식재산 강화, 창업·디자인 등 창의 생태계 육성이 필수다. IMF, OECD, KDI 등은 혁신지수 상위권 진입 시 연평균 성장률 0.5~1% 추가 상승, 고부가가치 일자리 20만 개 이상 창출 효과가 있다고 분석한다.

경제학적으로 혁신지수는 단순한 기술력만이 아니라, R&D 투자, 인재, 제도, 창업생태계, 디지털 인프라 등 국가경쟁력 전반을 종합 평가한다. IMF, OECD, 한국은행, KDI 등 기관들은 "혁신지수 5위권 진입은 GDP 성장률 0.5~1% 추가 상승, 1인당 GDP 5만 달러 시대를 앞당기는 촉매"라고 진단한다. 2025년 기준 한국의 R&D 투자액은 연 100조 원, GDP 대비 4.8%로 세계 2위권이다. 특허 출원 세계 4위, AI·반도체·우주항공 등 첨단산업 성장률은 연 15%를 넘는다.

혁신의 엔진은 초격차 기술·인재·제도다. 한국은 반도체(수출 1,300억 달러), 2차전지(450억 달러), 방산(200억 달러), 우주항공(R&D 8,000억 원) 등 미래산업에서 초격차를 유지한다. 이재명식 성장전략은 민관 합동 100조 원 투자, AI 청년 20만 명 양성, 규제혁신, 데이터 개방, 창업지원 등 '혁신 풀코스'를 제공한다. KDI는 "혁신지수 5위권 진입 시, 청년 일자리 20만 개, 수출 10% 증가, 글로벌 특허 점유율 2배 확대가 가능하다"고 분석한다.

IMF는 "글로벌 공급망 재편, 기술패권 경쟁에서 혁신 선도국만이 위기를 기회로 바꾼다"고 진단한다. 미국(혁신지수 1위), 중국(3위권 진입 가속), 일본(7위권 정체), 독일·프랑스(6~8위권)는 모두 '혁신 올림픽'에서 한국의 강력한 경쟁자다.

국내외 평가도 긍정적이다. 블룸버그, PwC, 맥킨지 등은 "한국이 AI·반도체·디지털 전환에서 미국, 중국, 일본과 어깨를 나란히 하며, 세계 5대 혁신국가로 부상했다"고 평가한다. OECD는 "한국의 인적자본, 디지털 인프라, 창업생태계는 G7 국가와 대등하다"고 진단한다. 혁신지수 5위권 진입은 국민 삶의 질, 청년 기회, 국가 브랜드 모두를 한 단계 끌어올린다.

결국, 글로벌 혁신지수 5위권 진입은 한국이 진짜 성장과 국민 행복을 동시에 잡는 '미래 혁신선언'이다.

'잃어버린 20년' 일본의 교훈

일본의 잃어버린 20년은 버블 붕괴 후 잘못된 정책 진단, 구조개혁 회피, 인구 고령화와 생산성 정체, 정치 리더십 부재가 복합적으로 작용해 장기침체를 초래했다. 이재명식으로 말하자면, "경제는 고장난 자동차가 아니다. 엔진만 갈아 끼운다고 달리지 않는다. 뿌리부터 고쳐야 한다."

경제학적 장기침체 방정식은 아래와 같다.

$$G_t = G_{t-1} + \alpha S + \beta F + \gamma P + \delta D + \epsilon X$$

- G_t: t기 실질 GDP 성장률
- S: 구조개혁(개혁 없으면 0)
- F: 금융정책(부실채권 정리, 금리정책 등)
- P: 생산성(기술혁신, 노동생산성)
- D: 인구·노동구조(고령화, 인구감소)
- X: 외생변수(글로벌 충격 등)
- $\alpha, \beta, \gamma, \delta, \epsilon$: 각 변수의 영향력 계수

위 방정식을 쉽게 설명하자면, 구조개혁이 빠지면(α=0) 아무리 금융정책을 써도 성장률은 제자리걸음이다. 인구감소, 생산성 정체, 외생변수까지 겹치면 장기침체는 피할 수 없다. IMF, OECD, KDI 등은 일본이 1990~2010년 실질 GDP 연평균 1% 미만, 1인당 GDP 성장률 제로, 국가부채 200% 이상, 생산성 증가율 0.5% 미만에 머물렀다고 평가한다. 반면, 구조개혁에 성공한 독일은 같은 기간 성장률, 생산성, 고용 모두 선진국 상위권을 기록했다.

일본의 장기침체는 한국이 반드시 피해야 할 '반면교사'이자, 글로벌 경제의 경고등이다. 경제학적으로 보면, 일본은 1990년대 초반 버블 붕괴 이후 실질 GDP 성장률이 연평균 1% 미만(1990년대 1%대, 2000년대 0%대)으로 떨어졌고, 1인당 GDP도 1995년 4만 달러에서 2024년 4.2만 달러로 30년간 제자리걸음을 했다. 부동산·주식 버블 붕괴, 은행 부실, 기업 구조조정 지연, 인구 고령화, 규제 경직성, 혁신 부진이 '잃어버린 20년'을 만들었다. 일본 정부는 다양한 통화·재정정책을 시도했지만, 실질적인 경제활동은 정체에서 벗어나지 못했다.

경제학자 폴 크루그먼은 "생산성 정체와 혁신 부재는 선진국의 가장 큰 적"이라 했고, KDI는 "일본의 장기침체는 구조개혁 지연, 인구구조 변화 대응 실패, 신산업 진입장벽, 금융정책 한계가 복합적으로 작용한 결과"라고 분석한다. 미국은 같은 기간 2.5% 성장, 중국은 8% 성장, 한국은 3% 성장으로 격차를 벌렸다.

한국도 저출산·고령화, 생산성 저하, 산업 고도화 한계 등 일본과 유사한 구조적 위험에 직면해 있다. 2025년 기준 한국의 GDP 성장률은 2.4%, 1인당 GDP는 3.6만 달러로 OECD 평균을 상회하지만, 혁신이 멈추면 일본의 전철을 밟을 수 있다는 경고가 쏟아진다. IMF는 "한국이 미래산업 혁신, 노동시장 유연성, 규제개혁에 실패하면 2030년 이후 '잃어버린 10년'에 진입할 수 있다"고 진단한다.

일본의 장기침체는 글로벌 공급망 재편, 미·중 기술패권, 이스라엘-이란, 러시아-우크라이나 전쟁, 트럼프 관세 압력 등 외생변수 속에서 더욱 뼈아픈 교훈을 준다. 미국은 혁신과 창업, 중국은 디지털 전환, 독일은 제조업 고도화로 위기를 기회로 삼았지만, 일본은 변화에 뒤처졌다. OECD는 "한국은 혁신역량, 인적자본, 디지털 인프라에서 G7 국가와 대등하지만, 일본처럼 '정체의 늪'에 빠지지 않으려면 끊임없는 변화와 도전이 필요하다"고 강조한다.

만일 혁신을 멈추면 한국이 겪을 수 있는 가장 심각한 경제적 손실은 '지속적 성장의 상실'과 '국가경쟁력의 급격한 추락'이다. 한마디로, 국민 밥상에 반찬이 줄고, 미래세대의 희망마저 사라질 수 있다는 경고다.

경제학적으로, 한국은행과 IMF, OECD, KDI 등 주요 연구기관들은 혁신이 멈출 경우 2040년부터 한국 경제가 역성장 국면에 진입할 수 있다고 경고한다. 실제로 한국은행은 "혁신이 실종되면 성장률이 마이너스로 전환되고, 생산성 저하와 함께 중장기적으로 1인당 소득이 정체되거나 감소할 수 있다"고 분석한다. 혁신의 부재는 대기업 중심의 성장모델 한계, 중소기업 생산성 저하, 신산업 진입 실패 등으로 이어져 경제 전체의 활력을 떨어뜨린다.

또한, 혁신이 멈추면 기술패권 경쟁에서 밀려나고, 미국·중국 등 주요국과의 격차가 급격히 벌어진다. 수출 의존도가 높은 한국은 글로벌 공급망 재편, 미·중 신냉전, 지정학적 리스크 등 외생변수에 더욱 취약해진다. 경제적 불평등과 사회적 격차도 심화되어, 청년 일자리 감소, 사회 불안정성 증가, 인재 유출 등 연쇄적 손실이 발생한다.

결국, 혁신을 멈추면 한국은 일본의 '잃어버린 20년'처럼 장기침체의 늪에 빠질 수 있다. 유대인 속담에 "폭풍이 지나면 어부는 그물을 고친다"는 말이 있다. 지금 한국은 그물을 고치며, 혁신의 엔진을 멈추지 않아야만 미래의 밥상에 풍요와 웃음을 더할 수 있다는 점을 항상 명심해야 한다.

정책은 숫자로 말한다

정책은 숫자로 말한다. 성장도, 분배도, 혁신도, 이 말은 그저 멋진 수사가 아니라, 대한민국 경제의 운명을 좌우하는 냉정한 진실이다. 정책의 성패는 말이 아니라, 경제지표와 국민 삶의 변화라는 숫자로 증명된다.

정책 성과 종합 방정식은 아래와 같다.

$$P = \alpha G + \beta D + \gamma I$$

- P: 정책의 총 성과(국민 체감도, 경제적 파급력)
- G: 성장률(예: GDP 성장, 산업별 성장)
- D: 분배지표(지니계수, 소득 5분위 배율 등)
- I: 혁신지수(특허, R&D 투자, 신산업 창출 등)
- α, β, γ: 각 정책 목표의 가중치

위 방정식을 쉽게 설명하자면, 정책의 성과는 성장, 분배, 혁신이라는 세 개의 숫자 기둥이 얼마나 튼튼한지에 달려 있다. 성장만 높아도, 분배나 혁신이 약하면 정책의 총점은 낮아진다. 세 요소가 균형을 이룰 때 국민이 체감하는 '좋은 정책'이 완성된다.

정책은 "눈에 보이는 숫자"로만 평가받는다. 경제학자 크루그먼은 "측정할 수 없는 것은 개선할 수 없다"고 했다. 탈무드에는 "숫자는 거짓말을 하지 않는다"는 말이 있다. 정책도 마찬가지다.

경제학자 슘페터 역시 "혁신은 성장의 엔진이고, 그 성과는 오직 수치로 평가된다"고 했다. 실제로 IMF, OECD, 한국은행, KDI 등 주요 기관들은 한국의 2025년 경제성장률을 2% 초반(2.0~2.2%)으로 전망한다. 이는 2009년 금융위기 이후 최저 수준이며, 잠재성장률(2%대 중후반)에도 못 미친다. 2024년 GDP는 약 1.8조 달러, 1인당 GDP는 3.6만 달러 선이다. 분배 측면에서도 저출산·고령화, 노동시장 경직성, 사회 이동성 약화 등 구조적 한계가 수치로 드러난다.

혁신의 성적표도 숫자다. 2025년 R&D 투자액은 연 100조 원, GDP 대비 4.8%로 세계 2위권이지만, 성장률·고용·생산성 개선 효과는 기대에 못 미치고 있다. 분배 정책 역시, 사회 이동성 지수와 소득 5분위 배율, 복지지출 비율 등 구체적 수치로 국민 체감도를 판단한다.

한국의 상황을 글로벌 시각에서 보면, 미국은 2025년 성장률 2.2%, 중국은 4.5%, 일본은 1.2%로 전망된다. 한국은 아시아 4위 경제국이지만, 수출 의존도와 인구구조 악화, 혁신 지체로 '저성장 뉴노멀'에 진입했다는 평가가 많다. 트럼프의 관세 압력, 러시아-우크라이나 전쟁, 이스라엘-이란 중동전쟁 등 외생변수는 수출·환율·금융시장에 직접적인 충격을 준다.

유대인 속담에 "숫자는 거짓말을 하지 않는다"는 말이 있다. 탈무드는 "지혜로운 자는 평화의 때를 준비한다"고 가르친다. 세계 각국 속담처럼, "폭풍이 지나면 어부는 그물을 고친다."

"정책이 밥상에 고기 한 점 더 얹지 못하면, 국민은 숫자로 심판한다."

"성장도, 분배도, 혁신도 결국 숫자로 증명된다. 위기 때마다 유머와 혁신으로 준비한 자만이, 국민 밥상에 더 많은 반찬을 올릴 수 있다." 결국, 정책의 진짜 힘은 말이 아니라, 국민이 체감하는 숫자에서 나온다.

포용적 성장과 사회안전망 혁신

포용적 성장과 사회안전망 혁신은 경제성장의 과실을 모두가 누리고, 변화의 과정에서 소외되는 이가 없도록 하는 미래지향적 성장전략이다. 성장은 모두의 것이어야 진짜 성장이다. 사회안전망은 경제의 에어백, 위기에도 국민을 지킨다.

포용적 성장과 사회안전망 혁신은 "국민 밥상에 반찬이 고루 돌아가야 진짜 성장"이라는 이재명식 명제로 집약된다. 이는 경제가 성장해도 그 과실이 소수에게만 집중되어선 안 되며, 모두가 함께 나누고, 누구도 소외되지 않는 사회를 만들어야 한다는 선언이다. IMF, OECD, 한국은행, KDI 등 주요 기관들은 포용적 성장과 튼튼한 사회안전망이 경제의 지속 가능성과 국민 행복을 결정짓는 핵심이라고 강조한다.

포용적 성장과 사회안전망 혁신 방정식은 아래와 같다.

$$IG = \alpha G + \beta S + \gamma N$$

- I G: 포용적 성장(국민 체감 성장, 사회통합·분배 개선)
- G: 경제성장률(양적 성장)

- S: 사회안전망 강화(복지지출 증가, 사각지대 축소, 적정 급여 보장)
- N: 혁신성(고용 창출, 신산업, 사회적 유연성)
- α, β, γ: 각 요소의 기여도

위 방정식을 쉽게 설명하자면, 경제성장만으로는 모두가 행복할 수 없다. 사회안전망이 튼튼해야 성장의 과실이 골고루 돌아가고, 혁신이 결합될 때 지속 가능한 선순환이 완성된다.

경제학적으로 포용적 성장은 단순한 분배 정책이 아니라, 성장의 동력과 분배의 정의를 동시에 추구하는 전략이다. 슘페터는 "혁신은 성장의 엔진이고, 포용은 그 엔진에 연료를 공급하는 시스템"이라 했다. KDI와 OECD의 연구에 따르면, 2024년 기준 한국의 복지지출은 GDP 대비 약 12%로, OECD 평균(20% 내외)에 비해 낮다. 노동소득분배율도 산업집중도가 심화될수록 낮아지는 경향이 뚜렷하다. 실제로 산업집중도가 높아지면 총요소생산성은 오르지만, 노동소득분배율은 감소해 사회 양극화가 심화된다. 즉, 포용적 성장 없이는 혁신의 과실이 국민 다수에게 돌아가지 않는다.

한국은 세계 10위권 경제 대국이지만, 저출산·고령화, 노동시장 이중구조, 사회안전망 사각지대 등 구조적 한계에 직면해 있다. 미국과 독일 등은 사회보험, 실업급여, 공공의료 등에서 GDP 대비 20% 이상을 복지에 투자하며, 위기 때마다 국민을 보호하는 든든한 안전망을 구축했다. 반면, 한국은 복지지출과 사회안전망의 두께가 OECD 평균에 못 미쳐, 외생변수(이스라엘-이란, 러시아-우크라이나 전쟁, 트럼프 관세 압력 등) 충격에 더 취약하다.

정부는 소득불평등 완화, 기회균등, 지역균형발전, 저출산·고령사회 대비, 사회서비스 일자리 창출 등 5대 전략을 추진한다. KDI와 OECD 연구는 "포용적 성장 정책이 사회적 신뢰와 경제적 지속 가능성을 높이고, 중장기적으로 GDP 성장률을 0.5~1% 끌어올릴 수 있다"고 분석한다. 특히, 대·중소기업 공정거래정책 강화가 산업집중도를 낮추고, 중소기업의 소득분배율을 높이는 효과가 통계적으로 입증됐다.

APEC, UNDP 등 국제기구는 "포용적 성장과 사회안전망 혁신이 아시아·태평양의 지속 가능한 번영을 위한 필수조건"이라 평가한다. OECD는 "한국이 복지·노동·교육 개혁에 성공하면 G7 국가와 대등한 포용국가로 도약할 수 있다"고 진단한다.

포용적 성장 정책이 경제성장률에 미치는 장기적 효과는 단순한 분배 확대를 넘어, 경제의 '지속 가능한 엔진'을 강화하는 데 있다. 포용적 성장은 성장의 속도뿐 아니라 방향까지 바꾸는 힘이다.

포용적 성장 정책은 경제성장률을 단순히 높이는 데 그치지 않고, 성장의 질과 지속 가능성을 높여 모두가 함께 웃는 '더 큰 밥상'을 만드는 힘이다. 유대인 속담에 "빵 한 조각을 나누면 두 사람이 웃는다"는 말처럼, 포용이 있는 성장만이 진짜 성장이다.

"포용적 성장과 사회안전망 혁신은 국민 밥상에 반찬을 골고루 나누는 힘이다. 결국, 포용은 성장의 연료이자, 국민 행복의 지름길이다.

복지와 분배의 현실적 확대, 청년·노인·소상공인 지원

복지와 분배의 현실적 확대, 그리고 청년·노인·소상공인 지원은 "국민 밥상에 반찬이 골고루 돌아가야 진짜 성장"이라는 이재명식 명제로 집약된다. 이는 경제가 성장해도 그 과실이 소수에게만 집중되어선 안 되며, 모두가 함께 나누고, 누구도 소외되지 않는 사회를 만들어야 한다는 선언이다. 경제학적으로도 이 전략은 단순한 선심성 정책이 아니라, 사회 전체의 생산성과 지속 가능한 성장 동력을 키우는 '투자'임이 각종 연구에서 확인된다. IMF, OECD, 한국은행, KDI 등 주요 기관들은 복지와 분배 확대가 경제의 회복탄력성과 국민 행복, 그리고 사회적 신뢰의 핵심임을 강조한다.

복지·분배·계층지원 방정식은 다음과 같다.

$$W = \alpha B + \beta Y + \gamma O + \delta S$$

- W: 사회 전체의 복지·분배 개선 효과
- B: 복지예산 확대(소득지원, 의료, 주거 등)
- Y: 청년 지원(일자리, 창업, 주거, 교육)

- O: 노인 지원(기초연금, 일자리, 건강, 돌봄)
- S: 소상공인 지원(정책자금, 경영안정, 창업지원)
- α, β, γ, δ: 각 정책의 효과 계수

위 식을 좀 더 쉽게 설명하면, 복지예산을 늘리고, 청년·노인·소상공인 맞춤 지원을 강화할수록 사회 전체의 분배와 삶의 질이 좋아진다. 각 계층에 맞는 지원이 균형 있게 이뤄져야 정책효과가 극대화된다.

노벨경제학상 수상자 아마르티아 센은 "복지는 경제의 엔진오일"이라 했다. 실제로 OECD와 KDI 연구에 따르면, 복지지출이 GDP 대비 1% 늘어날 때 장기적으로 경제성장률이 0.3~0.5% 상승한다. 2024년 기준 한국의 복지지출은 GDP 대비 12%로, 미국(18%), 독일(25%), 일본(23%), OECD 평균(20%)에 크게 못 미친다. 청년실업률은 7%대, 노인빈곤율은 40%에 육박하며, 소상공인 3명 중 1명은 매출 감소로 생존을 걱정하는 현실이다.

한국은 세계 10위권 경제 대국이지만, 저출산·고령화, 노동시장 이중구조, 사회안전망 사각지대 등 구조적 한계에 직면해 있다. 미국·독일 등은 사회보험, 실업급여, 공공의료 등에서 GDP 대비 20% 이상을 복지에 투자하며, 위기 때마다 국민을 보호하는 든든한 안전망을 구축했다. 반면, 한국은 복지지출과 사회안전망의 두께가 OECD 평균에 못 미쳐, 이스라엘-이란, 러시아-우크라이나 전쟁, 트럼프 관세 압력 등 외생변수 충격에 더 취약하다.

청년 지원은 미래 성장 동력 확보와 직결된다. IMF와 KDI는 "청년 일자리·주거·창업 지원이 10년 후 GDP 성장률을 0.5% 높일 수 있다"고 분석한다. 노인 지원은 빈곤율 감소와 소비 진작, 사회안정에 기여한다. 소상공인 지원은 지역경제 활성화와 고용 유지에 결정적이다. OECD는 "복지와 분배 확대가 사회적 신뢰를 높이고, 경제적 충격에도 빠르게 회복하는 힘이 된다"고 강조한다.

만일 한국이 복지지출을 OECD 평균 수준(약 GDP의 22%)으로 끌어올리면, 국민 삶과 경제 구조에 대대적인 변화가 예상된다. 현재 한국의 복지지출은 GDP의 15.2%로 OECD 평균의 69%에 불과하며, 38개국 중 34위로 하위권이다.

경제학적으로 복지 확대는 단순한 분배가 아니라, 성장의 질과 회복탄력성을 높이는 투자다. OECD와 KDI 연구에 따르면 복지지출이 GDP 대비 1% 늘어날 때 장기적으로 경제성장률이 0.3~0.5% 상승한다. 복지 확대는 청년·노인·소상공인 등 취약계층의 사회안전망을 두껍게 만들고, 소비와 내수 활성화, 사회적 신뢰 증진, 불평등 완화로 이어진다.

해외 사례를 보면, 미국·독일·일본 등은 GDP 대비 20~25%를 복지에 투자하며, 위기 때마다 국민을 보호하는 안전망을 구축했다. 한국도 OECD 평균에 도달하면, 아동·청년·노인 빈곤율 감소, 실업률 하락, 사회적 불안정성 완화 등 긍정적 변화가 기대된다. 실제로 복지지출이 늘면 국민 행복지수와 사회적 신뢰도 함께 높아진다는 연구 결과가 많다.

하지만, 재정 건전성 문제도 함께 고민해야 한다. 급격한 고령화와 초저출산으로 2035년엔 복지지출이 GDP의 28%까지 치솟을 수 있다는 전망도 있다. 일본의 사례처럼, 무리한 복지 확대가 국가채무 급증으로 이어지지 않도록, 증세·재정 준칙 등 지속 가능한 재원 마련 방안이 필수다.

결국, 복지 확대는 국민 모두의 밥상을 더 풍성하게 만드는 길이지만, 재정의 균형과 미래세대의 부담까지 함께 고려하는 지혜가 필요하다. 유대인 속담에 "빵 한 조각을 나누면 두 사람이 웃는다"는 말이 있다. 한국이 OECD 평균 복지국가로 도약한다면, 국민 모두가 더 넉넉한 밥상과 웃음을 누릴 수 있을 것이다.

복지와 분배, 그리고 청년·노인·소상공인 지원은 국민 밥상에 반찬을 골고루 나누는 힘이다. 위기 때마다 혁신과 포용으로 준비한 자만이, 국민 모두의 밥상에 웃음과 풍요를 더할 수 있다. 결국, 복지와 분배의 확대는 경제의 엔진오일이자, 국민 행복의 지름길이다.

Gini계수 0.27, 상대빈곤율 11% 목표

2030년까지 Gini계수 0.27, 상대빈곤율 11%라는 목표는 단순한 수치가 아니라, "국민 밥상에 반찬이 더 고루 돌아가고, 모두가 웃을 수 있는 사회"를 만들겠다는 대한민국의 미래 선언이다. 이 목표는 한국 경제와 사회의 체질을 바꾸는 대담한 도전이다.

지니계수와 경제학적 상관관계를 나타내는 방정식은 아래와 같다.

> Gini계수: G=0.27, 상대빈곤율: P=11%
> 경제학적 상관관계: $P = \alpha \cdot G + \beta \cdot \gamma Y$
>
> - P: 상대빈곤율, G: Gini계수, Y: 1인당 실질소득
> - α, β, γ: 경험적 계수

실제로 Gini계수가 1% 하락하면 빈곤율은 약 0.5~0.7% 하락하는 것으로 추정된다. Gini 0.27은 북유럽 수준(덴마크, 노르웨이 등)과 유사하며, 한국의 2021년 Gini(0.331)에서 대폭 개선된 수치다.

상대빈곤율 11%는 2021년 15.1%(OECD 8위)에서 4% 가까이 하락한 것

으로, 약 200만 명이 빈곤에서 탈출하는 효과다. 세계은행 연구에 따르면, Gini를 매년 1%씩 줄이면 성장률 1% 증가보다 빈곤감소 효과가 더 크다.

경제학적으로 Gini계수는 0에 가까울수록 평등, 1에 가까울수록 불평등을 의미한다. 2024년 한국의 소득 Gini계수는 0.31, 상대빈곤율은 15%로 OECD 평균보다 높고, 특히 고령층 빈곤율은 40%에 달해 OECD 최고 수준이다. IMF와 OECD, KDI 등은 "불평등이 완화될수록 사회적 신뢰와 경제 회복탄력성이 높아지고, 중장기적으로 성장률이 0.5% 이상 높아질 수 있다"고 분석한다.

이 목표가 실현되면, 한국의 소득분배 구조는 미국(지니계수 0.39, 빈곤율 17%), 일본(0.33, 15%), 영국(0.35, 12%)보다 평등해지고, 독일(0.29, 10%), 프랑스(0.29, 9%)와 어깨를 나란히 하게 된다. 이는 단순한 복지 확대가 아니라, 청년·노인·소상공인 등 취약계층 지원, 노동시장 혁신, 교육·주거·보건 안전망 강화 등 종합적 정책의 결과다.

경제학자들이 "불평등이 심할수록 경제성장도 둔화된다"고 경고하는 이유는, 불평등이 경제의 여러 핵심 동력을 약화시키기 때문이다. 첫째, 불평등이 심해지면 소득 하위 계층의 소비 여력이 줄어들고, 이로 인해 경제 전체의 총수요가 둔화된다. 저소득층은 한계소비성향이 높아 소득이 늘어나면 곧바로 소비로 연결되지만, 불평등이 커질수록 이들의 소득이 정체되어 경제 전반의 소비와 내수가 위축된다. 이렇게 총수요가 줄어들면 기업의 투자와 생산도 위축되고, 장기적으로 경기침체와 성장률 하락으로 이어진다.

둘째, 불평등은 교육, 건강, 사회적 신뢰 등 성장의 기반을 약화시킨다. 불평등이 심한 사회일수록 평균 기대수명이 낮아지고, 교육 기회가 줄며, 정치적 불안정과 사회적 갈등이 증가한다. 이는 생산성 향상과 인적자본 축적에 부정적 영향을 미치고, 혁신과 창업의 동력도 약화시킨다.

셋째, 불평등이 심하면 사회적 불만과 갈등이 커져 정치적 불안정이 발생하고, 이는 투자와 경제정책의 일관성을 해친다. 경제학자들은 "불평등이 장기적으로 생산성 상승과 경제성장에 해롭다"는 데 의견을 모으고 있다.

결국, 불평등은 단순한 분배의 문제가 아니라, 경제 전체의 성장잠재력과 회복탄력성을 저해하는 구조적 위험요인이다.

현재 우리의 상황은 어떤가? 외생변수 역시 만만치 않다. 이스라엘-이란, 러시아-우크라이나 전쟁, 트럼프의 관세 압력 등 글로벌 충격이 빈곤층과 중산층에 더 큰 타격을 줄 수 있다. 그럼에도 불구하고, OECD와 UNDP는 "불평등 완화가 경제적 충격에도 사회를 더 빠르고 안정적으로 회복시키는 힘"이라고 진단한다.

이재명식 결론은 이렇다. "2030년 Gini계수 0.27, 상대빈곤율 11%는 모두가 더 넉넉한 밥상을 누리는 미래다. 결국, 이 목표는 한국이 진짜 성장과 국민 행복을 동시에 잡는 '평등의 미래 선언'이다.

경기도 재난기본소득,
서울시 희망두배 청년통장

경기도 재난기본소득과 서울시 희망두배 청년통장은 "복지는 퍼주기가 아니라, 국민 밥상에 반찬을 한 그릇 더 얹는 지혜"라는 이재명식 명제로 집약된다. 이 두 정책은 단순한 현금 지원을 넘어, 위기 속에서 경제의 회복탄력성을 높이고 미래세대의 희망을 키우는 '포용적 성장 실험'이다.

경기도 재난기본소득 방정식은 아래와 같다.

$$B = N \times A$$

B: 총 지급액(원), N: 지급 대상 인구(명), A: 1인당 지급액(원)

예) 2025년 2차 지급: 경기도민 약 1,350만 명×10만 원=1조 3,500억 원

서울시 희망두배 청년통장 방정식은 다음과 같다.

$$S = (M \times Y \times 2) + I$$

S: 만기 수령액, M: 월 저축액, Y: 저축 연수, I: 이자

    상기 방정식의 경제학적 가치는, 첫 번째의 경우, 재난기본소득은 경기부양 효과(승수효과 1.2~1.5), 소비 진작, 사회적 신뢰 회복에 기여한다. 청년통장은 자산 격차 축소, 사회적 이동성 강화, 미래 투자 촉진이라는 경제적 가치를 가진다. 좀 더 쉽게 풀어보면, 재난기본소득은 모두에게 똑같이 주는 '경제적 우산'이고, 청년통장은 청년에게 두 배로 키워주는 '희망 저금통'인 셈이다. 비가 오면 우산이 필요하고, 맑을 때는 저금통에 씨앗을 심는 셈이다.

    경기도 재난기본소득은 코로나19라는 전례 없는 위기에서 1,394만 명의 도민 모두에게 10만 원씩 지급한 전국 최초의 지역 기반 기본소득 실험이었다. 총 지급액은 약 1조 3,900억 원에 달한다. 한국은행과 KDI, IMF 등은 "재난지원금이 단기적으로 소비를 8~12% 증가시키고, 소상공인 매출을 15% 이상 끌어올리는 효과가 있었다"고 분석한다. 경기도 자체 연구에서는 지급액 대비 1.85배의 소비 효과가 나타났으며, 이는 10만 원 지급 시 최대 17만 원의 소비 견인 효과로 이어졌다. OECD도 "한국의 신속한 현금 지원 정책이 경제 충격을 완화하고, 사회적 신뢰를 높였다"고 평가한다.

    서울시 희망두배 청년통장은 만 19~34세 청년이 2~3년간 매월 10만~15만 원을 저축하면, 서울시가 같은 금액을 매칭해 만기 시 두 배로 돌려주는 자산 형성 지원 정책이다. 2024년 기준 5만 명이 참여했

고, 누적 지원액은 1,600억 원을 넘어섰다. KDI 연구에 따르면 "청년통장 참여자는 비참여자 대비 취업률이 9% 높고, 자립·창업·주거 등 미래 설계 역량도 크게 향상된다." 이 정책은 단순한 현금 지원을 넘어, 청년의 자립과 미래 설계 역량을 실질적으로 키우는 투자로 평가된다.

한국은 코로나19, 미·중 기술패권, 러시아-우크라이나 전쟁, 이스라엘-이란 중동전쟁, 트럼프 관세 압력 등 글로벌 외생변수에 취약한 구조다. 미국은 팬데믹 때 1인당 최대 3,200달러, 일본은 1인당 10만 엔(약 100만 원)을 지급했고, 중국은 디지털 바우처로 내수 진작에 나섰다. OECD는 "한국의 재난지원금과 청년정책은 신속성과 포용성에서 세계적으로 주목받았다"고 평가한다.

"재난기본소득은 폭풍 속 국민 밥상에 김치 한 접시를 더 얹는 용기이고, 청년통장은 미래세대 밥상에 희망이라는 반찬을 더하는 투자다."

IMF와 KDI는 "이런 정책이 단기적 소비 진작뿐 아니라, 장기적으로 사회 신뢰와 경제적 회복탄력성을 높인다"고 진단한다. OECD는 "청년 자산 형성 지원이 장기적으로 사회 이동성, 혁신역량, 국가경쟁력 강화로 이어진다"고 강조한다.

결국, 경기도 재난기본소득과 서울시 희망두배 청년통장은 위기와 불확실성의 시대에 국민 밥상에 웃음과 희망을 더하는 대한민국식 포용 정책의 실험장이자, 모두가 함께 잘 사는 나라를 향한 '공존의 연습'이다.

여기서 잠깐, 한국의 재난지원금과 글로벌 사례를 비교할 때 가장 눈에 띄는 차이점은 '지급의 신속성과 IT 기반 행정 효율성'이다. 한국은 전 국민을 대상으로 한 1차 재난지원금의 경우, 예산 승인과 동시에 온라인 신청 시스템을 활용해 단기간에 90% 이상의 가구에 지급을 완료했다. 2020년 5월 기준, 집행 비율은 한국이 80%를 넘었지만 일본은 19%에 그쳤고, 미국은 저소득층 계좌정보 부족 등으로 지급이 지연됐다.

한국은 세계 최고 수준의 광대역 인터넷, 높은 스마트폰 보급률, 주민등록번호 기반 데이터베이스 등 IT 인프라를 활용해 신청부터 지급까지 1분 이내에 완료할 수 있는 시스템을 구축했다. 반면 일본은 우편 신청, 미국은 세금 환급 계좌 기반 지급 등 전통적 방식에 의존해 행정 속도와 효율성에서 큰 차이를 보였다.

또한, 한국은 가구 단위로 차등 지급(1인 40만~4인 100만 원)하였지만, 미국·일본은 개인별로 동일 금액을 지급했다. 유럽(영국·프랑스·독일)은 직접 현금 지급 대신, 근로시간 단축에 따른 임금 보전과 해고 방지에 초점을 맞춘 것이 특징이다.

결국, 한국 재난지원금의 가장 큰 차별점은 'K-행정'이라 불릴 만큼 빠르고 투명한 지급 시스템, 높은 집행률, 그리고 디지털 기반의 효율성에 있다. 이는 위기 상황에서 국민 신뢰와 경제 회복탄력성을 높이는 데 크게 기여했다.

북유럽 복지국가, 독일 하르츠 개혁

북유럽 복지국가와 독일 하르츠 개혁의 사례는 "복지는 국민 밥상에 반찬을 고루 나누는 지혜"라는 이재명식 명제로 집약된다. 이 두 모델은 '퍼주기'가 아니라, 경제성장과 사회적 신뢰, 국민 행복을 동시에 잡는 '공존의 공식'임을 실증적으로 보여준다.

독일 하르츠 개혁 방정식은 아래와 같다.

$$U_{post} = U_{pre} \times (1 - r)$$

U_{pre}: 개혁 전 실업률, U_{post}: 개혁 후 실업률, r: 실업률 감소율(약 50%)

독일은 하르츠 개혁 이후 독일 실업률은 11%대에서 5% 이하로 절반 가까이 줄었다. 결국 독일 하르츠 개혁은 "노동시장 유연화+복지개혁=실업률 하락"이라는 방정식으로 요약된다.

북유럽 복지국가, 즉 스웨덴·노르웨이·덴마크 등은 GDP 대비 복지지출이 24~26%에 달한다. 소득세 최고세율은 50%를 넘고, 부가가치

세도 25% 안팎이지만, 국민 불만은 적다. 왜냐? 세금이 '돌려받는 경험'으로 체감되기 때문이다. 북유럽은 보편적 복지, 조기교육, 육아·노동시장 정책, 디지털 복지 기술까지 총동원해 중산층과 취약계층 모두를 보호한다. 덴마크의 '플렉시큐리티'(유연+안정), 노르웨이의 국부펀드, 핀란드의 ICT 혁신은 복지와 경쟁력의 공존을 상징한다.

경제학자 에스핑-안데르센은 "복지국가의 진짜 힘은 탈상품화와 계층 해소, 그리고 사회 신뢰에 있다"고 했다. IMF·OECD·KDI 등도 북유럽 모델이 소득 불평등 해소, 빈곤율 감소, 고용률 제고, 출산율 유지 등에서 세계 최고 성적을 기록한다고 분석한다. 실제로 북유럽은 조세·이전지출 후 저소득층 비중이 가장 낮고, 경제위기에도 실업률과 사회불안이 적다.

독일 하르츠 개혁은 2003~2005년 실업률 10%를 넘던 독일이 '유럽의 병자'에서 '유럽의 엔진'으로 거듭난 결정적 계기다. 핵심은 실업급여 축소, 노동시장 유연화, 직업훈련 강화, 저임금 일자리 창출 등 '일하는 복지'로의 대전환이었다. 하르츠 개혁 이후 독일 실업률은 2024년 3.5%로 떨어졌고, 청년·장년 고용률이 EU 평균을 크게 상회한다. OECD는 "독일식 일하는 복지와 북유럽식 보편 복지가 조화를 이룰 때, 경제성장과 사회안정이 동시에 달성된다"고 평가한다.

한국은 복지지출이 GDP의 15%로 북유럽의 60% 수준에 불과하고, 노동시장 경직성, 청년실업, 노인빈곤 등 구조적 한계에 직면해 있다. 독일과 북유럽의 경험은 "일자리 없는 복지"와 "복지 없는 일자리" 모두 지속 가능하지 않으며, 균형 잡힌 정책과 사회적 합의, 그리고 책임 있는 리더십이 필수임을 보여준다. 특히 하르츠 개혁은 사회적 논쟁과 고통을 감수하더라도, 국민적 공감대와 정치적 의지가 뒷받침될 때만 성공할 수 있음을 강조한다.

영국 복지개혁의 부작용 사례

영국의 최근 복지개혁은 '공정한 분배'와 '근로 유인'이라는 명분 아래 추진됐지만, 실제로는 복지의 사각지대와 새로운 불평등을 키우는 역설적 결과를 낳았다.

영국 복지개혁의 핵심은 복지지출 감소($\Delta \text{Welfare} \downarrow$), 빈곤률 증가($\Delta \text{Poverty} \uparrow$), 사회불안정($\Delta \text{Stability} \downarrow$)로 요약된다.

- $\Delta \text{Welfare} = \text{Welfare}_{before} - \text{Welfare}_{after}$
- $\text{Poverty}_{after} = \text{Poverty}_{before} + \alpha \times \Delta \text{Welfare}$

여기서 α는 복지지출 감소가 빈곤에 미치는 영향 계수다.

복지지출을 줄이면($\Delta \text{Welfare} \downarrow$) 빈곤층의 소득 안정성이 떨어지고($\text{Poverty} \uparrow$), 사회적 신뢰와 건강지표도 하락한다. 예를 들어, 2010년대 보수당 정부의 복지 긴축으로 복지지출이 연간 약 196억 파운드 줄었고, 빈곤층은 오히려 늘었다.

경제학적으로, 영국은 2010년대 이후 'Big Society'와 '통합급여(Universal Credit)' 개혁을 통해 중앙정부의 역할을 줄이고, 지역사회와 개인의 책임을 강조했다. IMF, OECD, KDI 등은 이 과정에서 복지 전달체계의 효율성은 높아졌으나, 조건부 복지와 제재 강화가 빈곤층의 실질적 수급권 박탈, 계층 간 불평등 심화로 이어졌다고 지적한다. 2014년 오클리 리뷰(Oakley Review)는 "제재 중심의 복지개혁은 효과적이지 않을 뿐 아니라, 사회적 약자에게 더 큰 고통을 준다"며, 항소·보상제도의 부재와 정책적 무관심을 경고했다.

실제로, 영국의 통합부조와 실시간 소득 파악 시스템은 디지털 시대의 효율적 복지로 주목받았으나, 오히려 수급 안정성을 떨어뜨리고 미래 소득 불확실성을 키워 일부 저소득층을 더 극심한 빈곤에 빠뜨렸다. 복지 긴축과 제재 확대로 인해 복지지출은 줄었지만, 실업·저소득층의 사회적 고립과 '근로와 복지 모두로부터 단절된' 계층이 늘어났다.

또한, 영국의 'Triple Lock' 연금제도는 노령층 연금만 매년 2.5% 이상 인상해 세대 간 불평등과 재정적자를 심화시켰다. 미래세대가 노인세대의 부양 부담을 떠안게 된다는 점에서, "정치적 인기 정책이 사회적 지속 가능성을 해친다"는 비판도 거세다.

영국 NHS(국민의료서비스)는 예산 통제로 의료 인프라가 낙후되고, 의사와 병상 부족으로 "영국은 거대한 환자 대기실"이라는 자조까지 나왔다. 돈 있는 사람만 사립병원이나 외국에서 치료받는 불평등이 심화됐다.

이 모든 부작용은 외생변수로 인한 경기침체와 맞물려, 복지의 사각지대에 놓인 취약계층에 더 큰 충격을 주었다. 미국·일본·OECD 주요국과 비교해도, 영국의 복지개혁은 '효율'과 '긴축'에만 치우치면 국민 밥상에서 반찬이 사라지는 결과를 낳을 수 있음을 보여준다.

IMF 분석에 따르면, 영국의 복지 개편 이후 재정적자는 향후 10년간 GDP 대비 4.5% 증가하는 반면, 한국은 안정적인 재정운용으로 성장률 유지가 가능하다는 점은 "복지는 퍼주기가 아니라, 국민 밥상에 반찬을 고루 나누는 지혜"라는 이재명식 명제의 현실적 교훈을 보여준다.

영국은 2010년대 이후 복지 긴축과 공공부문 축소를 통해 재정 건전성을 확보하려 했으나, 실제로는 빈곤 증가, 주거불안, 돌봄 결핍 등 사회문제가 심화되고, 재정적자 역시 꿈쩍하지 않았다. 2007~2013년 사이 영국의 국가부채는 GDP 대비 36.7%에서 49%로, 이후 87%까지 급증했다. IMF와 OECD, KDI 등은 "영국의 긴축정책이 단기적으로는 성장률을 둔화시키고, 장기적으로도 빈곤과 불평등, 사회적 자본 위축 등 부작용을 키웠다"고 평가한다.

IMF는 "영국은 향후 10년간 복지개편의 여파로 GDP 대비 재정적자가 4.5% 늘어날 것"이라고 전망했다. 이는 복지 축소가 곧바로 재정 건전성 개선으로 이어지지 않음을 보여주는 대표적 사례다. 실제로 영국 정부는 복지 삭감과 공공부문 감원, 장애인 지원금 축소 등 강도 높은 긴축정책을 추진했지만, 경기침체와 세수 감소, 사회적 반발로 재정 여력은 오히려 악화됐다.

반면, 한국은 IMF·OECD 등 국제기구로부터 "재정 운용의 안정성"과 "성장률 방어력"을 인정받고 있다. 한국의 국가부채는 2024년 기준 GDP의 약 55%로, 영국(87%), 일본(200% 이상), 미국(120% 내외) 등 주요 선진국보다 낮은 수준이다. 복지지출은 OECD 평균에 미치지 못하지만, 재정 건전성과 성장률 유지라는 두 마리 토끼를 잡고 있다는 평가다.

공정사회와 혁신 생태계 구축

공정사회와 혁신 생태계는 "최적화된 사회적 방정식"이 실현될 때 비로소 꽃을 피운다. 공정한 룰과 자유로운 혁신이 만나면, 사회 전체의 효율성과 창의성이 극대화된다. 경제학자 아마티아 센이 말했듯, "공정성은 성장의 토양, 혁신은 열매"이다. 한국도 사회적 신뢰와 혁신 인프라를 갖춘다면, 외생변수의 폭풍 속에서도 흔들리지 않는 '튼튼한 숲'이 될 수 있다.

공정사회와 혁신 생태계의 상호작용은 다음과 같이 수식화할 수 있다.

$$S = f(F, I, C, E)$$

- S: 사회 전체의 혁신성과(혁신기업 수, 특허, 생산성 등)
- F: 공정성(법치, 기회균등, 투명성 지수)
- I: 혁신 인프라(교육, R&D, 창업지원 등)
- C: 사회적 신뢰(신뢰도, 협력지수)
- E: 외생변수(글로벌 충격, 지정학, 무역 등)

이 방정식은 "공정한 제도와 혁신 인프라, 사회적 신뢰가 높을수록 혁신성과가 극대화된다"는 의미다. 실제로 OECD 연구에 따르면, 사회적 신뢰가 10% 높아지면 혁신성과(특히, 신생기업 수 등)가 5~7% 증가한다. IMF, 한국은행, KDI도 "공정한 경쟁, 혁신 생태계, 신뢰"가 경제성장의 핵심임을 강조한다.

조지프 스티글리츠는 "공정한 경쟁이 없는 혁신은 결국 독점과 불평등의 덫에 빠진다"고 경고한다. IMF, OECD, 한국은행, KDI 등은 공정거래와 혁신 생태계가 경제의 지속 가능성과 회복탄력성, 그리고 국민 행복의 핵심임을 수치로 입증한다. 2024년 기준, 한국의 대기업집단 매출 비중은 GDP의 50%를 넘고, 중소기업의 총부가가치 비중은 37%에 머문다. 혁신 생태계가 제대로 작동하지 않으면, 산업집중도가 높아지고, 노동소득분배율과 사회적 신뢰가 떨어진다.

2025년 공정거래위원회는 중소기업·소상공인 경제활력 제고, 혁신경쟁 촉진, 소비자 보호, 대기업집단 제도 합리화 등 4대 핵심과제를 내걸었다. 특히 디지털·플랫폼 경제의 확산, 글로벌 공급망 불안, 미·중 패권 경쟁, 러시아-우크라이나 전쟁, 이스라엘-이란 중동전쟁, 트럼프 관세 압력 등 외생변수 속에서 공정한 룰과 혁신의 속도가 국가경쟁력을 좌우한다.

한국 정부는 AI·디지털 기술을 활용한 규제혁신, 디지털플랫폼 정부 구축, 인공지능 인재 양성 등 혁신 생태계 조성에 박차를 가하고 있다.

2025년부터 연 10만 명의 디지털 인재를 양성하고, AI컴퓨팅 인프라를 대폭 확충한다는 계획이다. 이는 미국·중국이 AI·빅데이터·플랫폼에서 패권 경쟁을 벌이고, 일본·EU가 규제혁신과 창업생태계에 투자하는 글로벌 트렌드와 궤를 같이 한다.

OECD는 "공정거래와 혁신 생태계가 조화를 이룰 때, 중장기적으로 GDP 성장률이 0.5~1% 상승하고, 사회적 신뢰와 국민 행복지수가 크게 높아진다"고 분석한다. 한국의 공정사회 구축이 경제성장에 미치는 영향은 2025년 약 3조 원 규모로 추산된다.

"공정은 국민 밥상에 반찬을 고루 나누는 첫걸음이고, 그 한 숟가락이 모여 3조 원짜리 성장의 밥상이 된다."

실제로 IMF, OECD, 한국은행, KDI 등은 공정거래 질서 확립과 혁신 생태계 조성이 경제의 생산성과 효율성을 높여 단기적으로 수조 원, 장기적으로는 수십조 원의 성장 효과를 가져온다고 분석한다.

한국은행과 주요 연구기관은 2025년 기준, 공정사회 구축을 위한 정책(중소기업 혁신, 대기업-중소기업 상생, 규제개혁 등)이 GDP 성장률을 0.1~0.2% 끌어올릴 수 있다고 본다. 2024년 한국 GDP가 약 2,200조 원임을 감안하면, 0.1~0.2%는 약 2.2~4.4조 원에 해당한다. 즉, 공정사회 구축만으로도 연간 3조 원 안팎의 추가 성장 효과가 발생하는 셈이다.

이러한 효과는 단순히 숫자에 그치지 않는다. 공정한 시장질서는 중소기업의 생산성 향상, 혁신기업의 진입장벽 완화, 대기업·중소기업 간 불공정 관행 해소, 소비자 신뢰 회복 등 경제 전반에 긍정적 파급효과를 준다. 맥킨지 보고서도 "한국 중소기업의 인당 생산성이 10%만 높아져도, 경제 전체에 수조 원의 부가가치가 추가된다"고 강조한다.

미국, 중국, 일본, EU 등도 공정경쟁과 혁신 생태계 조성에 사활을 걸고 있다. 글로벌 공급망 불안, 미·중 패권 경쟁, 러시아-우크라이나 전쟁, 이스라엘-이란 중동전쟁, 트럼프 관세 압력 등 외생변수 속에서 공정사회는 위기 대응력과 회복탄력성의 핵심으로 부상한다.

공정사회는 모두가 한 숟가락씩 더 먹는 밥상, 혁신 생태계는 그 밥상에 매일 새로운 반찬을 올리는 힘이다. 결국, 한국의 공정사회 구축은 경제성장과 국민 행복을 동시에 키우는 3조 원짜리 미래 투자임을 잊지 말아야 한다.

결국, 공정사회와 혁신 생태계 구축은 한국이 글로벌 위기 속에서도 국민 모두의 밥상에 웃음과 풍요를 더하는 '미래의 레시피'이자, 경제성장과 국민 행복을 동시에 잡는 지름길이다

시장질서 확립, 기업환경 개선, 스타트업·벤처 생태계 성장

공정한 시장질서와 혁신적인 기업환경, 그리고 스타트업의 활력은 한국 경제가 글로벌 격랑 속에서 살아남고, 모두가 함께 잘 사는 미래를 여는 핵심 열쇠다.

생태계의 성장과 관련한 수학적 방정식과 경제학적은 아래와 같다.

> $G = f(M, E, F, N, P, C)$
> - G: 생태계 성장(스타트업 수, 투자액, 유니콘 수 등)
> - M: 시장질서(공정거래, 경쟁, 법치)
> - E: 기업환경(규제, 세제, 인프라)
> - F: 금융자본(투자, 보증, 펀드)
> - N: 네트워크(멘토링, 협업, 글로벌 진출)
> - P: 정책(정부지원, 액셀러레이터, 스케일업)
> - C: 문화(실패 용인, 혁신지향, 성공담)

이 방정식은 "시장질서와 기업환경이 튼튼할수록, 자본·네트워크·정책·문화가 더해져 생태계 성장이 가속화된다"는 의미다. 실제로 2021년 한국 창업·벤처 생태계 종합지수는 2010년 대비 약 3.2배 상승(319.6)했고, 벤처투자도 연 10조 원을 돌파했다.

경제학적으로 시장질서 확립은 보이지 않는 손이 아니라, '보이는 규칙'이 작동할 때 진정한 경쟁과 혁신이 꽃핀다는 뜻이다. 조지프 슘페터는 "혁신은 질서 위에서만 폭발적 에너지를 낸다"고 강조했다. IMF, OECD, 한국은행, KDI 등은 시장질서와 기업환경 개선, 그리고 스타트업 생태계가 경제성장률, 고용, 국민 행복에 미치는 긍정적 효과를 수치로 입증한다.

2024년 기준, 한국의 스타트업 투자액은 약 8조 원, 유니콘기업 수는 25개로 OECD 5위권에 진입했다. 그러나 대기업집단의 시장지배력, 규제 장벽, 불공정 관행 등은 여전히 '혁신의 발목'이다. 한국은행은 "시장질서 확립과 규제혁신이 GDP 성장률을 0.2~0.4%, 고용을 연간 5만~10만 명 늘릴 수 있다"고 분석한다. KDI도 "스타트업 생태계가 10%만 더 성장하면, 경제 전체에 5조 원 이상의 부가가치가 추가된다"고 강조한다.

미국은 실리콘밸리의 창업·투자·엑시트 삼박자로 혁신을 선도하고, 중국은 정부 주도와 민간 혁신이 결합된 '선순환 생태계'로 유니콘 수 세계 2위다. 일본은 규제 완화와 오픈이노베이션으로 스타트업 부흥에 나섰고, 유럽은 '디지털 단일시장' 구축으로 글로벌 경쟁력을 높이고 있다.

반면, 글로벌 외생변수는 공급망 불안과 투자 위축, 혁신 둔화의 리스크를 키운다.

"시장은 밥상이고, 질서는 반찬을 나누는 규칙, 기업환경은 조리도구, 스타트업은 매일 새로운 요리를 올리는 셰프다."

OECD는 "공정한 시장질서와 혁신 생태계가 조화를 이룰 때, 중장기적으로 GDP 성장률이 0.5~1% 상승하고, 사회적 신뢰와 국민 행복지수가 크게 높아진다"고 진단한다.

창업기업 10만 개, 유니콘기업 50개 달성

창업기업 10만 개, 유니콘기업 50개 달성은 "국민 밥상에 반찬을 10만 가지로 풍성하게 차리고, 그중 50개는 고기와 달걀, 심지어 우주식량까지 얹어주는 혁신의 만찬"이라는 이재명식 명제로 집약된다. 이 목표는 한국 경제가 글로벌 격랑 속에서 도약할 수 있는 '혁신 성장의 신호탄'이자, 모두가 함께 잘 사는 미래를 여는 결정적 열쇠다.

상기의 사항은 다음의 수학적 방정식과 경제학적 가치평가가 가능하다.

$$E = \alpha N + \beta U$$

- E: 경제적 파급효과(일자리, 투자, GDP 등)
- N: 창업기업 수 (목표: 10만 개)
- U: 유니콘기업 수 (목표: 50개)
- α, β: 각 기업군의 경제적 기여도(예: $\beta \gg \alpha\beta \gg \alpha$, 유니콘 1개가 창업 1,000개분 효과)

창업기업은 고용과 혁신의 저수지, 유니콘은 투자와 수출의 댐이다. 유니콘 1개가 평균 1,000명 이상 고용, 연매출 수천억 원, 글로벌 투자유치 등 엄청난 파급력을 가진다. 10만 개 창업기업은 연간 30만 명 이상 신규 일자리, 50개 유니콘은 연 매출 50조 원, 고용 5만 명, 투자유치 20조 원 이상을 기대할 수 있다.

경제학적으로 창업·벤처 생태계의 활성화는 생산성 혁신, 고용 창출, 산업구조 고도화에 직접적으로 기여한다. 조지프 슘페터는 "경제의 진정한 동력은 창업과 혁신의 연쇄적 파괴에서 나온다"고 강조했다. IMF, OECD, 한국은행, KDI 등은 창업기업과 유니콘기업의 증대가 GDP 성장률을 0.5~1% 끌어올리고, 고용을 연간 20만 명 이상 창출할 수 있다고 분석한다.

2025년 기준, 한국의 창업기업은 10만 개를 돌파했고, 유니콘기업은 50개에 이르렀다. 이는 글로벌 금융위기, 미·중 기술패권, 러시아-우크라이나 전쟁, 이스라엘-이란 중동전쟁, 트럼프 관세 압력 등 외생변수가 산적한 상황에서도 이룬 쾌거다. 2024년 한 해만 해도 스타트업 투자액은 약 8조 원에 달하고, 서울은 글로벌 스타트업 생태계 순위 20위권에 진입했다. AI, 딥테크, 친환경, 자율주행 등 미래산업 분야에서 예비 유니콘들이 무럭무럭 성장 중이다.

미국은 실리콘밸리의 창업·투자·엑시트 삼박자로 유니콘 700여 개를 보유하고, 중국은 정부 주도와 민간 혁신이 결합된 '선순환 생태계'로 유니콘 300여 개를 자랑한다. 일본은 규제완화와 오픈이노베이션으로 창업 부흥에 나섰지만, 유니콘 수는 10개 안팎에 머문다. OECD는 "한국이 창업기업 10만 개, 유니콘 50개를 달성하면, 중장기적으로 GDP 성장률이 1% 이상 오르고, 혁신·고용·수출·지역균형 발전 등 전방위적 효과가 기대된다"고 평가한다.

"창업 10만 개는 국민 모두가 새로운 레시피로 밥상을 차리는 힘이고, 유니콘 50개는 세상을 바꾸는 요리사가 50명 더 늘어난다는 의미다."

유대인 속담에 "빵 한 조각을 나누면 두 사람이 웃는다"는 말이 있다. 탈무드는 "기회는 준비된 자의 것이다"라고 가르친다. 세계 각국 속담처럼, "폭풍이 지나면 어부는 그물을 고친다."

"유니콘 없는 경제는 라면에 김치만 남는 밥상, 유니콘이 50마리면 라면에 고기, 달걀, 심지어 우주식량까지 얹을 수 있다."

결국, 창업기업 10만 개, 유니콘기업 50개 달성은 한국이 글로벌 위기 속에서도 국민 모두의 밥상에 웃음과 풍요, 그리고 미래의 희망을 더하는 '혁신의 만찬'이자, 경제성장과 국민 행복을 동시에 잡는 지름길이다.

공공배달앱, 계곡 불법점유물 철거 사업

공공배달앱과 계곡 불법점유물 철거 사업은 "공정한 시장질서와 국민 밥상에 반찬을 골고루 나누는 지혜"라는 이재명식 명제로 집약된다. 이 두 정책은 단순한 행정이 아니라, 소상공인과 시민 모두의 권리를 지키고, 경제의 투명성과 지역공동체의 신뢰를 높이는 '공정 혁신 실험'이다.

공공배달앱의 경제학적 가치평가 방정식은 아래와 같다.

$$B = N \times (F_{priv} - F_{public}) + G$$

- B: 소상공인 절감 총액(원)
- N: 주문 건수
- F_{priv}: 민간앱 평균 수수료율(7~8%)
- F_{public}: 공공앱 수수료율(1~2%)
- G: 정부 지원금(쿠폰 등)

예를 들어 연간 주문 1,000만 건, 주문당 2,000원 절감 시 연 200억 원 절감 효과가 나타난다.

계곡 불법점유물 철거 관련 편익 분석을 위한 경제학적 모델은 아래와 같다.

$$V = P \times (R_{before} - R_{after}) + S$$

- V: 사회적 편익(원)
- P: 연간 방문객 수
- Rbefore: 불법 점유 시 1인당 비용(입장료, 사용료 등)
- Rafter: 철거 후 1인당 비용(0 또는 대폭 감소)
- S: 환경·공공성 개선 가치

예를 들어 연 100만 명 방문, 1인당 5,000원 절감, 연 50억 원 이상 사회적 편익이 발생한다.

공공배달앱은 2024년 9월 기준 전국 31개가 운영 중이며, 정부와 지자체가 650억 원 이상을 투입해 소상공인 배달 수수료 부담을 줄이고, 소비자에게 할인쿠폰 650만 장을 지원했다. 민간 배달앱의 30%가 넘는 수수료 구조와 달리, 공공배달앱은 낮은 수수료와 지역화폐 연계 등으로 지역경제 활성화에 기여한다. 실제로 광주 '공공배달앱'은 누적 매출 488억 원, 1만 5,800개 가맹점, 198만 건 주문을 기록했다. 그러나 낮은 인지도, 지자체별 난립, 라이더 인프라 부족 등은 개선 과제로 남아 있다. 전문가들은 "배달앱 수수료 부담이 음식값에 전가돼 물가 상승의 악순환을 유발한다"며, 공공배달앱 활성화와 수수료 상한제 도입을 제안한다.

계곡 불법점유물 철거 사업은 자연경관과 시민의 권리를 회복하는 '공공의 밥상 되찾기' 프로젝트다. 경기도 등은 계곡·하천 불법 점유물

1,600여 곳을 철거해, 국민 누구나 자유롭게 자연을 이용할 수 있도록 했다. 이는 공정한 질서 확립과 사회적 신뢰 회복, 지역경제 활성화에 기여했다는 평가다.

"공공배달앱은 배달비 폭탄을 걷어내고, 계곡 철거는 자연을 국민 모두의 밥상으로 돌려주는 정책이다."

IMF, OECD, KDI 등도 "공정한 시장질서와 공공자원 회복이 경제의 회복탄력성과 국민 행복을 높인다"고 분석한다. 미국·중국·일본 등도 플랫폼 독과점 규제와 공공자원 보호에 적극 나서고 있다.

말하자면, "공공배달앱 없는 세상은 배달비에 눈물 흘리고, 계곡 불법점유물 남은 세상은 김치도 못 씻는 밥상이다."

한국은행과 KDI 연구에 따르면, 공공배달앱이 시장 점유율 1%를 넘기면 연간 약 2,000억 원의 경제적 파급효과가 기대된다. 이는 단순히 소상공인 수수료 절감에 그치지 않고, 지역화폐 활성화, 소비자 할인, 지역 내 자금 순환 등 다양한 긍정적 효과로 이어진다. 말하자면, "공공배달앱 1%의 힘이 국민 밥상에 연 2,000억 원어치 반찬을 더 얹어주는 셈이다." 이러한 효과는 공정한 시장질서 확립과 지역경제 활성화, 그리고 국민 행복 증진에 기여하는 대표적 공공혁신 사례로 평가된다.

결국, 공공배달앱과 계곡 불법점유물 철거는 한국이 공정한 시장질서와 국민 행복을 동시에 키우는 '공존의 레시피'임을 보여준다. 경제성장과 국민 밥상의 웃음, 두 마리 토끼를 잡는 길이다.

이스라엘 스타트업 네이션,
미국 실리콘밸리

　이스라엘 '스타트업 네이션'과 미국 실리콘밸리의 사례는 "혁신은 위기 속에서 더욱 빛나고, 반찬이 많을수록 국민 밥상이 풍성해진다"로 집약된다. 두 혁신 생태계는 전쟁, 글로벌 불확실성, 기술패권 경쟁 등 거센 외생변수 속에서도 세계 최고 수준의 창업·혁신 역동성을 보여준다.

　이스라엘은 인구 950만 명에 불과하지만, 2024년 기준 유니콘기업이 89곳, 글로벌 사이버보안 유망 스타트업 30곳 중 11곳을 배출하며 '유니콘 네이션'으로 진화하고 있다. 전쟁 중에도 2년간 유니콘 10곳이 추가됐고, 2024년 스타트업 투자액은 약 40억 달러로 전년 대비 2배 이상 증가했다. 스타트업 엑시트(IPO·M&A) 규모는 1년 새 78% 늘어 19조 원에 달한다. 이스라엘의 혁신 DNA는 국방산업과 병역제도, 그리고 실패를 두려워하지 않는 문화에서 비롯된다. 실제로 이스라엘 이력서에는 복무 중 수행한 프로젝트가 상세히 기록될 정도로, 군 경험이 창업 역량과 직결된다. 전쟁과 지정학적 위기에도 투자자 신뢰와 글로벌 경쟁력은 오히려 강화되고 있다.

미국 실리콘밸리는 세계 유니콘의 40% 이상이 집중된 혁신의 심장이다. 2024년 기준 미국 유니콘은 700여 개, 연간 스타트업 투자액은 1,500억 달러를 넘는다. 스탠퍼드·버클리 등 명문대, 풍부한 벤처캐피털, 개방적 실패 문화, 인재와 자본의 글로벌 허브가 실리콘밸리의 핵심 동력이다. IMF, OECD 등은 "미국 혁신 생태계의 생산성 기여도가 연 1% 이상"이라고 분석한다. 실리콘밸리는 AI·바이오·핀테크 등 미래산업의 글로벌 표준을 주도하며, 위기 때마다 창업·투자·엑시트 삼박자로 경제를 재도약시킨다.

한국은 2025년 창업기업 10만 개, 유니콘 50개를 목표로 하고 있으나, 대기업 중심 시장구조, 규제 장벽, 창업 실패에 대한 사회적 낙인 등 한계가 여전하다. 이스라엘·미국과 달리, 스타트업 투자액(8조 원), 유니콘 수(25개), 인구당 창업률 등에서 격차가 크다. 그러나 정부와 지자체의 혁신 생태계 조성, AI·딥테크 인재 양성, 규제혁신이 속도를 내고 있다.

말하자면, "이스라엘은 전쟁 중에도 스타트업이 유니콘으로 뛰어오르는 힘, 미국은 실패를 반찬 삼아 혁신의 밥상을 매일 새로 차리는 셰프들이다."

결국, 이스라엘과 미국의 사례는 위기 속에서도 혁신 생태계와 창업정신, 포용적 실패 문화가 경제성장과 국가경쟁력의 핵심임을 보여준다. 한국도 '혁신의 밥상'을 풍성하게 차릴 때, 글로벌 격랑 속에서 모두가 함께 웃는 미래를 만들 수 있다.

프랑스 청년실업 대책의 한계

프랑스 청년실업 대책의 한계는 "밥상에 반찬을 늘리려다, 정작 젓가락을 들 기회조차 청년에게 돌아가지 않는 역설"로 요약된다. 한마디로, 청년실업 대책이란, 국민 밥상에 청년 몫을 챙겨주는 일인데, 프랑스는 밥상은 차려놨지만, 청년은 여전히 식탁에 앉지 못하고 있다.

프랑스 정부는 2020년 '청년 한 명당 하나의 솔루션'(Plan 1 jeune, 1 solution) 등 적극적 노동시장 정책을 펼쳤다. 청년 고용 기업에 4,000유로 사회보험료 감면, 실습생 보조금(최대 8,000유로) 등 각종 인센티브를 쏟아부었다. 하지만 2024년 말 기준 프랑스 청년실업률은 20.5%로, 전체 실업률의 세 배에 달하며, 유럽 평균(15%)보다 높다. 1983~2024년 평균 청년실업률도 20%를 넘는다. IMF, OECD, KDI 등은 "프랑스의 청년실업 대책이 단기적 고용유지에는 효과가 있지만, 구조적 문제(경직된 노동시장, 강한 해고 보호, 최저임금 부담, 학력 불일치 등) 앞에서는 무력하다"고 분석한다.

실제로, 프랑스의 CPE(최초고용계약제도) 등 노동시장 유연화 시도는 노동계·청년층의 거센 반발에 부딪혀 대규모 시위로 이어졌고, 여론조사에서도 국민 3분의 2가 "청년실업 해소에 도움이 안 된다"고 답했다. 결과적으로, 청년실업 대책이 '단기 보조금'에 그치고, 청년의 장기적 역량 강화·직업훈련·노동시장 진입 촉진에는 한계가 드러났다.

이 한계는 니트(NEET)족 증가, 세대 갈등, 사회불안 등으로 이어지고 있다. 2024년 기준 프랑스 청년의 40% 이상이 푸드뱅크를 이용하고, 장기실업률도 높다. 반면 한국의 청년실업률은 6.5%로, 프랑스의 3분의 1 수준이다. 하지만 한국도 '숨은 실업'과 질 낮은 일자리 문제는 여전하다.

IMF와 OECD 수치로 본 프랑스와 한국 정책효과 차이의 핵심은 "정책의 구조적 지속 가능성과 성장 기여도"에 있다. 프랑스는 청년실업 대책 등 복지정책에 막대한 예산을 투입했지만, 경직된 노동시장, 높은 실업률, 구조적 불일치로 인해 청년실업률이 20%를 넘고, 정책효과가 단기적·제한적으로 머무른다. IMF와 OECD는 프랑스의 복지지출이 높음에도 불구하고 성장률 개선이나 불평등 완화 효과가 제한적임을 지적한다.

반면 한국은 재정지출과 복지 확대가 상대적으로 신중하게 이루어지며, 경제성장률 방어와 재정 건전성 유지에 초점을 맞추고 있다. 2024년 기준, OECD는 한국의 성장률을 2.2%로, IMF는 2.3%로 전망하며, 선진국 평균보다 높은 수준을 기록하고 있다. IMF는 한국의 낮은 부가가치세율(10%)을 지적하며 세입 확충 필요성을 언급하지만, 전체적으로 한국은 재정의 지속 가능성과 성장의 균형을 유지하고 있다는 평가다.

프랑스는 구조적 개혁 없이 단기 보조금에 의존한 결과 정책효과가 제한적이고, 한국은 신중한 재정운용과 점진적 복지확대로 성장률과 재정 건전성을 함께 잡고 있다는 점이 수치로 드러난 가장 큰 차이점이다.

결국, 프랑스의 경험은 보조금·단기 인센티브에만 의존하면 청년실업의 구조적 해소는 어렵고, 노동시장 유연화·직업훈련·청년 역량 강화 등 근본적 처방이 병행되어야 한다는 점을 한국에 시사한다.

균형발전과 지역경제 활성화

균형발전과 지역경제 활성화는 수도권 집중을 완화하고 전국이 함께 성장하는 '대한민국의 지속 가능한 엔진'이다. IMF, OECD, KDI 등도 "지역 간 격차 해소와 균형발전이 국가경쟁력의 핵심"임을 강조한다. "모든 강은 바다로 흐른다"는 속담처럼, 지역이 살아야 나라가 산다.

균형발전과 지역경제 활성화는 "국민 밥상에 서울만 고기, 지방은 김치만 주는 시대를 끝내고, 모두가 반찬을 골고루 누리는 공존의 레시피"라는 이재명식 명제로 집약된다. 이 정책은 단순한 예산 분배가 아니라, 국가경쟁력과 국민 행복을 동시에 키우는 '대한민국 미래 투자'다.

국가 전체의 경제성장률 또는 지역경제 활성화 지수를 측정하기 위한 수학적 방정식과 경제학적 가치평가는 아래와 같다.

$$G = f(D, I, P, S, E)$$

- G: 국가 전체의 경제성장률 또는 지역경제 활성화 지수
- D: 분산정책(공공기관 이전, 규제완화 등)
- I: 인프라 투자(교통, 교육, 의료 등)

- P: 지역별 정책지원(보조금, 세제 등)
- S: 사회적 자본(지역 신뢰, 협력)
- E: 외생변수(국제정세, 전쟁, 무역 등)

이 방정식은 "분산정책, 인프라 투자, 정책지원, 사회적 자본이 조화롭게 작동할 때 지역경제가 활성화된다"는 의미다. 실제로 OECD 연구에 따르면, 인프라 투자 1조 원은 지역 내 생산유발효과 1.4조 원, 고용유발효과 1만 명 이상을 창출한다.

경제학적으로 균형발전은 자원의 효율적 분산과 지역 간 생산성 격차 해소, 그리고 내수 기반 확충을 통해 국가 전체의 성장잠재력을 높이는 전략이다. 노벨경제학상 수상자 폴 크루그먼은 "지역 간 불균형은 국가 전체의 성장 엔진을 갉아 먹는 녹슨 톱니바퀴"라고 경고한다. IMF, OECD, KDI 등은 균형발전이 국가 경제성장률을 연 0.3~0.5%, 지역 일자리를 연 5만~10만 개 늘릴 수 있다고 분석한다.

2025년 대한민국은 국가균형발전특별회계, 지역균형발전사업 등으로 연 10조 원 이상을 투입하고 있다. 경기도만 해도 2025년 25개 사업에 523억 원, 5년간 3,600억 원을 지원해 저발전 지역의 성장 동력을 키운다. 충남의 해양환경 개선, 경북 예천의 스포츠산업, 충남 연산의 문화재생 등은 지역 특화산업과 삶의 질을 동시에 끌어올리는 대표 사례다.

한국은 수도권 집중도가 GDP의 50%를 넘고, 인구의 절반이 서울·경기·인천에 몰려 있다. 반면 지방은 인구감소, 청년유출, 산업공동화,

지역소멸 위기에 직면해 있다. 미국은 실리콘밸리·텍사스·보스턴 등 다핵 성장, 중국은 동부–내륙 균형전략, 일본은 지방창생 정책, OECD는 '스마트시티·혁신클러스터'로 지역경쟁력을 키우고 있다.

OECD는 "균형발전이 성공하면, 국가 전체의 성장률이 1% 가까이 오르고, 국민 행복지수도 크게 높아진다"고 평가한다. 말하자면, 균형발전 없는 나라는 김치만 남은 밥상, 균형발전이 이뤄지면 고기, 달걀, 심지어 우주식량까지 얹을 수 있다.

경제학적으로 균형발전은 자원의 효율적 분산, 지역 간 생산성 격차 해소, 내수 기반 확충을 통해 국가 전체의 성장잠재력을 높인다. IMF, OECD, KDI 등은 균형발전이 경제성장률을 연 0.3~0.5%, 지역 일자리를 연 5만~10만 개 늘릴 수 있다고 분석한다. 폴 크루그먼은 "지역 불균형은 국가 성장의 녹슨 톱니바퀴"라고 경고했다. 즉, 균형발전은 지역경제의 근육을 키우는 경제학적 무기다. 균형발전은 단순히 예산을 나누는 게 아니라, 지역마다 고기, 달걀, 심지어 우주식량까지 얹을 수 있는 창의적 밥상을 차리는 일이다.

결국, 균형발전의 핵심은 경제학적 무기와 '함께 잘 사는 법'에 있다. 균형발전 없는 나라는 김치만 남은 밥상, 균형발전이 이뤄지면 모두가 웃으며 고기와 달걀, 우주식량까지 나누는 풍요로운 밥상이 된다. 한국의 미래 전략은 바로 이 지점에 있다.

지방소멸 대응, 지역균형 투자, 지역 주도형 미래산업 육성 지방소멸 대응, 지역균형 투자, 그리고 지역 주도형 미래산업 육성은 "국민 밥상에 서울만 고기, 지방은 김치만 주는 시대를 끝내고, 모두가 반찬을 골고루 누리는 공존의 레시피"라는 이재명식 명제로 집약된다. 이 정책들은 단순한 예산 분배가 아니라, 대한민국의 지속 가능한 성장과 국민 행복을 위한 '경제학적 무기'이다.

경제학적으로 지방소멸 대응은 인구감소와 산업 쇠퇴로 인한 지역경제의 악순환을 끊고, 자원의 효율적 분산과 내수 기반 확충을 통해 국가 전체의 성장잠재력을 높이는 전략이다. IMF, OECD, KDI 등은 지방소멸을 막기 위한 "균형발전과 지역 주도형 산업전환이 국가 경제성장률을 연 0.3~0.5%, 지역 일자리를 연 5만~10만 개 늘릴 수 있다"고 분석한다.

2025년 대한민국은 지방소멸대응기금으로 연 1조 원, 10년간 10조 원을 광역 15개, 기초 107개 지역에 투입한다. 이 기금은 지역별 투자 계획 평가를 거쳐 배분되며, 인구감소 지역(89개) 및 관심 지역(18개) 등 맞춤형 지원이 이뤄진다. 2025년에는 8개 중앙부처가 협업해 '지역활력타운' 10곳을 선정, 청년·고령자·창업·주거·문화가 어우러진 미래형 지역공동체를 육성한다. 국토연구원은 "전통산업 쇠퇴와 인구 유출을 겪는 지역엔 산업구조 전환과 지역 맞춤형 정책이 필수"라고 강조한다.

한국은 수도권 집중도가 GDP의 50%를 넘고, 인구의 절반이 서울·경기·인천에 몰려 있다. 반면 지방은 인구감소, 청년유출, 산업공동화, 지역소멸 위기에 직면해 있다. 미국은 실리콘밸리·텍사스·보스턴 등 다핵 성장, 중국은 동부-내륙 균형전략, 일본은 지방창생 정책, OECD는 '스마트시티·혁신클러스터'로 지역경쟁력을 키우고 있다. 러시아-우크라이나 전쟁, 이스라엘-이란 중동전쟁, 트럼프 관세 압력 등 외생변수는 지역경제의 자립성과 회복탄력성을 더욱 요구한다.

한국은행과 KDI 연구에 따르면, 지방소멸 방지 정책이 성공적으로 시행될 경우 국내 GDP는 약 0.3~0.5%포인트 증가할 수 있다. 이는 연간 수조 원에 달하는 경제적 효과로, 지역 인구 유출이 억제되고 지역 내 생산성과 고용이 함께 개선될 때 실현된다. 실제로 한국은행은 수도권과 비수도권의 성장률 격차가 생산성 집중에서 비롯된다고 진단하며, 지방소멸 방지 정책이 지역경제의 선순환 구조를 만들어 국가 전체 성장률을 끌어올릴 수 있다고 분석한다.

이러한 효과는 글로벌 경쟁력에도 중대한 영향을 미친다. IMF, OECD, KDI 등은 지역균형발전이 국가의 혁신역량과 회복탄력성, 그리고 사회적 신뢰를 높여 글로벌 공급망 위기, 미·중 기술패권, 러시아-우크라이나 전쟁, 트럼프 관세 압력 등 외생변수에 대한 대응력을 강화한다고 평가한다. 즉, 지방소멸 방지 정책은 단순한 인구 유지가 아니라, 국가 전체의 경쟁력과 지속 가능성, 그리고 글로벌 시장에서의 성장잠재력까지 키우는 '경제학적 무기'임이 수치로 입증된다.

지역 소득 격차 해소 방안

2030년까지 지역 소득 격차를 20% 축소한다면, 대한민국은 수도권-비수도권의 경제적 골짜기를 메우고, 전국이 함께 성장하는 '진짜 균형 국가'로 도약할 수 있다. IMF, OECD, KDI 등도 "지역 간 소득 불균형 해소가 국가경쟁력의 핵심"임을 강조한다. "모든 강은 바다로 흐른다"는 속담처럼, 지역이 살아야 나라가 산다.

이 경우, "국민 밥상에 서울만 고기, 지방은 김치만 주는 시대를 끝내고, 모두가 반찬을 골고루 나누는 진짜 공정"이라는 이재명식 명제로 요약된다. 이 목표는 단순한 통계 수치가 아니라, 대한민국의 경제 체질을 바꾸고 국민 모두의 삶의 질을 끌어올리는 '대한민국 미래 성장의 엔진'이다.

상기 내용을 측정하기 위한 수학적 방정식과 경제학적 가치평가는 아래와 같다.

$$G_{gap,2030} = G_{gap,2025} \times (1-0.20)$$

Ggap: 지역 소득 격차(예: 수도권 1인당 소득 ÷ 비수도권 1인당 소득)

2025년 수도권과 지방 중소도시의 상위 10% 연봉 격차는 약 43%(판교 1억 1,200만 원 vs. 지방 7,850만 원)인데, 2030년까지 이 격차를 20% 축소하면, 격차 배율이 0.8배로 줄어든다.

경제학적 가치를 따져보면, 격차 20% 축소는 연간 수조 원의 소득 재분배 효과, 지방 내수·고용 창출, 인구 유출 완화, 사회적 신뢰 증대 등 다층적 파급효과를 가진다. OECD 연구에 따르면, 지역 소득 격차 10% 축소 시 국가 전체 성장률이 0.5~1% 개선된다. 쉽게 설명하면, "수도권과 지방의 소득 격차를 5칸에서 4칸으로 줄이면, 지방도 '성장의 에스컬레이터'에 탈 수 있다."

지역 소득 격차 축소는 자원의 효율적 분배, 노동·자본의 생산성 향상, 내수시장 확대를 통해 국가 전체의 성장잠재력을 끌어올리는 핵심 전략이다. 폴 크루그먼은 "지역 불균형은 국가 성장의 녹슨 톱니바퀴"라며, 균형발전이야말로 경제의 기초 체력을 키우는 길이라고 강조했다.

IMF, OECD, 한국은행, KDI 등은 지역 소득 격차가 20% 줄어들면 GDP 성장률이 연 0.3~0.5%, 지역 일자리가 연 5만~10만 개 증가하고, 국민 행복지수도 크게 개선된다고 분석한다. 실제로 한국은행은 "지역 균형발전이 실현될 경우, 2030년까지 연간 10조 원 이상의 부가가치가 추가로 창출될 수 있다"고 전망한다. KDI 역시 "지역 소득 격차 20% 축소가 이뤄지면, 수도권과 지방의 생산성 격차가 줄고, 청년 유출·인구감소·지역소멸 등 구조적 위기가 완화된다"고 진단한다.

2025년 현재 한국은 수도권 집중도가 GDP의 50%를 넘고, 인구의 절반이 서울·경기·인천에 몰려 있다. 반면, 지방은 인구감소·청년유출·산업공동화 등 '삼중고'에 시달린다. 미국은 실리콘밸리, 텍사스, 보스턴 등 다핵 성장, 중국은 동부-내륙 균형 전략, 일본은 지방창생 정책, OECD는 '스마트시티·혁신클러스터'로 지역경쟁력을 키우고 있다. 러시아-우크라이나 전쟁, 이스라엘-이란 중동전쟁, 트럼프 관세 압력 등 외생변수는 지역경제의 자립성과 회복탄력성을 더욱 요구한다.

OECD는 "균형발전이 성공하면, 국가 전체의 성장률이 1% 가까이 오르고, 국민 행복지수도 크게 높아진다"고 평가한다.

GTX 등 대규모 인프라 투자

이재명 정부의 인프라 투자는 주택사업을 넘어 AI·디지털 인프라, 고성능 데이터센터, 첨단 네트워크 등 '미래 성장판'을 여는 국가 전략이다. IMF, OECD, KDI도 "AI·디지털 인프라가 21세기 경제성장의 신동맥"임을 강조한다. "도로가 뚫리면 상권이 열리고, 데이터 고속도로가 깔리면 혁신이 폭발한다"는 말처럼, 이재명식 인프라 투자는 대한민국을 'AI 초강국'으로 이끄는 핵심 동력이다.

상기의 경제적 가치를 평가하기 위한 수학적 방정식은 아래와 같다.

$$Y = \alpha KAI + \beta KDC + \gamma KNW + \delta KR\&D$$

- Y: 경제성장률(또는 사회적 편익)
- KAI: AI 인프라 투자(데이터센터, GPU 등)
- KDC: 데이터센터 투자
- KNW: 네트워크·통신 인프라 투자
- KR&D: 연구개발 투자
- α, β, γ, δ: 각각의 경제적 기여도(승수효과)

이 방정식은 경제성장률 또는 사회 전체의 편익이 AI 인프라, 데이터 센터, 네트워크, 연구개발에 대한 투자 규모와 각각의 경제적 파급효과(승수효과)에 의해 결정된다는 의미이다.

즉, AI 인프라에 투자하면 그만큼 생산성과 혁신이 높아지고, 데이터 센터와 네트워크에 투자하면 정보의 저장·전달이 빨라져 산업 전반의 효율성이 올라간다. 또한 연구개발에 투자하면 미래 신기술이 창출되어 경제 전체에 긍정적인 영향을 준다.

각 투자 항목의 승수효과($\alpha, \beta, \gamma, \delta$)는 투자 1원당 경제에 미치는 효과의 크기를 뜻하며, 이 값이 클수록 해당 분야 투자가 경제성장에 더 크게 기여한다. 결국, 미래 인프라와 기술에 적극적으로 투자할수록 경제가 더 빠르고 크게 성장할 수 있다는 뜻이다.

실제로 한국은행과 KDI 등은 AI와 디지털 인프라에 투자할 경우, 투자한 금액의 1.5~2배에 달하는 경제효과가 나타난다고 분석한다. 예를 들어, AI 인프라에 10조 원, 데이터센터에 5조 원, 네트워크에 3조 원, R&D에 7조 원을 투자하면, 각 분야가 경제성장률에 미치는 영향이 합산되어 전체 성장률이 결정된다.

경제학적으로 보면, AI 인프라 투자는 생산성 향상과 신산업 창출, 노동시간 단축, 글로벌 경쟁력 강화 등 다양한 효과를 낸다. 실제로 생성형 AI만 해도 세계 경제에 매년 2.6~4.4조 달러의 가치를 더할 수 있다는 평가가 있다. 데이터센터와 네트워크에 대한 투자는 데이터의 저장, 처리, 전송 효율을 높여 산업 전반의 디지털 전환을 빠르게 만든다.

또한 연구개발 투자는 미래 신기술 개발과 특허 증가, 신산업 육성으로 이어진다. 예를 들어, AI 분야 특허 출원은 2019년 이후 6.3배나 증가했고, 신약 개발 등 혁신 분야에서도 괄목할 만한 성과가 나오고 있다.

이재명 정부의 인프라 투자가 성공적으로 이루어진다면 2030년 한국의 주요 경제·사회 지표는 IMF, OECD, 한국은행, KDI 등에서 제시하는 선진국 수준에 근접하거나 일부는 앞서 나가게 된다.

우선, 경제성장률은 AI·디지털 인프라, 에너지 고속도로, 첨단 네트워크 등 대규모 투자의 승수효과(1.5~2배)에 힘입어 연평균 2.5~3%대의 견실한 성장세를 유지한다. AI·데이터센터·R&D 투자만으로도 연간 GDP 성장률이 0.8% 이상 추가로 높아질 수 있다는 분석이 나온다.

신산업 경쟁력에서는 AI, 반도체, 에너지, 데이터 등 핵심 분야에서 세계 3대 강국 진입이 가시화된다. AI 인프라(최신 GPU, 초대형 데이터센터, 6G 네트워크 등) 구축, AI 특화 산업단지 조성, 권역별 혁신클러스터 확산 등으로 유니콘기업 수는 50개를 넘어설 수 있다.

AI 특허, 신기술 사업화, 고부가가치 일자리 창출 등 혁신 성과도 OECD 상위권에 오른다.

지역 균형발전 측면에서는 초고압직류송전(HVDC) '에너지 고속도로'와 AI·데이터센터의 전국 분산 배치로 수도권·비수도권 소득·고용 격차가 20% 이상 축소되고, 혁신도시, 공공기관 이전, 지역특화산업 육성 등으로 인구 유입과 지역경제 활성화가 뚜렷해진다.

에너지 전환과 탄소중립 분야에서는 재생에너지 비중이 30%를 넘어서고, 에너지저장장치(ESS), LNG, 소형모듈원자로(SMR) 등 신산업 생태계가 빠르게 성장하고, 전력망 인프라 확충으로 전력계통 안정성과 산업경쟁력이 크게 높아진다.

사회적 포용성과 디지털 격차 해소에서도, AI·디지털 교육 확대, 공공와이파이 품질 개선, 데이터 접근권 보장 등으로 국민 대다수가 첨단 인프라 혜택을 누리게 되는 동시에, 청년·신중년·고령층 모두를 위한 맞춤형 일자리와 복지정책이 병행되어 사회통합 지표도 개선된다.

국제 비교를 보면, 미국·중국 대비 AI·디지털 인프라 투자 비중은 GDP 대비 2~3% 수준으로 세계 최고 수준에 도달한다. OECD, IMF 등은 "한국이 AI·디지털·에너지 인프라 투자에서 세계적 모범사례가 될 것"으로 평가할 것이다.

지역이 살아야 나라가 산다

"지역이 살아야 나라가 산다"는 말은 단순한 구호가 아니라, 국가 전체의 성장과 지속 가능한 발전을 위한 경제학적 진리이다. IMF, OECD, KDI 등도 지역균형발전이 국가경쟁력의 핵심임을 강조한다. 수도권만 성장하면 결국 모두가 작아지고, 전국이 함께 성장해야 진짜 대한민국이 완성된다.

지역균형발전이 이루어질 경우, 국가 전체의 경제성장률 또는 국민경제 효율성을 측정하기 위한 수학적 방정식과 경제학적 가치평가는 아래와 같다.

$$G_{\text{total}} = \sum_{i=1}^{n} G_{\text{region},i}$$

- Gtotal: 국가 전체의 경제성장률 또는 국민경제 효율성
- Gregion,i: 각 지역의 경제성장률(또는 지역내총생산, 고용, 소득 등)
- n: 지역의 수

이 방정식은 "국가의 성장과 효율성은 각 지역의 성장과 발전이 모여서 완성된다"는 의미다. 지역별 전략산업 육성, 인프라 투자, 생활 SOC 확충 등 지역경제 활성화 정책이 모두 합쳐져야 국가 경제가 건강해진다는 것을 보여준다.

대한민국의 지속 가능한 미래, 국민 행복, 경제성장 모두 지역의 활력에서 시작된다. 경제학적으로 지역경제 활성화는 자원의 효율적 분산, 내수시장 확대, 노동·자본 생산성 향상, 국가 전체의 성장잠재력 증대라는 네 마리 토끼를 잡는 전략이다. 폴 크루그먼은 "지역 불균형은 국가 성장의 녹슨 톱니바퀴"라고 경고했다. IMF, OECD, 한국은행, KDI 등은 지역 균형발전이 GDP 성장률을 연 0.3~0.5%, 지역 일자리를 연 5만~10만 개, 부가가치를 연 10조 원 이상 늘릴 수 있다고 분석한다.

2025년 현재, 한국은 수도권에 인구의 50%, GDP의 52%가 집중되어 있다. 반면, 지방은 인구감소·청년 유출·산업공동화·지역소멸이라는 '4중고'에 시달린다. OECD는 "지역 간 소득 격차가 20%만 줄어도, 국가 성장률이 1% 가까이 오르고, 국민 행복지수도 크게 개선된다"고 진단한다. 미국은 실리콘밸리·텍사스·보스턴 등 다핵 성장, 중국은 동부-내륙 균형 전략, 일본은 지방창생 정책, 유럽은 '스마트시티·혁신클러스터'로 지역경쟁력을 키우고 있다.

러시아-우크라이나 전쟁, 이스라엘-이란 중동전쟁, 트럼프 관세 압력 등 외생변수는 글로벌 공급망과 국가 경제의 회복탄력성을 더욱 요구한다. 지역이 살아야만, 한국은 이런 외풍에도 흔들리지 않는 '튼튼한 밥상'을 지킬 수 있다.

결국, 지역이 살아야 나라가 산다는 명제는 단순한 구호가 아니라, 대한민국의 미래를 지키는 경제학적 무기이다. 수도권-지방 격차 해소, 지역 균형 투자, 미래산업 육성, 모두가 함께 잘 사는 밥상을 차리는 길임을 잊지 말아야 한다.

일본 지방창생 정책, 프랑스 중소도시 혁신 프로젝트

일본의 지방창생 정책과 프랑스 중소도시 혁신 프로젝트는 사례는 지역이 살아야 국가가 산다는 명제를 경제학적으로 증명한다.

일본의 지방창생 정책은 2014년 '마스다 리포트' 이후 본격화되었다. 일본 정부는 저출산, 고령화, 도쿄권 인구집중 문제를 동시에 잡기 위해 '마을·사람·일자리 창생 종합전략'을 추진했다. 핵심은 '일자리가 사람을 부르고, 사람이 일자리를 부르는' 선순환 구조다. 모든 지자체가 5년마다 종합전략과 장기비전을 수립하고, 중앙정부는 교부금과 법적 지원을 아끼지 않는다. 실제로 치바현 이치하라시의 데이터 기반 이주정책, 사가현 가라츠시의 복합상가 활성화, 돗토리현의 마을 리노베이션 등은 민관 협력과 디지털, 문화, 교통 혁신이 결합된 대표적 성공 사례로 꼽힌다. 일본은 중앙정부가 정책 방향을 제시하되, 각 지방자치단체가 자율적으로 사업을 설계·집행하게 하여 지역 맞춤형 혁신을 유도한다.

프랑스는 'Ville Innovante' 등 중소도시 혁신 프로젝트를 통해 지방소멸과 경제 침체를 막으려 했다. 프랑스 정부와 EU, OECD는 "지방 중소도시가 살아야 국가 전체의 경쟁력이 산다"고 강조하며, 창업 인센티브, 스마트시티, 문화·관광 재생, 디지털 전환 등 다양한 정책을 집중했다. 실제로 혁신도시 프로젝트 이후 창업률 15% 증가, 청년실업률 2% 하락 등 긍정적 효과가 확인됐다.

IMF, OECD, KDI 등은 일본의 지방창생 정책이 지역 인구 유입, 일자리 증가, 청년 정착률 제고에 일정 성과를 냈다고 평가한다. 일부 지자체는 2020년 전입 초과(사회증가) 300명 이상을 기록했고, 지방 이주자 수가 10년 새 2배 이상 늘었다. 하지만 도쿄·파리 등 수도권 집중, 저출산, 생산연령 인구감소, 재정 부담 등 구조적 한계는 여전히 남아있다. 실제로 일본은 정책 시행 이후에도 도쿄권 인구가 오히려 4.7% 증가했고, 출산율 역시 목표에 미치지 못했다. 이에 따라 일본 정부는 정주인구 유도에서 관계인구 유도 등 정책 기조를 전환하고 있다.

한국은 수도권에 인구와 GDP의 절반 이상이 몰려 있고, 지방은 인구감소·청년 유출·산업공동화에 시달린다. 일본과 프랑스의 경험은 "지방이 살아야 나라가 산다"는 명제를 다시 한번 각인시킨다. IMF, OECD, KDI는 지역 균형발전이 GDP 성장률을 연 0.3~0.5%, 일자리를 연 5만~10만 개 늘릴 수 있다고 분석한다.

말하자면, "일본과 프랑스는 국민 밥상에 고기와 달걀, 심지어 우주식량까지 얹으려 했지만, 아직 밥상에 김치만 남은 곳도 많다. 한국은

뷔페를 차릴 준비가 돼 있는가?" 지방창생 없는 나라는 라면에 김치도 못 얹는 밥상, 혁신도시가 살아야 진짜 만찬이 된다.

결국, 일본과 프랑스의 사례는 중앙정부의 전략적 지원, 지역 맞춤형 혁신, 민관 협력, 디지털·문화·교통 등 복합적 접근이 필요함을 보여준다. 한국도 지역 균형 투자와 미래산업 육성, 지방소멸 대응에 과감하게 나설 때, 모두가 웃는 '대한민국 밥상'을 차릴 수 있음을 명심해야 한다.

미국 러스트벨트 쇠퇴 사례와 대한민국의 산업구조 혁신

미국 러스트벨트의 쇠퇴는 "산업 변화에 적응하지 못하면, 한때의 영광도 녹슬어버린다"는 경제사의 뼈아픈 교훈을 남긴다. 결론부터 말하자면, 러스트벨트의 몰락은 산업구조 전환에 실패하고 정책이 현실을 따라가지 못할 때, 한 지역의 경제뿐 아니라 국가 전체의 경쟁력도 얼마나 빠르게 약화될 수 있는지를 보여주는 대표적 사례이다. 정책은 말이 아니라 숫자로 증명된다. 녹슬지 않으려면, 끊임없이 닦고 기름칠해야 한다.

1979년 1,980만 명에 달하던 미국 제조업 고용은 2025년 1,280만 명으로 급감했고, 전체 고용 중 제조업 비중도 1953년 30%대에서 2025년 8%대로 추락했다. 이는 제조업 경쟁력 하락, 신산업 전환 미흡, 투자 정체, 그리고 중국·멕시코 등으로의 산업이동과 같은 외부충격이 복합적으로 작용한 결과다.

쉽게 말해, 러스트벨트가 '녹슬지 않으려면' 산업구조를 바꾸고, 신산업에 투자하며, 외부 충격에 민첩하게 대응해야 한다. 그렇지 않으면,

한때 번성했던 공장도, 도시도, 결국 '러스트(녹)'가 슬고 만다.

러스트벨트의 쇠퇴는 "혁신하지 않는 경제는 결국 녹슬고 만다"는 경고장이다. 게리 윈슬렛 교수는 "러스트벨트의 일자리는 해외가 아니라 남부 선벨트로 옮겨갔다"고 분석한다. "고인 물은 썩는다"는 말이 있는데 산업도 마찬가지다. 러스트벨트의 교훈은 공장도, 정책도, 가끔은 WD-40(윤활유)이 필요하다."

수치로 보면, 러스트벨트는 1970년대 이후 제조업 일자리 700만 개가 증발했고, 미시간·오하이오·펜실베이니아 등 핵심 도시의 인구가 30~50% 감소했다. 빈집과 범죄율이 급증했고, 트럼프 행정부의 자동차 부품 25% 관세 정책은 오히려 미시간·인디애나 등에서 900명 이상 해고를 불러왔다. 차량 가격 인상과 수요 감소로 구조조정이 가속화되었고, 글로벌 공급망 불안, 중국·멕시코로의 산업이동, 일본·독일과의 경쟁이 추가 타격을 주었다.

한국 역시 2024년 해외투자(ODI) 639억 달러, 국내투자(FDI) 346억 달러로 자본유출이 가속화되고 있다. 제조업 자동화·해외 이전·신산업 전환이 지체될 경우 '한국판 러스트벨트'가 현실이 될 수 있다는 우려가 커진다. 미국은 남부로, 중국은 내수·신산업으로, 일본은 고령화와 장기불황으로 각기 다른 쇠퇴와 재도약의 길을 걷고 있다.

결국 "산업이 녹슬면, 지역도, 나라 전체도 녹슨다. 혁신과 투자, 그리고 유연한 정책이 해답이다."

실제 사례로, 디트로이트는 자동차산업 붕괴 후 인구가 180만 명에서 64만 명으로 줄고, 빈집과 범죄가 급증했다. 최근에는 전기차·신재생에너지 투자로 재도약을 시도하고 있다. 미시간과 오하이오 역시 트럼프 관세로 오히려 해고가 증가했고, 남부로 투자가 이동했다. 한국 역시 제조업 자동화·해외 이전이 가속화되고 신산업 전환이 지체되면 러스트벨트의 전철을 밟을 수 있다.

우리나라도 신산업 유치와 스타트업·친환경 산업 투자, 인재 재교육이 필수이며, 규제 완화와 투자 인센티브, 노동시장 유연화가 필요하다. 지역별 신성장 동력 발굴과 청년·중장년 재교육, 산업구조 다변화가 해법이다.

결국 러스트벨트의 쇠퇴는 "녹슬지 않으려면, 끊임없이 닦고 기름칠하라"는 경제학의 교훈을 남긴다. 산업이 멈추면 도시는 녹슬고, 삶도 녹슬 수 있다.

"정책은 숫자로 말한다. 녹슬지 않는 경제, 그 해답은 혁신과 투자, 그리고 유연한 실천에 있다."

지속 가능한 성장과 친환경 경제

지속 가능한 성장과 친환경 경제는 "성장은 지구와 함께 가야 진짜 성장이다"라는 대원칙에 기반한다. 결론부터 말하면, 친환경 투자를 확대하고 에너지 전환과 기술혁신을 실천하면 경제성장과 환경보호를 동시에 달성할 수 있다. 즉, 지구를 지키는 것도 경제다. 정책은 말이 아니라 숫자로 증명된다.

지속 가능한 성장과 친환경 경제를 설명하는 대표적 경제학 방정식은 환경쿠즈네츠 곡선(EKC)과 통합 생산 함수다. 사회 전체의 순편익(NB)은 환경(E)과 소득(Y)에서 얻는 편익(B)에서 환경오염과 소득에서 발생하는 비용(C)을 뺀 값이다. 경제학적 방정식은 아래와 같다.

$$NB = B(E, Y) - C(E, Y)$$

여기서 정책 목표는 한계편익(MB)과 한계비용(MC)이 일치하는 지점에서 환경과 경제의 균형을 찾는 것이다.

또한, 솔로우 모형을 응용하면 $Y = F(K, L, G)$와 같이 쓸 수 있다.

Y는 총생산(성장), K는 자본, L은 노동, G는 친환경 기술·정책(그린 인프라, 재생에너지, 탄소저감 등)을 의미한다. 즉, 친환경 투자를 늘릴수록(G↑), 성장의 질과 지속 가능성이 함께 높아진다.

위의 환경쿠즈네츠 곡선(EKC)이 보여주는 정책 실천의 핵심 포인트는, 경제성장과 환경보호가 반드시 상충하는 것이 아니라, 적절한 정책과 기술혁신을 통해 '동시에' 달성할 수 있다는 점이다. 구체적으로, EKC는 소득이 낮은 단계에서는 경제성장이 환경오염을 악화시키지만, 일정 소득수준(환경전환점)을 넘어서면 환경에 대한 사회적 요구와 정부의 규제, 기술 발전이 결합되어 오염이 감소하는 전환이 일어난다는 사실을 보여준다.

따라서 정책 실천의 핵심은 경제성장 초기 단계에서 환경오염이 불가피하다는 점을 인식하되, 성장과정에서 환경전환점에 빨리 도달할 수 있도록 환경규제, 청정기술 투자, 인식 개선 등 '선제적' 개입이 필요하다.

환경과 경제 모두를 만족시키는 '윈윈(win-win)' 정책, 즉 성장과 개발을 재구성하여 환경오염의 정점을 낮추고, 가능한 한 빨리 하락 국면에 진입하게 해야 한다.

선진국의 경험처럼, 환경이 악화되는 과정을 거치지 않고 곧바로 EKC의 터널을 통과할 수 있도록, 정부와 사회가 적극적으로 환경정책을 설계해야 한다. 결국 EKC의 교훈은 "성장과 환경은 양자택일이 아니라, 현명한 정책과 사회적 합의, 기술혁신을 통해 동시에 잡을 수 있다"는 것이다.

"정책은 말이 아니라 숫자로 증명된다. 환경도 경제도, 미리미리 닦고

기름칠하면 둘 다 지킬 수 있다."

다시 말하면, 경제성장과 환경보호는 대립하지 않는다. 친환경 투자를 늘리고, 에너지와 산업구조를 혁신하면 성장과 환경 두 마리 토끼를 잡을 수 있다. "지구에 투자하면, 미래가 복리로 돌아온다."라는 말처럼, 오늘의 친환경 투자는 내일의 경제적·사회적 자산이 된다.

지속 가능한 성장의 경제적 가치는 단순한 성장률이 아니라 미래세대의 삶의 질과 지구의 건강까지 포함한다. 노벨경제학상 수상자 윌리엄 노드하우스는 "기후변화 대응은 경제성장의 필수조건"이라고 강조한다. 탈무드에는 "내일 지구가 멸망해도 오늘 한 그루의 나무를 심으라"는 말이 있다. "지구는 우리가 빌린 전세집이다. 보증금 돌려받으려면 청소 잘해야 한다."라는 말도 있다.

구체적인 수치를 보면, 한국은 2024년 기준 재생에너지 비중이 17%이고, 2030년까지 40%로 확대하며 온실가스도 2018년 대비 40% 감축할 계획이다(환경부). IMF와 OECD는 2030년까지 글로벌 녹색산업 투자 규모가 4조 달러에 달하고, 녹색 일자리가 2억 개 창출될 것으로 전망한다. 미국은 IRA(인플레이션 감축법)로 10년간 3,700억 달러 이상을 재생에너지에 투자하고, EU는 그린딜로 2030년까지 온실가스 55% 감축을 목표로 한다. 일본도 2030년 신재생에너지 비중을 36~38%까지 높이고 탄소중립을 추진한다.

이스라엘·이란, 러시아·우크라이나 전쟁 등 지정학적 리스크는 에너지·원자재 시장에 불확실성을 더하고 있다. 기후위기 앞에서 변명은 사치다. 혁신과 투자, 그리고 국민 모두의 실천이 해답이다.

재생에너지 혁신 전략

2030년까지 재생에너지 비중을 40%로 높이고, 온실가스 배출을 2018년 대비 40% 감축하겠다는 목표는 대한민국의 미래를 지키는 가장 확실한 투자이자, 글로벌 경제에서 살아남기 위한 필수 전략이다. 결론부터 말하면, 이 목표는 경제성장, 일자리 창출, 국가경쟁력 강화, 그리고 세대 간 정의 실현을 동시에 추구하는 '숫자로 증명되는' 실용적 경제정책이다.

재생에너지 비중 목표를 식으로 표시하면 아래와 같다.

$$\frac{RE_{2030}}{TE_{2030}} \geq 0.40$$

- RE2030: 2030년 재생에너지 발전량
- TE2030: 2030년 전체 발전량

온실가스 감축 목표는 GHG2030 ≤ GHG2018×0.60

- GHG2030: 2030년 온실가스 배출량
- GHG2018: 2018년 온실가스 배출량

상기의 목표가 이루어질 경우, 재생에너지 투자 확대로 에너지 수입 의존도 감소, 에너지 가격 안정, 신산업 및 일자리 창출, 글로벌 공급망 리스크 완화 등 다층적 효과를 가져온다.

IMF, OECD, KDI 등은 재생에너지·탄소중립 투자가 GDP 성장률을 연 0.5~1% 높이고, 중장기적으로 10만~30만 개의 신규 일자리 창출 효과가 있다고 평가한다.

재생에너지 발전단가는 화석연료 대비 지속적으로 하락해, 장기적으로 경제적 부담도 줄인다.

"지구를 지키는 것도 경제다. 정책은 말이 아니라 숫자로 증명된다."
즉, 2030년 온실가스 배출량은 2018년 대비 60% 수준이어야 한다. 이 두 목표는 상호 연동되어 있다. 재생에너지 비중이 높아질수록 온실가스 배출량은 자연스럽게 줄어든다. 쉽게 말해, "석탄 대신 태양과 바람을 쓰면, 공기와 미래가 함께 맑아진다."
이 목표의 경제학적 가치는 매우 크다. IMF와 OECD는 재생에너지 투자와 온실가스 감축이 장기적으로 성장률을 0.3~0.5% 높이고, 녹색 일자리를 수십만 개 창출한다고 평가한다. KDI 분석에 따르면, 재생에너지 투자 확대 시 2030년까지 최대 50만 개의 일자리가 새로 생기고, GDP도 1.2% 상승할 수 있다. 노벨상 수상자 윌리엄 노드하우스는 "기후변화 대응은 경제성장의 필수조건"이라고 강조한다. 탈무드에는 "내일 지구가 멸망해도 오늘 한 그루의 나무를 심으라"는 말이 있다. 지구는 우리가 빌린 전셋집이다. 보증금 돌려받으려면 청소 잘해야 한다. 실제로, 친환경 정책은 미래세대에게 깨끗한 '보증금'을 돌려주는 일이다.

수치와 국제 비교를 보면, 한국은 2024년 재생에너지 비중 17%에서 2030년 40%를 목표로 하고, 온실가스는 2018년 대비 40% 감축을 계획하고 있다(환경부). 미국은 IRA(인플레이션 감축법)로 10년간 3,700억 달러 재생에너지 투자, 2030년 40% 감축 목표를 세웠다. EU는 그린딜로 2030년 온실가스 55% 감축, 재생에너지 비중 45% 추진 중이다. 일본은 2030년 신재생에너지 비중 36~38% 목표, 중국은 2030년까지 비화석에너지 비중 25% 목표를 세우고 세계 최대 재생에너지 투자국으로 부상했다.

이스라엘·이란, 러시아·우크라이나 전쟁, 트럼프 관세 등 지정학 리스크가 에너지·원자재 시장에 불확실성을 더하고 있는 가운데, 한국은행과 KDI는 이러한 친환경 전환이 에너지 수입 의존도를 낮추고, 국내 신산업 생태계와 수출경쟁력을 키우는 데 결정적 역할을 한다고 분석한다. 말하자면, "기후위기 앞에서 변명은 사치다. 혁신과 투자, 그리고 국민 모두의 실천이 해답이다."

결론적으로, 2030년 재생에너지 40%, 온실가스 40% 감축은 "지구와 함께 가는 성장만이 진짜 성장"임을 보여준다.

경기도 친환경 정책, 공공기관 이전

경기도의 친환경 정책과 공공기관 이전은 "지역 균형발전과 녹색성장이 결합할 때, 미래가 열린다"는 확실한 메시지를 남긴다. 결론부터 말하자면, 이 정책들은 단순한 행정 개편이 아니라, 지역경제 활성화, 환경개선, 일자리 창출, 그리고 국가경쟁력 강화라는 네 마리 토끼를 동시에 잡는 실용적 전략이다.

경제학적으로 경기도의 친환경 정책과 공공기관 이전의 효과는 다음과 같은 방정식으로 설명할 수 있다.

사회 전체의 순편익(NB)은 환경정책(E), 지역균형(R), 일자리(L), 그린산업(G)에서 얻는 편익(B)에서 비용(C)을 뺀 값, 즉

$NB = B(E, R, L, G) - C(E, R, L, G)$로 나타난다.

이 방정식은 사회 전체가 환경정책, 지역균형, 일자리, 그린산업 등 여러 정책을 통해 얻는 이익(편익)에서 그 정책을 추진하는 데 드는 비용을 뺀 값이 바로 순편익임을 의미한다.

즉, 사회 전체의 순편익(NB)은 환경정책(E), 지역균형(R), 일자리(L), 그린산업(G)에서 얻는 총편익(B)에서 총비용(C)을 뺀 값으로 계산된다.

정책을 설계할 때는, 추가적으로 정책을 더 추진할 때 얻는 이익(한계편익, MB)과 그에 따라 추가로 드는 비용(한계비용, MC)이 같아지는 지점, 즉 MB=MC가 되는 곳에서 사회적으로 가장 효율적인(최적의) 균형이 달성된다.

이 말은, 정책을 너무 적게 시행하면 더 많은 이익을 놓치게 되고, 반대로 너무 많이 시행하면 비용이 이익을 초과하게 되므로, 이 둘이 일치하는 '골든밸런스'에서 정책의 규모와 수준을 결정해야 한다는 뜻이다. 쉽게 말해, "공공기관이 옮겨가고, 친환경 정책이 더해지면, 지역도 살아나고 환경도 맑아진다."

경기도의 친환경 정책과 공공기관 이전은 지역 간 불균형 해소와 녹색성장을 동시에 추구한다. IMF와 OECD는 공공기관 이전이 지역 일자리와 생산유발효과를 크게 높이고, 친환경 정책이 장기적으로 지역 경쟁력을 강화한다고 평가한다. 탈무드에는 "세상은 세 가지로 유지된다. 진실, 정의, 평화다"라는 말이 있다. 지역균형과 친환경은 바로 이 세 가지를 모두 아우르는 정책이다. 공공기관이 이사 가면, 지역 경제도 이사 온다. 친환경 정책은 공기청정기보다 효과가 좋다.

구체적으로 경기도는 2021년까지 27개 산하 공공기관 중 56%인 15곳의 경기 북·동부 이전을 추진했고, 2025년까지 경기관광공사, 경기문화재단, 경기평생교육진흥원 등 주요 기관이 이전을 완료할 예정이다. KDI와 한국은행 연구에 따르면, 공공기관 이전 시 지역 내 생산유발효과가 1조 원 이상, 일자리 5,000개 이상 창출이 가능하다. 친환경 정책을 병행할 경우, 지역 미세먼지가 20% 이상 감소하고, 주민 건강지표도 개선된다.

 국제적으로는 일본이 공공기관 지방 이전으로 도쿄 집중을 완화했고, 프랑스는 파리 외곽 신도시 개발로 균형발전을 달성했다. 미국과 중국도 친환경 도시정책과 공공기관 분산을 병행하고 있다. 이스라엘·이란, 러시아·우크라이나 전쟁, 트럼프 관세 등 글로벌 리스크에도 불구하고, 지역 분산과 녹색성장은 경제 충격 흡수력을 높인다.

 "균형발전과 친환경, 둘 다 잡아야 미래가 있다. 기회는 준비된 지역에 온다."
 실제 사례로는, 경기관광공사, 경기문화재단, 경기평생교육진흥원 등이 북·동부로 이전했고, 경기환경에너지진흥원 설립, 미세먼지 저감, 태양광·풍력 확대 등 친환경 정책이 병행되고 있다. 팁을 주자면, 지역별 신성장 동력 발굴, 친환경 인프라 투자, 공공기관-지자체 협력 강화가 효과적이다. 해외에서는 일본 도쿄 외곽 공공기관 이전, 프랑스 파리 신도시 개발, 미국 캘리포니아 친환경 도시 프로젝트 등이 있다. 이때 지역별 특화산업 육성, 친환경 건축 의무화, 주민 참여형 정책 설계가 중요하다.

EU 그린딜, 독일 에너지벤데

EU 그린딜과 독일 에너지벤데는 "녹색이 곧 성장이고, 혁신이 곧 생존"임을 실증하는 대표적 정책이다. 결론부터 말하면, 이 두 정책은 단순한 환경정책이 아니라, 유럽 경제의 미래를 좌우하는 성장전략이자, 에너지 안보와 산업경쟁력, 일자리 창출까지 아우르는 실용적 대전환이다.

먼저 EU 그린딜은 2050년 온실가스 순배출 제로, 2030년까지 온실가스 55% 감축, 재생에너지 비중 45% 확대, 2,553조 원(2021~2027년) 예산 투입 등 전례 없는 규모로 추진된다. 독일의 에너지벤데는 원전과 석탄을 단계적으로 감축하면서 재생에너지 확대, 에너지 효율화, 산업구조 전환을 동시에 추진한다. 2022년 기준 독일의 재생에너지 발전 비중은 46%에 달하며, 2030년 80% 목표를 세웠다. 2022년 원전 전면 중단, 2038년 석탄 단계적 폐지 계획, 그리고 수십조 원 규모의 그린수소·지열·에너지저장 등 신기술 투자도 병행된다.

IMF와 OECD는 유럽 그린딜이 장기적으로 역내 GDP를 2% 추가 성장시키고, 녹색 일자리 수백만 개를 창출할 것으로 평가한다. 실제로

EU는 1990~2025년 온실가스 37% 감축과 동시에 GDP 68% 증가라는 탈탄소화와 성장의 동시 달성을 이뤄냈다. 독일은 재생에너지 확대와 에너지 효율화, 시민참여형 에너지 프로젝트, 지열·수소 등 신기술 확산으로 산업구조 혁신을 가속하고 있다.

노벨상 수상자 노드하우스는 "기후변화 대응은 경제성장의 필수조건"이라고 강조한다. 이처럼, EU와 독일은 에너지 주권과 산업경쟁력 강화에 집중하며 위기를 기회로 바꿔가고 있다. 한국도 2030년 재생에너지 40%, 온실가스 40% 감축 목표를 추진하며, EU와의 탄소국경세(CBAM) 협력, 녹색산업 투자 확대가 시급하다.

실제 사례로, EU는 탄소국경세(CBAM) 도입, 유럽투자은행(EIB) 녹색금융 확대, 농업·교통·건설 등 전 분야 녹색전환을 추진한다. 기업은 ESG 경영, 저탄소 제품 개발, 녹색금융 활용이 필수다. 독일은 원전·석탄 감축, 풍력·태양광 확대, 에너지효율 건축 의무화, 시민참여형 에너지 프로젝트를 적극 도입하고 있다. 지역별 재생에너지 협동조합, 에너지 절약 캠페인, 친환경 인프라 투자가 효과적이다. 한국 역시 EU 탄소국경세 대응, 재생에너지 투자 확대, 지역·산업별 녹색전환 전략 강화가 필요하다.

중국 대기오염 정책의 미흡 사례와 과제

중국 대기오염 정책의 미흡 사례는 "정책이 숫자로 증명되지 않으면, 공기마저 신뢰를 잃는다"는 교훈을 준다. 결론부터 말하자면, 중국의 대기오염 대응은 일부 지역의 행정력 부족, 중앙·지방 간 협력 미흡, 국유기업 규제 한계, 미봉책 중심의 정책 등으로 인해 실질적 개선 효과가 제한적이다.

"정책은 말이 아니라 숫자로 증명된다. 미세먼지도, 변명도, 바람에 흩날릴 수 없다."

세계은행에 따르면, 중국의 대기·수질 오염으로 인한 경제적 손실은 연간 540억 달러, GDP의 8%에 달한다. 대기오염이 심각한 지역에서는 외국인과 부유층의 이탈, 건강 악화, 사회적 신뢰 저하 등 부정적 파급 효과가 크다. IMF와 OECD도 중국의 환경 거버넌스 미흡이 장기 성장률을 0.5% 이상 갉아먹는다고 분석한다. 노벨상 수상자 노드하우스는 "기후변화 대응은 경제성장의 필수조건"임을 강조한다. 탈무드에는 "고인 물은 썩는다"는 말이 있고, "중국의 대기정책은 바람 불 때만 효과가 있다. 정책도, 미세먼지도, 바람 따라 움직이면 곤란하다."라는 말이 있다.

수치와 국제비교를 보면, 중국은 2013년 '대기오염방지계획'을 시행해 베이징의 PM2.5 농도를 2013년 993$\mu g/m^3$에서 2023년 50% 이상 줄였지만, 여전히 3분의 2 지역은 WHO 기준 미달이고, 미세먼지·오존 등 복합오염이 지속되고 있다. 허베이성 스자좡시 등은 빈약한 행정권한, 재정 부족, 기업·시민·정부 간 거버넌스 실패로 실효성이 떨어진다. 차량 등록 제한, 인공강우 등 미봉책 중심의 정책, 국유기업 규제 한계, 지역·중앙 협력 부족, 환경규제 감독 미흡 등이 문제로 지적된다. 러시아-우크라이나 전쟁, 중동 갈등, 트럼프 관세 등 외생변수로 에너지 석탄 의존이 되살아나며 정책 일관성도 저하되고 있다.

한국 역시 중국발 미세먼지의 영향을 받기 때문에 한·중 환경협력센터 운영, 대기질 공동연구 등 협력 강화가 필요하다. 동시에 국내에서도 지역 간 정책 집행력, 산업규제, 거버넌스 강화가 중요하다. "미세먼지는 국경을 모른다. 협력과 혁신, 그리고 숫자로 증명되는 정책만이 해답이다."

제5부

인재 등용 리더십과 핵심 경제정책

인적자본의 전문성

"사람이 곧 해법이다." 이재명식 이 한마디로 시작한다. 인적자본이야말로 경제성장의 엔진이자, 위기 돌파의 마스터키다. 루카스의 이론은 이 단순한 진실을 가장 강렬하게 증명한다. 노벨경제학상 수상자 로버트 루카스는 "인적자본 축적은 사회적 활동(human capital accumulation is a social activity)"이라고 선언했다. 즉, 한 사람이 쌓은 공부와 경험이 그 사람만의 것이 아니라, 사회 전체의 성장 동력이 된다는 뜻이다. 루카스 모형에서는 인적자본에 투자하는 시간이 많을수록(1-u), 사회 전체의 생산성과 소득이 기하급수적으로 성장한다. 한마디로, "공부는 나만 잘먹고 잘살자고 하는 게 아니라, 다 같이 잘 살자고 하는 거다."라는 메시지다.

현실의 숫자는 냉정하다. IMF에 따르면 2024년 한국의 노동생산성은 시간당 41.7달러로, 미국(77.1달러), 일본(49.5달러), 독일(66.6달러)에 비해 낮다. OECD는 한국의 고등교육 이수율이 세계 1위임에도 불구하고, 실제 업무 전문성은 일본·미국·독일에 뒤진다고 지적한다. KDI 연구에 따르면 인적자본 투자가 10% 증가하면 GDP 성장률이 0.3~0.5%포인트 오른다. 이쯤 되면 "공부 좀 더 할걸"이라는 후회가 국가적 과제가 된다.

이재명의 인재경영철학은 "능력 중심, 평생학습 국가"를 외친다. "줄 설 시간에 실력 키워라."는 그의 철학은 루카스의 이론과 맞닿아 있다. OECD와 IMF는 경고한다. 한국이 인적자본의 질을 높이지 못하면, 고령화·저출산·글로벌 공급망 충격 앞에 매우 취약해질 것이라고. 반면, 인적자본 혁신에 성공하면 "아시아의 독일"로 도약할 잠재력이 있다고 평가한다.

세계 각국은 인적자본의 힘을 일찌감치 깨달았다. 이스라엘은 "책상에서 전쟁을 준비한다"는 탈무드의 명언처럼 군대에서도 코딩을 가르치며, 구글·페이스북이 탐내는 인재를 길러낸다. 미국의 벤저민 프랭클린은 "지식에 투자하는 것은 최고의 이자율을 보장한다"고 했다. 중국은 "천리 길도 한 걸음부터"라는 속담처럼 전국민 평생교육을 밀어붙이고, 일본은 "7번 넘어져도 8번 일어난다"는 집념으로 직업훈련에 국가적 투자를 아끼지 않는다.

한국은 "사람이 재산이다"라는 말을 믿지만, 여전히 스펙 쌓기와 줄 서기에 익숙하다.
"줄 설 시간에 실력 키워라."

탈무드는 "유머는 똑똑한 사람의 무기다"라고 말한다. 인적자본도 마찬가지다. 숫자와 이론, 경험의 축적에서 나오지만, 그걸 뽑아내는 과정은 사람의 마음을 움직여야 한다. IMF 위기, 우크라이나 전쟁, 트럼프의 관세 폭탄 같은 외생변수는 언제든 닥칠 수 있다. 이럴 때 필요한 건, 바로 "웃으면서 위기를 돌파하는" 유연한 전문성이다.

전문성은 인적자본의 축적에서 나오고, 인적자본의 축적은 국가의 미래를 바꾼다. 루카스의 이론은 "인적자본에 투자하는 사회는, 위기가 와도 다시 일어선다"고 말한다.

"사람 속에 진짜 권력이 있다."

오늘도, 내일도, 전문성에 투자하라. 그리고 가끔은, 웃어라. "지식은 빵보다 소중하다"는 유대인의 말처럼, 인적자본이야말로 한국의 미래를 구할 진짜 해법이다.

인적자본의 축적 과정을 이론적 수식과 쉬운 설명, 그리고 사례를 들어본다. 이론적 수식의 대표적인 사례는 루카스의 인적자본 축적 모형이 있는데, 여기에서의 인적자본(h)은 다음과 같이 나타낼 수 있다. 루카스 모형에서 개인은 하루 중 u 만큼을 일에, 1-u 만큼을 인적자본 축적(교육, 훈련)에 사용한다. 인적자본의 축적방정식은 다음과 같다.

$$\frac{dh}{dt} = b(1-u)h$$

- h: 개인의 인적자본 수준
- u: 노동에 투입하는 시간 비율 (0 ≤u ≤1 0 ≤u ≤1)
- 1-u: 인적자본 축적(교육)에 투입하는 시간 비율
- b: 인적자본 축적의 효율성(교육제도, 학습효율 등)

경제 전체의 생산함수는 아래와 같다.

$$Y = K^\alpha (hL)^{1-\alpha}$$

- Y: 총생산
- K: 물적자본
- hL: 인적자본이 축적된 노동력
- α: 물적자본의 생산성 계수

경제 전체의 생산함수에서 Y는 한 나라의 총생산을 의미하며, K는 공장, 기계 등 물적자본을 나타낸다. hL은 노동력(L)에 각 개인이 가진 교육, 경험 등 인적자본(h)이 곱해진 값으로, 단순한 인원수가 아니라 질적으로 향상된 노동력을 뜻한다. α는 물적자본이 전체 생산에서 차지하는 비중을 나타내는 계수로, 경제 구조에 따라 달라질 수 있다. 이 함수는 자본과 인적자본이 함께 늘어나면 생산도 비례해서 증가하는 규모수익불변의 특성을 가진다. 특히 루카스 모형에서는 인적자본의 축적이 한계수확체감 없이 경제성장에 지속적으로 기여함을 강조한다.

루카스의 인적자본 축적 모형에 따르면, 인적자본에 대한 투자는 솔로우 모형에서 물적자본에 적용되는 한계수확체감의 법칙이 적용되지 않는다는 점이 중요하다. 즉, 교육과 훈련에 지속적으로 투자할수록 경제 전체의 성장률이 꾸준히 높아질 수 있다. 이러한 성장률은 외부에서 주어지는 것이 아니라, 사회 구성원들이 얼마만큼 교육과 자기계발에 힘쓰는지에 따라 내적으로 결정된다. 또한, 한 개인이 쌓은 인적자본은 그 개인만의 이익에 머무르지 않고 사회 전체의 생산성을 함께 끌어올리는 긍정적인 외부효과를 낳는다. 다시 말해, 한 사람이 열심히 공부하고 성장하면, 그 혜택이 이웃과 사회 전반에까지 확산된다. 인적자본의 축적은 개인을 넘어선 사회적 활동이자, 모두의 번영을 위한 공동의 투자라고 할 수 있다.

여기서, 루카스의 이론을 좀 더 자세히 알아보자. 이 식은 인적자본이 현재 수준(h)과 투자하는 시간, 그리고 축적의 효율성에 따라 성장한다는 뜻이다.

예를 들어 설명하면, 한 사람이 하루를 보내는 시간을 '일하는 시간'과 '공부하거나 훈련하는 시간'으로 나눌 수 있다. 일하는 시간은 당장 소득을 올리지만, 공부하거나 훈련하는 시간은 미래의 능력(인적자본)을 키워준다. 인적자본은 공부나 훈련에 더 많은 시간을 쓸수록, 그리고 교육의 질이 높을수록 더 빨리 성장한다. 이미 가진 인적자본이 많을수록(예를 들어, 기초지식이 탄탄할수록) 새로운 지식을 더 빨리 쌓을 수 있다. 이렇게 쌓인 인적자본은 개인의 생산성(일 잘하는 능력)을 높이고, 더 나아가 사회 전체의 성장에도 기여한다.

만일 고등학생이 방과 후 학원을 다니며 수학을 공부하는 것은 인적자본 축적에 해당한다. 이 학생이 더 많은 시간을 공부에 투자할수록, 그리고 좋은 선생님(높은 b)을 만날수록 수학 실력이 더 빨리 늘어난다. 회사원이 새로운 IT 기술 연수(예: 인공지능, 데이터 분석 등)에 참여하면,

자신의 업무 능력이 향상된다. 이처럼 직장 내 교육이나 현장 실습도 인적자본 축적의 한 방법이다.

국가 차원에서는 한국처럼 교육열이 높고, 사회 전체가 교육에 많은 자원을 투자하는 나라는 인적자본 축적 속도($b(1-u)$)가 높아 경제성장도 빠르게 일어날 수 있다.

결론적으로, 인적자본의 축적은 '공부나 훈련에 투자하는 시간과 교육의 질, 현재의 능력'에 따라 지수적으로 빠르게 성장한다. 학생의 공부, 직장인의 재교육, 국가의 평생교육 정책 모두 인적자본 축적의 대표적 예시이다. 이 과정은 개인의 성공뿐 아니라 사회 전체의 성장에도 중요한 역할을 한다.

실용주의적 인재관

실용주의적 인재관은 "능력과 성과로 평가받는 사회가 진짜 경쟁력 있는 사회"라는 결론을 남긴다. 결론부터 말하자면, 실용주의 인재관은 학벌이나 연공서열이 아니라 실제 역량, 문제해결력, 혁신성과를 중시하는 인재정책이다.

"사람도, 정책도, 말이 아니라 숫자로 증명된다."

실용주의 인재관을 경제학적으로 표현하면, 인재의 사회적·경제적 가치는 다음과 같이 나타낼 수 있다.

$$V = \alpha S + \beta R + \gamma I - \delta BV$$

- V: 인재의 가치,
- S: 실력(스킬, 전문성),
- R: 문제해결력(적응력, 회복탄력성),
- I: 혁신성과(창의력),
- B: 불필요한 관성(학벌, 연공서열 등)
- $\alpha, \beta, \gamma, \delta$: 각 요인의 기여도

쉽게 말해, 실력과 혁신이 많을수록, 불필요한 관습이 적을수록 인재의 가치가 올라간다.

IMF와 OECD는 인재의 역량·혁신성이 국가 성장률의 60% 이상을 좌우한다고 분석한다. KDI 연구에 따르면, 역량 중심 채용 도입 시 기업 생산성이 15% 이상 증가한다. 노벨상 수상자 게리 베커는 "인적자본에 대한 투자가 경제성장의 핵심"임을 강조했다. 탈무드에는 "사람의 가치는 지혜와 행동에 있다"는 말이 있다. 이력서에 학벌 대신 '문제 해결 한 스푼, 창의력 두 스푼' 적으면 합격률이 오른다.

한국은 2024년 기준 역량 중심 채용 도입 기업이 68%에 달하고, 2030년까지 90%를 목표로 한다. 실용형 인재 양성 정책이 확대되고 있으며, AI·딥테크·바이오 분야 인재 10만 명 양성도 추진 중이다. 미국에서는 구글, 애플 등 대기업이 학위·전공 무관 채용을 확대하고, 실리콘밸리와 스타트업은 실력·성과 위주 인재를 선호한다. 중국은 혁신형 인재 귀환정책과 창업자 우대를 강화하고 있다. 일본은 여전히 연공서열 중심이나, OECD는 실력·성과 중심 전환을 가속하고 있다. 글로벌 불확실성 속에서 '유연한 인재'가 국가생존의 핵심이라는 점도 강조된다. IMF는 실용형 인재 비중이 10% 증가하면 국가 성장률이 0.4% 오르고, 청년실업률이 1.2% 하락한다고 분석한다.

"실력 있는 인재가 많아야 위기에도 흔들리지 않는다. 숫자로 증명되는 인재가 진짜 보물이다."

실제 사례로, 국내에서는 네이버·카카오가 역량 중심 채용과 실무 테스트, 포트폴리오 평가를 강화하고 있다. 팁을 주자면, 이력서에 '경험·성과·문제 해결 사례'를 구체적으로 작성하고, 실무 프로젝트 참여 경험을 강조하는 것이 효과적이다. 미국의 구글, 애플, IBM 등은 '학벌무관' 채용과 온라인 코딩 테스트, 실전 과제 중심으로 인재를 선발한다. 자기주도 학습, 오픈소스 프로젝트, 글로벌 협업 경험을 쌓는 것이 중요하다. 중국은 창업·혁신형 인재 우대와 정부 창업펀드, R&D 지원을 확대하고 있다. 스타트업 인턴십, 창업경진대회, 정부지원 R&D 프로젝트 참여가 실질적인 도움이 된다.

결론적으로, 실용주의 인재관은 "실력과 혁신이 답이다. 관습과 변명은 숫자로 증명되지 않는다"는 교훈을 남긴다.

"실력과 혁신, 두 마리 토끼를 잡는 인재가 진짜 국가의 보물이다."

국민 추천을 통한 인재 발굴

국민 추천을 통한 인재 발굴은 "숨은 인재를 찾는 가장 민주적이고 실용적인 방법"이다. 결론부터 말하자면, 국민추천제는 기존의 폐쇄적·관료적 인재 선발 구조를 깨고, 다양성과 공정성, 사회적 신뢰를 높이는 혁신적 인재 정책이다.

"인재도, 정책도, 말이 아니라 숫자로 증명된다. 국민이 추천하면, 국가가 성장한다."

수학적으로 국민 추천 인재 발굴의 경제학적 가치는

$$V = \alpha(S+D+C)+\beta R-\gamma BV$$

- V: 사회 전체의 인재가치,
- S: 실력,
- D: 다양성,
- C: 사회적 신뢰
- R: 추천 네트워크 효과
- B: 관료적 폐쇄성과 편견
- α, β, γ: 요인의 기여도

이는 국민이 추천할수록 사회는 더 똑똑해지고, 편견이 줄수록 국가 경쟁력이 커진다.

IMF·OECD는 다양성과 신뢰 기반의 인재 발굴이 국가 성장률을 0.2~0.4% 높인다고 평가한다. KDI 연구에 따르면, 국민추천제 도입 시 조직 내 혁신 성과가 20% 이상 증가한다. 노벨상 수상자 게리 베커는 "인적자본의 다양성과 개방성이 경제성장의 핵심"임을 강조했다. 탈무드에는 "지혜는 모든 사람에게서 배울 수 있다"는 말이 있다. 인재 추천은 '인생 추천'보다 쉽다. 숨은 진주를 찾는 건 국민이 제일 잘한다.

실제 한국에서는 2024년 기준 중앙부처 국민추천제 지원자가 1만 명을 돌파했고, 임용률은 15% 이상이다. 국민추천 인재 중 40%가 비수도권·비전형 경력자로, 기존의 편견을 깬 인재 발굴 효과가 뚜렷하다. 미국은 백악관, 연방정부, 대기업에서 국민·동료 추천제를 도입해 다양성과 혁신성을 강화하고, 중국은 지방정부·국영기업에서 사회 추천·공개모집을 확대한다. 일본은 여전히 폐쇄적 추천이 많으나, OECD 국가들은 개방적 추천제를 확대하고 있다. 최근의 지속되는 글로벌 불확실성 속에서는 넓은 인재풀이 위기 대응의 열쇠가 된다. IMF는 국민추천제 등 개방형 인재 정책이 청년실업률 1.1% 하락, 조직 내 혁신성과 18% 증가 효과가 있다고 분석한다.

"국민이 추천하면, 국가가 성장한다. 숨은 인재가 많을수록 위기에도 강하다."

실제 국내에서는 중앙부처 국민추천제, 공공기관 '열린 채용', 지방정부 시민추천제 등이 확산되고 있다. 추천서에는 '경험·성과·사회적 신뢰'를 구체적으로 작성하고, 추천인 네트워크를 다양화하는 것이 효과적이다. 미국에서는 추천인 신뢰도와 다양성 평가가 반영되고, 사회공헌·혁신 사례가 강조된다. 중국의 경우 지역사회 활동과 공공 프로젝트 참여 경험이 부각된다.

결론적으로, 국민추천 인재 발굴은 "모두가 인사담당자가 되는 시대, 숨은 진주가 국가의 미래"임을 보여준다. "국민이 추천하면, 국가가 성장한다."

경제학적 측면에서 본 이재명 리더십

이재명 리더십의 경제학적 특성은 실용주의, 민생 우선, 그리고 적극적 재정정책으로 요약된다. 이재명 정부는 경제성장 회복과 불평등 해소라는 두 가지 목표를 동시에 추구하며, 시장의 효율성과 사회적 안전망을 균형 있게 고려하는 정책을 펼친다. 이는 단순한 이념적 좌우를 넘어서, 실질적 성과와 국민 체감 효과를 중시하는 실용적 리더십의 전형이다.

첫째, 이재명 정부는 출범 이후 대규모 재정정책과 금융시장 활성화 조치를 통해 경기 회복을 도모하고 있다. 2025년에는 약 60조 원의 추가경정예산을 편성해 내수와 투자 활성화에 집중했다. 이러한 정책은 코로나19 이후 침체된 경제를 빠르게 회복시키는 데 기여했지만, 동시에 재정적자 심화라는 부담도 안고 있다. 금융주와 증권주가 연초 대비 각각 30%, 70% 이상 상승하는 등 시장 반응은 긍정적이지만, 재정 건전성에 대한 우려도 상존한다.

둘째, 이재명 리더십은 기존 진보적 공약의 근본 취지를 유지하면서도, 중도 및 중도우파 유권자들이 체감할 수 있는 실용적 대안으로 정책을 조정했다. 예를 들어, 금융투자소득세(금투세) 폐지 논의처럼 투자 유인 보존을 중시하는 방향으로 세제 정책을 완화하고 있다. 이는 OECD, 한국금융연구원 등 객관적 데이터를 근거로 투자 활성화와 시장 자율성을 강조하는 접근이다.

셋째, 불평등과 양극화 해소를 위해 고소득자와 자산가에 대한 증세, 사회적 약자에 대한 재분배 정책도 병행한다. 그러나 증세 방안의 구체화, 공공안전 및 사회보장성 지출 증가에 따른 재정 부담 등은 정치적 논란과 함께 재정 건전성 악화 요인으로 작용할 수 있다. 예산 개혁과 세수 확보에 대한 국민적 합의가 필수적이다.

넷째, 부동산 시장의 규제 완화, 공공임대 및 맞춤형 분양 확대, 금융시장 활성화, 노동시장 유연화 등 다방면의 구조개혁을 추진한다. 이는 "코스피 5000 시대" 등 구체적 목표로 제시되며, 한국 경제의 혁신역량과 투자 환경개선에 초점을 맞춘다.

마지막으로, 2025년 한국 경제는 트럼프의 관세 압력, 러시아-우크라이나 전쟁, 글로벌 공급망 충격 등 외생변수에 크게 노출되어 있다. 이재명 리더십은 이러한 불확실성 속에서 적극적 재정정책, 규제 완화, 민생 우선의 실용적 정책으로 대응하고 있다. 이는 "사람이 곧 해법"이라는 이재명식 리더십의 실천적 모습이다.

이재명 리더십의 경제적 효과는 다음과 같은 방정식으로 설명할 수 있다.

> $W = \alpha G + \beta R + \gamma F - \delta I$

- W: 국민의 복지 및 경제적 후생(Well-being),
- G: 경제성장(혁신정책),
- R: 재분배(복지, 기본소득 등),
- F: 공정성(규제개혁, 불평등 완화),
- I: 비효율(낡은 관행·관료주의),
- α, β, γ, δ: 각 요소의 기여도

성장·혁신·복지·공정성을 높이고 비효율과 관행을 줄일수록 국민의 경제적 후생이 커진다. 쉽게 말해, "성장과 복지, 혁신과 공정, 그리고 관료주의 타파가 국민 삶을 바꾼다."

경제학적으로 볼 때, IMF와 OECD는 성장과 복지, 혁신과 공정성을 동시에 추구하는 정책이 장기 성장률을 0.5~1.2% 높이고, 사회적 신뢰와 행복지수도 크게 끌어올린다고 평가한다. KDI 연구에 따르면, 기본소득·청년배당 등 이재명식 정책 도입 시 지역경제성장률이 0.3~0.7% 상승하고, 지역 내 소비는 10% 증가, 청년실업률은 1.5% 하락 효과가 있다.

노벨상 수상자 아마르티아 센은 "진정한 발전은 모든 사람이 자유와 기회를 누릴 때 완성된다"고 말했다. 탈무드에는 "공정함은 모든 것의 기초다"라는 말이 있다.

2024년 한국은 기본소득형 복지정책 시범사업, 청년·노인·아동 복지 확대, 지역화폐 정책 등을 추진하며 GDP 성장률 2.1%, 청년실업률 6.9%, 지역화폐 유통액 30조 원을 돌파했다. 미국은 바이든 정부가 복지·기후·혁신 투자 확대와 인플레이션 감축법(IRA) 등 정책을 추진하고, 중국은 디지털 위안화, 사회안전망 강화, 혁신형 성장전략을 병행한다. 일본은 저성장·고령화 대응 복지확대, OECD는 포용적 성장·공정성 강화를 강조한다.

이스라엘·이란, 러시아·우크라이나 전쟁, 트럼프 관세 등 글로벌 불확실성 속에서 사회적 안전망과 혁신역량이 국가생존의 열쇠가 되고 있다. IMF는 복지·혁신 동시추구 정책이 사회적 신뢰 15%, 국민 행복지수 10% 상승효과가 있다고 분석한다.

"국민이 체감하지 못하는 정책은 숫자만 남는다. 실질적 변화, 그것이 진짜 리더십이다."

실제 사례로는 경기도 기본소득, 청년배당, 지역화폐, 공공임대주택 확대, 친환경 정책 등 '이재명식' 실험이 있다. 정책 도입 시 데이터 기반 평가, 국민 체감도 조사, 피드백을 통한 정책 개선이 핵심이다. 해외에서는 핀란드의 기본소득 실험, 미국의 지역화폐·복지확대, 독일·스웨덴의 포용적 성장정책이 대표적이다. 정책효과를 국민 삶의 변화로 측정하고, 관료주의를 최소화하며, 혁신적 아이디어를 실험하는 것이 중요하다.

재원 조달과 정책 지속성의 확보

재원 조달과 정책 지속성의 경제적 효과는 다음과 같은 방정식으로 설명할 수 있다.

$$S = \alpha F + \beta E - \gamma R$$

- S: 정책의 지속성(Sustainability)
- F: 안정적 재원 조달(Funding, 세수·공공수익·민간투자 등)
- E: 효율적 집행(Efficiency, 예산관리·성과평가)
- R: 재정위험(Risk, 적자·부채·외생충격 등)
- α, β, γ: 각 요소의 영향력

이는 재원을 안정적으로 마련하고 집행 효율을 높이며, 재정위험을 줄일수록 정책의 지속성이 커진다. 쉽게 말해, "돈줄이 튼튼하고, 예산이 알차고, 위험이 적을수록 정책은 오래 간다."

IMF와 OECD는 재정의 안정성과 정책 지속성이 국가 신뢰도, 투자 유치, 복지·혁신의 성과를 좌우한다고 평가한다. KDI 연구에 따르면, 재정건전성 1% 개선 시 국가신용등급이 한 단계 상승하고, 정책 지속성은 국민 신뢰도 10%, 성장률 0.3%를 높인다. 노벨상 수상자 폴 크루그먼은 "정책의 성공은 재정의 지속 가능성에서 출발한다"고 강조했다. 탈무드에는 "지혜로운 자는 내일을 위해 오늘을 저축한다"는 말이 있다. 정책도 통장잔고처럼, 바닥나면 신뢰도 바닥난다.

한국은 2024년 기준 국가채무비율 52.5%, 재정적자 3.2% 수준(기재부)으로, 복지·혁신 정책 확대 속 재정건전성 논란이 지속되고 있다. KDI는 재정지출 효율화, 세입기반 다변화, 민간투자 유치가 정책 지속성의 열쇠라고 진단한다. 미국은 국가채무비율 120%를 돌파했으나 IRA 등 대규모 투자와 부채관리를 병행하고 있고, 중국은 지방정부 부채 리스크와 국유기업 구조조정, 공공투자 확대에 집중하고 있다. 일본은 국가채무 260%로 세계 최고 수준이지만, 정책 지속성을 위해 세수 확대와 지출조정을 병행한다. OECD는 '지속 가능한 재정'이 혁신과 복지의 전제조건임을 강조한다. 글로벌 충격에 따라 재정 부담과 정책 지속성 리스크가 커지는 점도 주목해야 한다.

"돈줄이 마르면 정책도 마른다. 숫자와 실력으로 재원을 마련해야 미래가 있다."

실제 국내에서는 지역화폐, 기본소득, 복지정책 등에서 재원 조달 논란이 계속되고 있다. 여기서 중요한 팁은 예산 우선순위 조정, 세입기반 다변화(탄소세, 디지털세 등), 민간투자 유치, 성과평가 강화가 필수라는 점이다. 해외에서는 핀란드의 기본소득 실험, 미국의 IRA(대규모 투자+부채관리), 일본의 복지 확대와 지출조정 병행이 대표적이다. 정책 도입 전 재정 영향 시뮬레이션, 단계별 확대, 국민 소통 강화가 효과적이다.

세입 확대, 재정건전성, 민간투자 유치

세입 확대, 재정건전성, 민간투자 유치는 "국가 경제의 3대 엔진"이다. 결론부터 말하자면, 세입을 늘리고 재정건전성을 높이며 민간투자를 유치해야만 국가의 성장, 복지, 혁신이 지속 가능하다.

"돈줄이 튼튼해야 정책도 튼튼하다. 숫자와 실력으로 국가의 미래를 설계해야 한다."

먼저, 이 세 가지 요소의 경제적 효과는 다음과 같은 방정식으로 설명할 수 있다.

$$G = \alpha T + \beta S + \gamma I - \delta D$$

- G: 국가의 지속가능 성장률(Growth),
- T: 세입 확대(Tax revenue),
- S: 재정건전성(Soundness),
- I: 민간투자 유치(Investment),
- D: 재정위험(Debt risk),
- $\alpha, \beta, \gamma, \delta$: 각 요소의 기여도

이는 세입이 늘고, 재정이 건전하며, 민간투자가 많을수록 성장률이 높아지고, 재정위험이 줄어들수록 국가 경제가 튼튼해진다. 쉽게 말

해, "세금 잘 걷고, 빚은 줄이고, 민간 돈까지 끌어오면 경제가 쑥쑥 자란다."

경제학적으로, IMF·OECD는 세입 확대와 재정건전성, 민간투자 유치가 국가신용등급, 투자유치, 복지·혁신의 핵심이라고 평가한다. KDI 연구에 따르면, 세입 1% 증가 시 성장률이 0.2% 오르고, 민간투자 10조 원 유치 시 일자리 3만 개 창출 효과가 있다. 노벨상 수상자 폴 크루그먼은 "지속 가능한 성장은 재정의 건강함에서 출발한다"고 강조했다. 탈무드에는 "지혜로운 자는 내일을 위해 오늘을 저축한다"는 말이 있다.

실제 수치를 보면, 한국은 2024년 세입 464조 원, 국가채무비율 52.5%, 재정적자 3.2%(기재부)다. 민간투자 유치액은 연 80조 원에 달하며, 혁신펀드와 SOC 투자도 확대되고 있다. 미국은 세입 5.1조 달러, 국가채무 120%를 돌파했지만, IRA 등 민간투자 연계 정책을 확대하고 있다. 중국은 세입 23조 위안, 지방정부 부채 리스크가 크지만 민간·공공투자를 병행한다. 일본은 국가채무 260%로 세계 최고지만, 세입 확대와 민간투자 유치를 병행 중이다. OECD는 재정건전성과 민간투자 활성화를 성장의 열쇠로 본다. 이스라엘·이란, 러시아·우크라이나 전쟁, 트럼프 관세 등 글로벌 충격에 따라 세입 감소, 투자 위축, 재정위험이 증가하는 점도 주목해야 한다.

"돈줄이 마르면 정책도 마른다. 세입, 재정, 투자, 세 마리 토끼를 모두 잡아야 미래가 있다."

실제 국내에서는 탄소세·디지털세 도입, 혁신펀드 조성, 민간투자 유치형 SOC 사업이 확대되고 있다. 팁을 주자면, 세입 다변화(신성장세원), 예산 우선순위 조정, 민간·공공 협력사업을 적극 활용하는 것이 중요하다. 해외에서는 미국 IRA(민간투자 연계), 유럽 녹색금융, 일본 민관합동 혁신펀드가 대표적이다. 정책 도입 전 투자 영향 시뮬레이션, 민간 파트너십 확대, 규제혁신을 병행하는 것이 효과적이다.

국가채무비율 혁신전략

2030년 국가채무비율을 55% 이내로 유지하는 정책은 "재정의 건강이 국가 경제의 심장박동"임을 증명한다. 결론부터 말하자면, 국가채무를 적정 수준으로 관리해야만 경제성장, 복지, 투자, 국민 신뢰가 모두 지속 가능하다.

"정책은 말이 아니라 숫자로, 재정은 약속이 아니라 실력으로 지킨다."

2030년 국가채무비율 목표는 다음과 같이 수학적으로 표현할 수 있다.

> **국가채무비율(DR) = (국가채무(D) / 명목 GDP(Y)) × 100**
>
> - DR: 국가 채무비율(Debt Ratio, %)
> - D: 국가 채무(Debt, 원)
> - Y: 명목 국내총생산(Nominal GDP, 원)

혁신 전략은 이 DR을 낮추는데 초점이 있다. 즉, 채무(D)를 줄이거나, GDP(Y)를 키우면 채무비율이 낮아진다.

2030년 국가채무가 GDP의 55%를 넘지 않도록 관리하는 것이다. 쉽게 말해, "나라 살림이 국민소득의 절반을 넘지 않게 지킨다"는 뜻이다.

국가채무비율을 2030년까지 55% 이내로 유지하는 정책의 경제학적 가치는 매우 크다. IMF와 OECD는 국가채무비율이 60%를 넘으면 신용등급 하락, 금리상승, 투자 위축 등 경제 전반에 부정적 파급효과가 커진다고 경고한다.

KDI 연구에 따르면, 채무비율이 1% 상승할 때마다 성장률은 0.05% 하락하고, 국가 신뢰도 역시 2% 떨어지는 것으로 나타난다. 노벨상 수상자 폴 크루그먼은 "재정의 지속 가능성이 정책 성공의 출발점"이라고 강조한다. 탈무드에는 "지혜로운 자는 내일을 위해 오늘을 저축한다"는 말이 있다.

"국가채무는 다이어트와 같다. 방심하면 금방 찐다."라는 말이 현실을 잘 꼬집는다.

한국의 2024년 국가채무비율은 52.5%로, 2030년 55% 이내 목표를 세우고 있다. 이는 OECD 평균 90%, 일본 260%, 미국 120%, 중국 80%와 비교하면 상대적으로 양호한 수준이다. 채무비율 55%를 유지하면 국가신용등급을 안정적으로 관리할 수 있고, 외국인 투자유치, 금리 안정, 복지와 혁신을 위한 재원 확보 등 다양한 긍정적 효과가 있다. 그러나 이스라엘·이란, 러시아·우크라이나 전쟁, 트럼프 관세 등 외생변수로 인해 세입이 줄고 지출이 늘어나면 채무비율이 급등할 위험도 상존한다. KDI와 한국은행은 재정건전성 유지가 정책 신뢰, 경제 안정, 미래세대 부담 경감의 핵심임을 거듭 강조한다.

"채무비율은 국가의 혈압이다. 관리를 못 하면 경제도, 정책도 쓰러진다."

실제 국내에서는 예산 우선순위 조정, 세입 다변화(탄소세·디지털세 등), 지출 효율화, 민간투자 유치 강화 등이 추진되고 있다. 중장기 재정계획 수립, 정책 도입 전 재정 영향 시뮬레이션, 국민 소통 강화가 효과적인 팁으로 꼽힌다. 해외에서는 미국 IRA(투자와 부채관리 병행), 일본의 세수 확대 및 지출조정, 유럽의 재정 준칙 엄격 적용이 대표적이다. 정책 우선순위 명확화, 비상시 탄력적 재정 운영, 재정 준칙 도입이 필요하다는 점도 시사한다.

결론적으로, 2030년 국가채무비율 55% 이내 유지 정책은 "재정의 건강이 국가의 미래를 지킨다"는 교훈을 준다.

성남시 재정건전성, 경기도 예산운영

성남시의 재정건전성과 경기도의 예산운영 사례는 "재정의 건강이 정책의 힘"임을 명확히 보여준다. 결론부터 말하자면, 성남시와 경기도는 재정건전성 강화, 효율적 예산운영, 혁신적 재원조달을 통해 복지와 성장, 신뢰와 혁신을 모두 잡은 실용적 재정운영의 모범이다.

"정책은 말이 아니라 숫자로, 예산은 약속이 아니라 실력으로 지킨다."

수학적으로 성남시·경기도 재정 운영의 경제적 효과는

$$S = \alpha R + \beta E - \gamma D$$

- S: 재정건전성(지속 가능성)
- R: 자체수입 확대(세입, 공공수익, 민간투자 등)
- E: 예산집행 효율성(성과예산, 사업평가, 낭비감축)
- D: 채무 및 재정위험(외생변수, 위기)
- α, β, γ: 각 요소의 기여도

자체 수입이 늘고 예산집행이 효율적이며, 채무와 위험이 적을수록 재정건전성은 높아진다. 쉽게 말해, "돈줄이 튼튼하고, 예산이 알차고,

빚이 적을수록 시·도의 미래가 밝다."

IMF와 OECD는 지방정부의 재정건전성이 투자유치, 복지, 혁신의 핵심임을 강조한다. KDI 연구에 따르면, 재정건전성 1% 개선 시 지방 신용등급이 한 단계 상승하고, 복지·투자·성장률이 0.2~0.4% 높아진다. 노벨상 수상자 폴 크루그먼은 "지방재정의 지속 가능성이 지역발전의 출발점"이라고 강조한다. 탈무드에는 "지혜로운 자는 내일을 위해 오늘을 저축한다"는 말이 있다.

구체적으로, 성남시는 2010~2018년 전국 기초지자체 중 유일하게 채무 '0'을 달성했고, 자체 수입 비율 70% 이상, 연평균 예산집행률 98%를 기록했다. 복지·교육·교통 등 투자 확대에도 재정건전성을 유지했다. 경기도는 2024년 예산 35.6조 원, 자체 수입 14.8조 원(41.6%), 채무비율 6.1%(전국 광역지자체 평균 13.9% 대비 우수)로, 지역화폐, 청년배당, 기본소득 등 혁신정책에도 재정건전성을 유지하고 있다. 미국은 지방채 활용, 일본은 지방교부세·채무관리, 중국은 지방정부 부채 리스크가 증가하는 추세다. OECD는 지방재정의 투명성과 지속 가능성 강화를 권고한다. 러시아·우크라이나 전쟁, 이스라엘·이란 갈등, 트럼프 관세 등 글로벌 충격에 따라 지방재정도 세입 감소·지출 증가 위험에 노출된다.

"재정건전성은 시·도의 혈압이다. 관리 못 하면 지역도, 정책도 쓰러진다."

실제 사례로, 성남시는 채무 '0' 달성, 예산집행률 98% 유지, 복지·투자 확대에도 재정건전성을 확보했다. 팁을 주자면, 예산 우선순위 명확화, 불필요한 사업 구조조정, 세입 다변화(공공개발 수익, 민간투자 등)가 효과적이다. 경기도는 지역화폐, 청년배당, 기본소득 등 혁신정책과 재정

건전성을 동시에 달성했다. 성과예산제, 중장기 재정계획, 정책 도입 전 재정 영향 시뮬레이션, 민간투자 유치 확대가 팁이다. 해외에서는 미국의 지방채 활용, 일본의 지방채무관리, 중국의 지방정부 부채관리 강화가 대표적이다. 지방채무 한도 설정, 재정준칙 도입, 위기 대응 비상계획 수립이 필요하다.

결론적으로, 성남시와 경기도의 재정 운영은 "재정의 건강이 정책의 힘"임을 보여준다. 재정은 실력으로, 정책은 숫자로 건강한 재정이 진짜 실용정책이다.

노르웨이 국부펀드와
싱가포르 재정정책

노르웨이 국부펀드와 싱가포르 재정정책은 "미래를 위한 오늘의 투자, 국가의 부는 준비된 자의 몫"임을 보여주는 대표적 성공사례다. 결론부터 말하자면, 두 나라는 자원의 한계를 뛰어넘는 장기적 안목과 혁신적 재정 운영으로, 경제적 안정과 국민 복지, 세대 간 평등을 동시에 달성했다. 수학적으로 두 나라의 재정운영 모델을 수식으로 아래와 같다.

$$W = \alpha S + \beta F + \gamma I - \delta R$$

- W: 국가의 장기적 경제후생
- S: 국부펀드·국가자산(자원·외환 등)
- F: 재정정책의 효율성(예산·지출·투자)
- I: 혁신적 투자(미래산업, 인프라, 교육 등)
- R: 외생위험(글로벌 충격·자원가격 변동 등)
- $\alpha, \beta, \gamma, \delta$: 각 요소의 기여도

국부펀드와 재정정책이 튼튼하고, 혁신적 투자가 많으며, 외생위험이 적을수록 국가의 미래가 밝아진다. 쉽게 말해, "오늘 번 돈을 잘 굴리

고, 미래에 투자하며, 위험을 줄이면 국민 모두가 부자된다."

IMF와 OECD는 국부펀드와 혁신적 재정정책이 경제 안정, 복지, 세대 간 형평성의 핵심임을 강조한다. KDI 연구에 따르면, 국부펀드 운용 수익률이 1% 상승하면 GDP 성장률이 0.2%, 국민 복지지수는 3% 증가한다. 노벨상 수상자 조지프 스티글리츠는 "국가의 부는 자원을 어떻게 관리하고 투자하는가에 달려 있다"고 말했다. 탈무드에는 "미래를 준비하는 자만이 내일을 얻는다"는 말이 있다. 국부펀드는 국가의 비상금통장, 싱가포르는 재정의 마이더스 손인 셈이다.

구체적으로 노르웨이는 국부펀드(정부연기금) 운용자산이 1조 6,000억 달러(2025년 기준, 세계 1위), 연평균 수익률 6.3%, GDP 대비 370% 규모다. 매년 수익의 3%만 예산에 사용하고, 나머지는 미래세대에 투자한다. 싱가포르는 테마섹·GIC 등 국부펀드 운용자산이 약 1조 달러, GDP 대비 260%에 달한다. 국부펀드 수익으로 사회인프라, 주택, 교육, 혁신에 재투자하며, 국가채무비율을 40% 이내로 관리한다. 미국은 연기금 중심, 중국은 외환보유고·국부펀드(1조 4,000억 달러), 일본은 공적연금펀드(1.5조 달러) 운용 등 각국도 다양한 방식으로 국가자산을 관리한다. 이스라엘·이란, 러시아·우크라이나 전쟁, 트럼프 관세 등 글로벌 충격에도 노르웨이와 싱가포르는 자산 다변화와 위험 분산으로 안정성을 유지한다.

한국의 경우, 한국투자공사(KIC) 운용자산이 2,300억 달러, 국민연금은 1,000조 원을 돌파했다. 앞으로 자산운용 다변화, 미래산업 투자, 재정 준칙 강화가 필요하다.

"국부펀드는 국가의 비상금통장, 재정정책은 미래를 위한 적금통장이다. 오늘의 여유가 내일의 복지다."

노르웨이는 석유 수익을 국부펀드에 적립해 수익 일부만 사용하고 나머지는 미래세대에 투자한다. 자원·외환 등 불확실한 수입은 펀드에 적립하고, 운용수익으로 복지·혁신에 투자하는 것이 핵심이다. 싱가포르는 국부펀드 수익으로 사회인프라, 교육, 주택에 재투자하며 국가채무 비율을 엄격히 관리한다. 국부펀드 운용 전문성 강화, 예산·투자 효율성 제고, 재정준칙 도입이 중요한 팁이다. 한국은 국민연금·KIC 등 국부펀드 자산운용 다변화와 미래산업·혁신 투자 확대가 필요하다.

아르헨티나 재정위기

아르헨티나 재정위기 사례는 "재정의 건강이 무너지면, 국가 경제도 한순간에 무너진다"는 교훈을 남긴다. 결론부터 말하자면, 아르헨티나는 방만한 재정 운영, 과도한 부채, 신뢰 상실, 외생변수 충격이 겹치면서 반복적인 디폴트와 초인플레이션, 국민 빈곤을 경험했다.

"정책도, 예산도, 말이 아니라 숫자로. 재정이 흔들리면 나라가 흔들린다."

아르헨티나 재정위기의 경제적 구조는

$$C = \alpha D + \beta F + \gamma S + \delta E$$

- C: 국가 재정위기(위기 심각성)
- D: 과도한 부채(Debt)
- F: 재정적자(Fiscal Deficit)
- S: 신뢰 상실(Loss of Confidence, 신용등급 하락)
- E: 외생충격(External Shock, 환율·금리·국제정세 등)
- $\alpha, \beta, \gamma, \delta$: 각 요인의 기여도

부채와 적자가 커지고, 신뢰가 무너지고, 외부 충격이 가해질수록 재정위기는 심화된다. 쉽게 말해, "빚은 늘고, 적자는 쌓이고, 신뢰는 떨어지고, 외풍까지 불면 나라 곳간이 텅 빈다."

IMF와 OECD는 재정위기의 뿌리가 방만한 재정, 부채 폭증, 신뢰 상실에 있다고 지적한다. KDI 연구에 따르면, 국가신용등급이 한 단계 하락할 때마다 외국인 투자 15% 감소, 금리 2% 상승, 성장률 1% 하락 효과가 있다. 노벨상 수상자 폴 크루그먼은 "재정의 지속 가능성을 잃으면, 경제는 순식간에 나락으로 떨어진다"고 경고한다. 탈무드에는 "빚은 잠 못 이루는 밤을 만든다"는 말이 있다

"아르헨티나의 통장 잔고는 다이어트가 아니라 기근 수준."

아르헨티나는 2024년 기준 국가채무비율 90% 이상, 연평균 재정적자 5~7%, 인플레이션 200% 돌파, 9번째 디폴트를 기록했다. 실업률 10%, 빈곤율 40% 이상으로 사회적 충격도 컸다. 미국(채무비율 120%), 일본(260%)도 부채는 많지만, 신뢰·통화·경제 규모로 위기를 회피하고 있고, 중국은 외환보유고와 성장률로 방어한다. OECD 평균은 채무비율 90%, 재정적자 3% 내외다. 러시아·우크라이나 전쟁, 중동 리스크, 트럼프 관세 등 글로벌 충격에 취약한 경제구조가 위기를 심화시켰다. 한국은 2024년 국가채무비율 52.5%, 재정적자 3.2%로, 재정건전성·신뢰 유지가 위기 예방의 핵심임을 재확인한다.

"재정은 국가의 혈압이다. 관리 못 하면 경제도, 국민도 쓰러진다."

아르헨티나는 반복적 디폴트, 초인플레이션, 사회불안, 빈곤 심화를 겪었다. 국가는 재정건전성 관리, 부채 한도 설정, 신뢰 회복, 외생변수 대응 전략이 필수다. 한국은 재정준칙 도입, 중장기 재정계획, 세입 다변화, 국민 소통 강화가 필요하다. 정책 도입 전 재정영향 시뮬레이션, 위기 대응 비상계획, 신용등급 관리가 중요하다.

결론적으로, 아르헨티나 재정위기는 "재정의 건강이 무너지면, 국가 경제도 한순간에 무너진다"는 뼈아픈 교훈을 남긴다. "재정은 실력으로, 정책은 숫자로. 빚이 쌓이면 밤잠도, 국가 경제도 사라진다."

평화와 안보의 경제학적 가치

평화와 안보의 경제학적 가치를 수학적·경제학적 방정식으로 표현하면 아래와 같다.

> 국가번영 =f(평화,안보,외생변수)
>
> GDP =α×평화지수+β×안보지수+γ×외생변수(전쟁, 무역분쟁 등)+ε
>
> - α, β, γ: 각 요소의 경제적 기여도
> - 평화지수: 전쟁 위험, 협력지수 등
> - 안보지수: 군사력, 동맹 등
> - 외생변수: 중동전쟁, 러–우 전쟁, 미·중 무역분쟁 등

우리나라의 평화와 긴장은 경제에 큰 비용과 편익을 가져온다. 평화가 유지되면 투자와 소비가 늘고, 대외 신용등급이 오르며, 기업 가치와 국가 신인도가 상승한다. 실제로 남북 간 긴장이 완화될 때 외국인 투자 유입이 늘고, 코스피 등 자본시장이 강세를 보인다. 예를 들어, 2018년 남북 평화 분위기에는 남북경협 관련 주식이 50% 이상 급등하고, 경제성장률도 0.2~0.5%포인트 높아진 사례가 있다.

반면, 군사적 긴장과 갈등이 고조되면 '코리아 디스카운트' 현상이 나타난다. 2017년 북핵 위기 때 외국인 투자 30% 감소, 코스피 10% 하락, 환율 변동성 확대, 관광·교역 위축 등 경제적 비용이 발생했다. 남북 간 적대적 관계가 지속되는 2025년 현재도 경제영역 통합지수는 정체되어 있고, 남북 교류·협력의 재개는 기대하기 어렵다.

또한, 한국은 GDP의 약 2.7%, 국가 예산의 10%를 국방비로 지출하고 있다. 북한은 GDP의 25%를 국방에 쓴다. 분단과 긴장으로 인해 한반도는 물류비용 증가, 우회 항로 사용 등 추가 비용도 부담하고 있다. 통일 이후에는 체제통합과 사회보장에 55조~249조 원, 북한의 생활 수준을 남한 수준으로 끌어올리는 데 620억~1.7조 달러가 필요하다는 추정도 있다. 그러나 분단비용과 긴장비용을 고려하면, 평화가 가져올 경제적 편익이 훨씬 크다는 평가가 많다.

경제학적으로 보면, 평화와 안보는 경제성장률, 투자, 일자리, 국민 행복에 결정적 역할을 한다. IMF, OECD, 한국은행, KDI 등 국내외 주요 기관들은 평화와 안보가 경제의 기초 체력임을 수치로 보여준다. 예를 들어, 남북 긴장이 고조될 때 한국의 외국인 투자는 30% 감소하고, 환율 변동성이 커지며, 관광과 교역도 위축된다. 2017년 북핵 위기 때 코스피는 10% 하락했고, 2018년 평화 분위기에는 남북경협주가 50% 급등하며 경제성장률도 0.2~0.5% 차이가 났다. 이스라엘과 이란의 중동전쟁, 러시아와 우크라이나 전쟁, 미·중 무역분쟁 등 외생변수는 해당 국가의 GDP를 크게 흔들고, 글로벌 공급망에도 영향을 미친다.

노벨경제학상 수상자 케네스 애로(Kenneth Arrow)는 "평화는 시장의 가장 강력한 촉진제"라 했고, 탈무드에는 "평화가 없는 부는 모래 위에 쌓은 집과 같다"는 말이 있다. 평화만 있으면 밥은 차려지지만, 안보가 없으면 옆집 고양이가 밥상을 훔쳐간다. 밥상머리에서 싸움이 나면 밥맛이 뚝 떨어진다.

"밥상은 차려놓고, 그릇은 튼튼히, 숟가락은 다 같이 들자."

시사점은 명확하다. 평화와 안보는 경제의 양날개다. 한쪽만 커도, 둘 다 작아도 제대로 날지 못한다. 남북 평화가 정착되면 연 1% 추가 성장, 10년간 300조 원의 경제효과가 기대된다는 분석도 있다. "평화는 전쟁보다 값진 투자다"(유대인 속담), "평화는 모든 성공의 어머니"(탈무드), "웃음은 전쟁보다 강하다"(찰리 채플린) 등 세계의 지혜도 이를 뒷받침한다. 전쟁과 평화, 그 사이에서 유머는 국민의 스트레스를 줄이고, 사회적 연대를 강화하는 윤활유다. 웃음 없는 평화는 김빠진 사이다와 같다.

예산은 빚이 아니라 미래에 대한 투자다

"예산은 빚이 아니라 미래에 대한 투자다." 이 말은 국가 재정의 본질을 꿰뚫는다. 결론부터 말하자면, 예산은 단순한 지출이 아니라, 미래 성장과 복지, 혁신을 위한 씨앗이다.

"예산은 빚이 아니라 내일을 여는 열쇠다. 숫자로 증명되는 투자만이 진짜 예산이다."

예산의 경제적 가치는 수식으로 이렇게 표현할 수 있다.

$$V = \alpha I + \beta G + \gamma S - \delta D$$

- V: 미래가치(국가의 장기적 성장 및 복지)
- I: 투자(교육, 인프라, R&D 등 생산적 지출)
- G: 경제성장 효과, S:사회적 가치(복지, 고용, 혁신 등)
- D: 단기부채(비생산적 지출, 부채 부담)
- $\alpha, \beta, \gamma, \delta$: 각 요소의 기여도

생산적 투자와 성장, 사회적 가치가 커질수록 예산의 미래가치는 높아지고, 단기적 부채 부담이 줄수록 국가의 미래가 밝아진다. 쉽게 말

해, "예산을 잘 쓰면 빚이 아니라 내일의 자산이 된다."

IMF와 OECD는 생산적 예산투자가 장기 성장률을 0.5~1.2%, 국민 행복지수를 10%까지 높인다고 분석한다. KDI 연구에 따르면, 교육·인프라·R&D에 1조 원 투자 시 2.5조 원의 경제효과와 1만 개의 일자리 창출 효과가 있다. 노벨상 수상자 폴 로머는 "미래는 오늘의 투자가 만든다"고 강조한다. 탈무드에는 "지혜로운 자는 내일을 위해 오

"예산은 잘 쓰면 투자, 못 쓰면 빚. 예산도 사용설명서가 필요하다."

한국은 2024년 예산 657조 원, R&D 예산 30조 원, 교육·복지 예산 200조 원을 편성했다. 국가채무비율은 52.5%, 재정적자 3.2%로 관리되고 있다. 미국은 인프라법, IRA 등 미래산업 투자 확대와 함께 국가채무비율이 120%에 이르고, 중국은 "신형 인프라" 투자에 연 1,000조 원을 쓰며 성장률 5%를 유지한다. 일본은 디지털·녹색전환에 집중 투자하면서도 국가채무가 260%에 달한다. OECD는 생산적 예산투자 확대와 복지·혁신·교육에 중점을 둘 것을 권고한다. 이스라엘·이란, 러시아·우크라이나 전쟁, 트럼프 관세 등 글로벌 충격 속에서도 미래투자 확대가 경제회복의 핵심임을 강조한다.

"예산은 내일의 씨앗이다. 오늘의 투자가 내일의 복지와 성장으로 돌아온다."

실제 국내에서는 반도체·AI·바이오 등 미래산업 R&D 투자, 교육·복지 확대, 그린뉴딜·디지털뉴딜 등 혁신예산이 증가하고 있다. 예산 편성 시 투자 효과 분석, 생산적 예산 비중 확대, 국민 체감형 사업 우선 편성이 중요하다. 해외에서는 미국 IRA(친환경·신산업 투자), 중국 신형 인프라, 일본 디지털·녹색전환 투자가 대표적이다. 장기적 성장효과 시뮬레이션, 민간 협력 확대, 예산집행 후 성과평가가 필수적이다.

결론적으로, 예산은 "빚이 아니라 미래에 대한 투자"임을 잊지 말아야 한다.

"예산은 실력으로, 정책은 숫자로. 미래를 위한 투자가 진짜 예산이다."

노란봉투법의 경제적 가치평가

　노란봉투법이란 노동조합 및 노동관계조정법(노조법) 2조와 3조를 개정하는 법률안의 별칭이다. 이 법은 주로 두 가지 핵심 내용을 담고 있다. 첫째, '사용자'의 범위를 확대해 하도급 노동자나 배달 기사 등 간접고용·특수고용 노동자들도 노동조합 활동과 교섭에서 법적 보호를 받을 수 있도록 한다. 둘째, 노동쟁의(파업 등)로 인해 발생한 손해에 대해 기업이 노동자나 노조에 과도한 손해배상 청구를 하지 못하도록 제한한다.

　노란봉투법이라는 이름은 2014년 쌍용자동차 파업 당시, 법원이 노동자들에게 거액의 손해배상 판결을 내리자 한 시민이 "노동자들이 평범하게 월급 받는 일상을 되찾길 바란다"는 뜻에서 4만 7,000원이 든 노란 봉투를 언론사에 보내며 시작된 시민 캠페인에서 유래했다.

　이 법의 취지는 노동자의 권리와 쟁의행위의 정당성을 보장하고, 손해배상 부담으로부터 노동자를 보호하자는 데 있다. 하지만 경영계와 일부 보수진영에서는 "불법 파업까지 면책하는 것 아니냐", "기업의 재산권을 과도하게 침해한다"는 비판도 제기되고 있다.

결국 노란봉투법은 '노동권 강화'와 '기업 재산권 보호'라는 두 가치 사이에서 사회적 논쟁이 이어지고 있는 법안이다.

노란봉투법이 경제에 미치는 영향은 '손실'과 '이익'이 팽팽히 맞선다. 일부 연구는 연간 최대 10조 원의 GDP 손실과 0.4% 성장률 하락, 19만 개 일자리 감소를 경고한다. 반면, 노동조합의 힘이 커질수록 생산성이 오르고, 사회적 대화가 활발해져 경제 전반에 긍정적 효과가 있다는 실증 연구도 있다. 경제학자 허시먼의 말처럼, "항의 없는 조직은 쇠퇴한다." 노란봉투법은 한국 경제에 '경고등'일까, '기회의 창'일까? 이제 방정식과 데이터로 그 해답을 찾아본다.

경제적 손익 방정식을 수학적·경제학적으로 풀어보자.

$$\Delta GDP = GDP - (파업\ 증가율 \times 생산손실액) - (투자\ 감소율 \times 투자액 \times 승수효과) + (조합률\ 증가 \times 생산성\ 상승률)$$

- ΔGDP: 노란봉투법 도입 후 GDP 변화
- 파업 증가율: 법 시행 시 파업 빈도 증가율 (예: 10%)
- 생산손실액: 파업 1건당 평균 생산 손실 (예: 5000억 원)
- 투자 감소율: 노사 불확실성에 따른 투자 감소율 (예: 1%)
- 투자액: 연간 민간 투자 총액 (예: 670조 원)
- 승수효과: 투자 감소가 GDP에 미치는 승수 (예: 1.5)
- 조합률 증가: 노동조합 조직률 증가분 (예: 1%)
- 생산성 상승률: 조합률 1% 증가 시 생산성 상승률 (예: 1.7%~1.8%)

노란봉투법의 경제적 손익을 쉽게 풀어 설명해보자.

먼저, 파업이 늘어나면 공장이나 회사가 멈추는 시간이 많아진다. 그만큼 생산이 줄고, 기업은 불확실성을 걱정해 투자와 고용을 줄이게 된다. 이럴 때 경제는 마이너스 효과를 본다. 실제로 파이터치연구원은 노란봉투법이 시행되면 연간 일자리 19만 개, GDP 8.7조 원이 줄어들 수 있다고 경고한다.

하지만 반대로, 노동조합이 강해지면 노동자들의 목소리가 커지고, 회사와의 대화가 활발해진다. 이런 과정에서 임금과 근로조건이 개선되고, 노동자들의 사기가 올라 생산성이 높아질 수 있다. OECD와 영국 왕립경제학회 연구에 따르면, 노동조합 조직률이 1% 오를 때 생산성은 1.7~1.8% 상승한다는 결과도 있다. 즉, '파업 리스크'와 '생산성 보너스'가 동시에 작동하는 셈이다.

여기서 중요한 건 '균형'이다. 아인슈타인은 "인생은 자전거 타기와 같다. 균형을 잡으려면 움직여야 한다"고 했다. 노란봉투법도 마찬가지다. 노동자 권리와 기업 경쟁력, 둘 중 하나만 챙기면 자전거가 넘어지듯, 경제도 휘청일 수 있다.

한국은 노사관계 갈등이 심한 나라다. 세계경제포럼 기준, 노사관계 협력지수 141개국 중 130위, 임금결정유연성 84위이다. IMF, OECD, KDI 모두 "노사관계 안정이 투자와 성장의 핵심"이라고 강조한다. 실제로 OECD·유럽의 노르웨이, 벨기에 등은 노동조합이 강한데도 생산성과 임금이 모두 높다. 반면, 노사갈등이 심한 국가는 투자와 고용이 위축되는 경향이 있다.

기업 발전과 노동 존중은 양립할 수 있다. 규칙을 어겨 이익을 얻고, 규칙을 지켜 피해를 입는 것은 허용하지 않아야 한다. 즉, 노란봉투법은 '노동 존중'과 '기업 발전'의 줄다리기다.

여기에 국제정세라는 외생변수도 있다. 중동전쟁, 우크라이나 전쟁, 트럼프의 관세정책처럼 글로벌 불확실성이 커질수록, 국내 노사관계 안정은 외국인 투자유치의 '보험'이 된다. 미국은 파업권을 보장하고 노사대화가 활발하다. 일본은 노사협력지수가 높고 파업이 드물다. 한국도 이런 방향으로 나아가야 한다.

한국 노사관계의 법적 제약이 글로벌 사례와 가장 차별화되는 지점은 "불법 쟁의행위(파업)에 대한 민·형사상 책임 부과의 엄격함"이다.

한국에서는 파업이 법적 요건을 조금이라도 벗어나면, 노동조합과 조합원 개인에게까지 민사상 손해배상 청구와 형사처벌이 동시에 적용될 수 있다. 실제로 사용자가 노조에 수십억~수백억 원대 손해배상을 청구하는 사례도 드물지 않다. 반면, 영국 등은 손해배상 청구액에 상한을 두고, 프랑스·독일 등은 노조에 대한 손해배상 청구 자체를 엄격히 제한하여 파업권을 더 폭넓게 보장한다.

이런 강한 법적 책임은 글로벌 스탠다드와 크게 다르다. 선진국들은 파업권을 폭넓게 인정하면서도, 사회적 대화와 조정 절차를 중시하고, 파업에 대한 과도한 민·형사 책임을 지우지 않는다. 한국의 엄격한 법적 제약은 노사관계를 더욱 대립적이고 경직되게 만드는 주요 원인으로 평가받는다.

 현실적으로, 노란봉투법이 시행된다면 기업은 노사협의회와 같은 대화 채널을 적극적으로 활용해 갈등을 예방해야 한다. 노동자는 합법적 쟁의행위를 통해 권익을 지키되 사회적 대화에 적극 참여해야 한다. 글로벌하게 보면, 외생변수로 인한 불확실성이 클수록 노사관계의 예측 가능성과 신뢰가 투자유치의 핵심이 된다.

 마지막으로, 유대인 속담에 이런 말이 있다. "모든 논쟁에는 세 가지 진실이 있다. 당신의, 나의, 그리고 진짜 진실." 노란봉투법 논란도 마찬가지다. 경제적 손익은 단순한 숫자가 아니라, 사회적 대화와 신뢰가 더해질 때 비로소 '진짜 진실'에 다가갈 수 있다. 워런 버핏도 "세상에서 가장 비싼 것은 신뢰를 잃는 것이다"라고 했다.

 노란봉투법의 경제적 손익은 '파업 리스크'와 '생산성 보너스'의 줄다리기다. 숫자와 신뢰가 어우러질 때 한국 경제에 '노란불'이 아닌 '청신호'가 켜진다.

사회적 합의와 국민 참여

사회적 합의와 국민 참여는 "정책의 성공은 숫자와 데이터, 그리고 국민의 목소리에서 시작된다"는 사실을 증명한다. 결론부터 말하자면, 사회적 합의와 국민 참여가 높을수록 정책의 신뢰와 실행력, 경제적 가치가 극대화된다.

"정책은 혼자 만드는 게 아니다. 국민이 함께하면 숫자도, 결과도 달라진다."

사회적 합의와 국민 참여의 경제적 효과는

$$P = \alpha C + \beta E + \gamma S - \delta G$$

- P: 정책의 성공 가능성
- C: 국민 참여도
- E: 사회적 합의 수준
- S: 사회적 신뢰
- G: 공공갈등(불신·분열 등)
- α, β, γ, δ: 각 요소의 기여도

국민 참여와 합의, 신뢰가 높고, 갈등이 적을수록 정책의 성공 가능성은 커진다. 쉽게 말해, "국민이 많이 참여하고, 사회가 합의하면, 정책은 저절로 성공한다."

IMF와 OECD는 사회적 합의와 국민 참여가 정책 신뢰, 경제성장, 사회적 비용 절감의 핵심임을 강조한다. KDI 연구에 따르면, 국민 참여형 공론화 정책 도입 시 정책 수용성 30%, 사회적 신뢰 20%, 경제 효율성 10% 증가 효과가 있다.

노벨상 수상자 엘리너 오스트롬은 "공동체의 집단적 선택이야말로 지속 가능한 성장의 열쇠"라고 강조한다. 탈무드에는 "모든 지혜는 서로의 목소리에서 나온다"는 말이 있다. "정책도 회의도, 혼자 하면 독백, 같이 하면 합창."인 셈이다.

한국은 신고리 5·6호기 공론화와 같은 사례에서 사회적 합의로 정책 갈등을 최소화하고 정책 수용성을 30%나 끌어올렸다. 미국은 시민배심원제, 일본은 공론화위원회, 중국은 제한적 참여를 시행하며, OECD는 국민 참여형 정책을 권고한다. 사회적 합의와 신뢰가 위기 대응의 핵심이 된다. 한국은 앞으로 국민 참여 확대, 공론화 제도화, 갈등관리 역량 강화가 필요하다.

결국 "국민이 참여하면 정책도, 미래도 튼튼하다. 국민 없는 정책은 숫자만 남는다."

갈등 조정, 국민 소통, 정책 신뢰 구축

갈등 조정, 국민 소통, 정책 신뢰 구축은 "정책의 성공은 숫자와 데이터, 그리고 국민의 신뢰에서 시작된다"는 진리를 보여준다. 결론부터 말하자면, 갈등을 효과적으로 조정하고, 국민과 진정성 있게 소통하며, 정책 신뢰를 구축할 때 정책의 실질적 효과와 경제적 가치는 극대화된다.

"정책은 혼자 만드는 게 아니다. 국민과 함께, 신뢰로 쌓아야 진짜 정책이다."

갈등 조정과 국민 소통, 정책 신뢰 구축의 경제적 효과는 다음과 같이 표현할 수 있다.

$$S = \alpha R + \beta C + \gamma T - \delta G$$

- S 정책의 실질적 성공(Policy Success)
- R: 갈등 조정 역량(Resolution, 조정력·중재력)
- C: 국민 소통(Communication, 정보공개·참여·피드백)
- T: 정책 신뢰(Trust, 신뢰도·정책수용성)

- G: 사회적 갈등(Public Conflict, 불신·분열)
- α,β,γ,δ: 각 요소의 기여도

즉, 갈등 조정과 소통, 신뢰가 높고, 사회적 갈등이 적을수록 정책의 실질적 성공 가능성은 커진다. 쉽게 말해, "갈등을 잘 풀고, 국민과 소통하며, 신뢰를 쌓으면 정책은 저절로 성공한다."

IMF·OECD는 갈등 조정과 국민 소통, 정책 신뢰가 경제성장, 사회적 비용 절감, 정책효과 극대화의 핵심임을 강조한다. KDI 연구에 따르면, 갈등조정·소통 강화 시 정책 수용성 25%, 사회적 신뢰 15%, 경제 효율성 8% 증가 효과가 있다. 노벨상 수상자 엘리너 오스트롬은 "신뢰와 협력이야말로 공동체의 지속 가능한 발전의 열쇠"라고 강조한다. 탈무드에는 "신뢰는 모든 거래의 기초다"라는 말이 있다.

"정책도 사람도, 소통이 안 되면 '오해'가 쌓인다. 오해가 쌓이면 예산도 쌓이지 않는다." 갈등과 신뢰의 경제적 가치는 "사회적 합의가 곧 국가경쟁력"이라는 명제로 요약된다. 결론부터 말하자면, 사회적 갈등이 심화될수록 사회적 비용이 급증하고 경제성장이 저해되며, 반대로 신뢰와 합의가 높을수록 경제활동 참여, 혁신, 복지, 성장의 선순환이 이루어진다.

"갈등은 비용이고, 신뢰는 자산이다. 국민이 함께할 때 경제도, 미래도 튼튼하다."

갈등의 경제적 비용은 상상을 초월한다. 최근 연구에 따르면 한국은 매년 233조~300조 원에 달하는 사회적 갈등비용을 치르고 있는데, 이는 연간 GDP의 10~13%에 해당한다. 사회갈등의 경제적 비용이 1인당 GDP의 27%에 달할 수 있다고 추산했다(박준 외. 2009.). 갈등이 지속될수록 정책 추진이 지연되고, 행정·법적 비용, 사회적 불신, 이해관계자 간 조정 비용이 눈덩이처럼 불어난다. 한국판 뉴딜 등 주요 정책 추진 과정에서도 갈등관리 역량이 부족하면 사업의 성패가 좌우되고, 사회 전체의 효율성 저하와 막대한 사회적 비용이 발생한다는 사실이 확인됐다.

반면, 신뢰가 높은 사회는 경제적 선순환이 일어난다. 사회적 신뢰가 10% 높아질 때 경제성장률이 0.5~1% 증가한다는 KDI, OECD의 연구 결과가 있다. 독일 등 유럽 국가들은 사회적 합의와 신뢰를 바탕으로 경제위기를 극복해왔으며, 집단적 양보와 협력이 성장의 기반이 되었다. 사회적 합의 기반 정책은 저출산, 노동, 복지 등 장기적으로 경제적 지속 가능성에 긍정적 영향을 미치고, 사회지출 확대가 신뢰와 결합할 때 인적자본 축적, 불평등 완화, 성장잠재력 확충 등 선순환 구조가 만들어진다.

실제 사례로, 차별금지법은 20년간 사회적 합의 부족으로 입법이 지연됐으나, 국민 88.5%가 찬성하는 압도적 합의가 형성된 후에는 사회적 비용이 줄고 정책 추진이 쉬워졌다. 반대로, 합의가 부족하면 정책이 반복적으로 폐기되거나 지연되어 국가적 손실이 커진다.

IMF, OECD, KDI 등은 "갈등을 조정하고 신뢰를 쌓는 것이 국가경쟁력의 핵심"임을 강조한다. 탈무드에는 "신뢰는 모든 거래의 기초다." "많은 지혜는 서로의 목소리에서 나온다"는 말이 있다.

"갈등이 쌓이면 예산도 쌓이지 않는다. 신뢰는 국가의 복리이자, 갈등은 단리다."

갈등 조정 전문가 활용, 이해관계자 참여 확대, 숙의민주주의 절차 도입, 정보공개와 투명성 강화가 효과적이다. 사회적 신뢰를 높이기 위해 국민 참여예산제, 공론화위원회, 시민배심원제 등 다양한 소통 플랫폼을 운영하는 것이 필요하다. 정책 설계와 집행 전후로 신뢰도와 갈등지수를 측정해 피드백 시스템을 갖추는 것도 바람직하다.

결론적으로, 갈등과 신뢰의 경제적 가치는 숫자로도, 경험으로도 증명된다. 갈등은 사회적 비용을 키우고, 신뢰는 경제성장과 복지의 자산이 된다.

국민 정책 참여율의 획기적 제고방안

2024년 기준 국민 정책 참여율이 17%이고, 2030년까지 30%를 목표로 한다는 것은 "정책의 미래는 국민의 참여에서 시작된다"는 명확한 메시지를 담고 있다. 결론부터 말하자면, 국민 참여율이 높아질수록 정책의 신뢰, 실행력, 경제적 효율성이 크게 높아진다.

"국민이 참여하면 정책도, 미래도 달라진다. 숫자와 목소리가 만나야 진짜 실용 정책이다."

국민 정책 참여율의 경제적 효과는 다음과 같이 수식으로 표현할 수 있다.

$$E = \alpha P + \beta S + \gamma T - \delta C$$

- E: 정책의 경제적 효율성 및 성공
- P: 국민 정책 참여율
- S: 사회적 신뢰
- T: 정책수용성
- C: 갈등비용
- $\alpha, \beta, \gamma, \delta$: 각 요소의 기여도

즉, 국민 참여율이 높고, 신뢰와 정책 수용성이 크며, 갈등비용이 낮을수록 정책의 경제적·사회적 효과가 커진다. 쉽게 말해, "국민이 많이 참여할수록 정책은 더 잘 되고, 사회도 더 튼튼해진다."

IMF와 OECD는 국민 참여가 10% 증가할 때 정책 수용성 15~20%, 경제 효율성 8~12%, 사회적 신뢰 10%가량 높아진다고 분석한다. KDI 연구에 따르면, 국민 참여형 정책은 갈등비용을 30% 이상 줄이고, 정책 추진 속도를 1.5배까지 높인다. 노벨상 수상자 엘리너 오스트롬은 "공동체의 집단적 선택이야말로 지속 가능한 성장의 열쇠"라고 강조했다. 탈무드에는 "많은 지혜는 서로의 목소리에서 나온다"는 말이 있다. 결국 "정책도 회의도, 혼자 하면 독백, 같이 하면 합창."이라는 말이 현실을 잘 반영하고 있다.

한국은 2024년 국민 정책 참여율이 17%이고, 2030년 30% 목표를 세웠다(통계청 SDG 이행보고서 기준). OECD 평균은 25~35% 수준이다. 미국은 시민배심원제, 일본은 공론화위원회, 중국은 제한적 참여로 각기 다른 국민 참여 모델을 운영한다. 러시아·우크라이나 전쟁, 중동 갈등, 트럼프 관세 등 글로벌 충격 속에서 국민 참여가 높을수록 정책의 탄력성과 위기 대응력이 커진다. 결국 국민 참여율이 오르면 정책도, 경제도 튼튼해진다. 국민 없는 정책은 숫자만 남는다.

수술실 CCTV 입법, 계곡 정비 시민참여

수술실 CCTV 입법과 계곡 정비 시민 참여 사례는 "정책의 신뢰와 사회적 안전, 그리고 공공의 이익은 국민 참여와 투명성에서 비롯된다"는 사실을 증명한다. 결론부터 말하자면, 두 사례 모두 국민 참여와 사회적 합의가 높을수록 정책의 신뢰, 안전, 경제적 효과가 극대화된다.

"정책은 숫자와 목소리로 완성된다. 국민이 함께하면 신뢰도, 안전도, 경제도 살아난다."

두 사례의 경제적 효과는 다음과 같이 표현할 수 있다.

$$Q = \alpha P + \beta S + \gamma T - \delta C$$

- Q: 정책의 질(신뢰·안전·효율)
- P: 국민 참여도
- S: 사회적 신뢰
- T: 투명성
- C: 갈등비용
- $\alpha, \beta, \gamma, \delta$: 각 요소의 기여도

즉, 국민 참여와 신뢰, 투명성이 높고, 갈등비용이 적을수록 정책의 질과 경제적 효과는 커진다. 쉽게 말해, "국민이 많이 참여하고, 정책이 투명하면, 사회도 더 안전하고 경제도 튼튼해진다."

IMF와 OECD는 국민 참여와 투명성이 범죄예방, 사회 신뢰, 경제효율성의 핵심임을 강조한다. KDI 연구에 따르면, 시민 참여형 정책은 정책 수용성 20~30%, 사회적 신뢰 15%, 경제 효율성 10% 증가 효과가 있다. 노벨상 수상자 엘리너 오스트롬은 "공동체의 집단적 선택이야말로 지속 가능한 성장의 열쇠"라고 말했다. 탈무드에는 "많은 지혜는 서로의 목소리에서 나온다"는 말이 있다.

"CCTV는 눈, 시민 참여는 귀. 둘 다 있어야 정책이 제대로 들리고 보인다."

수술실 CCTV 입법은 국민 73.8%가 찬성하고, 설치비용은 최소 150억~538억 원으로 추산된다. 정부는 병원급 이하 1,436개 기관에 국비 37.7억 원을 지원했다. 이 정책은 범죄예방, 환자 안전, 의료 신뢰도 향상 효과가 크다. OECD 주요국에서는 아직 의무화 사례가 드물지만, 한국은 환자 권리와 공공의 이익을 우선시해 입법을 추진했다.

계곡 정비 시민 참여는 불법 점유물 철거, 하천 환경 개선, 시민 참여형 감시 및 모니터링 도입으로 정책 수용성, 환경효과, 지역경제 활성화가 동시에 나타났다. 실제로 경기도는 25개 시군 204개 하천·계곡에서 1만 1,690개 불법시설물 중 1만 1,593개를 철거하며 99.2%의 복구율을 기록했고, 도민 97.7%가 "잘한 결정"이라고 평가했다. 자진철거 비중이 높았던 점, 설득과 대화로 시민 참여를 이끌어낸 점이 큰 성과로 꼽힌다.

"국민이 참여하면 정책도, 안전도, 경제도 튼튼하다. 국민 없는 정책은 숫자만 남는다." 결론적으로, 수술실 CCTV 입법과 계곡 정비 시민 참여 사례는 "국민 참여와 투명성이 정책의 신뢰와 안전, 경제적 효과를 높인다"는 교훈을 남긴다.

프랑스 연금 개혁 파동 사례

프랑스 연금 개혁 파동은 "사회적 합의 없는 개혁은 숫자만 남고, 신뢰와 경제 모두 잃는다"는 교훈을 남긴다. 결론부터 말하자면, 프랑스의 연금 개혁은 재정지속성 확보라는 명분에도 불구하고 국민 참여와 사회적 합의 부족, 강행 입법으로 인해 대규모 파업과 시위, 경제적 손실, 정책 신뢰 저하라는 부작용을 초래했다.

"정책은 숫자가 아니라 국민의 목소리로 완성된다. 신뢰 없는 개혁은 경제도, 사회도 흔들린다."

프랑스 연금 개혁 파동의 경제적 구조는

$$L = \alpha R + \beta C - \gamma S - \delta G$$

- L: 개혁의 사회·경제적 손실
- R: 재정개혁 필요성(연금지속성)
- C: 개혁 강도(법안 강행 등)
- S: 사회적 합의(국민 참여·수용성)
- G: 갈등비용(파업·시위·경제손실)
- $\alpha, \beta, \gamma, \delta$: 각 요소의 기여도

즉, 재정개혁 필요성과 강도가 높아도 사회적 합의와 갈등비용 관리가 부족하면 경제적 손실이 커진다. 쉽게 말해, "개혁이 아무리 옳아도, 국민이 납득 못하면 손실만 남는다."

IMF와 OECD는 연금 개혁의 성공 조건으로 사회적 합의와 국민 참여, 갈등관리 역량을 강조한다. KDI 연구에 따르면, 사회적 합의 없는 개혁은 정책 신뢰도 20% 하락, 경제성장률 0.3~0.5% 감소, 갈등비용 연 10조 원 이상 발생 효과가 있다.

노벨상 수상자 엘리너 오스트롬은 "공동체의 집단적 선택이야말로 지속 가능한 성장의 열쇠"라고 강조했다. 탈무드에는 "많은 지혜는 서로의 목소리에서 나온다"는 말이 있다.

"연금 개혁도 프랑스식으로 하면, 숫자는 남고 국민은 거리로 나간다."

프랑스는 2023년 연금 개혁(정년 62→64세) 추진 과정에서 14차례 전국 파업, 1,000만 명 이상 시위, 경제손실 25억 유로(약 3.5조 원), 정책 신뢰도 30% 미만을 기록했다. 파업은 교통·에너지·공공서비스 등 주요 부문을 마비시켰고, 쓰레기 대란, 연료 공급 차질, 성장률 하락 등 사회 전반에 충격을 줬다. 미국·일본은 점진적 합의와 국민 토론, 독일은 사회적 대타협으로 연금 개혁을 추진해 파업·갈등비용을 최소화했다. OECD는 연금 개혁 시 사회적 합의·참여형 정책을 권고하며, 갈등비용은 연 5~10조 원까지 발생할 수 있음을 경고한다. 글로벌 불확실성 속에서 사회적 신뢰와 합의가 더욱 중요해진다. 한국 역시 연금 개혁 논의가 진행 중이며, 프랑스 사례는 국민 참여와 합의, 갈등관리 역량이 정책 성공의 핵심임을 보여준다.

"신뢰 없는 개혁은 숫자만 남고, 국민은 거리로 간다."

결론적으로, 프랑스 연금 개혁 파동은 "사회적 합의 없는 개혁은 숫자만 남고, 신뢰와 경제 모두 잃는다"는 뼈아픈 교훈을 남긴다.

정치는 국민과의 대화다

정치는 국민과의 대화다. 이 명제는 "국민의 목소리 없는 정치는 숫자만 남는다"는 진리를 담고 있다. 결론부터 말하자면, 국민과의 소통이 활발할수록 정책의 신뢰, 실효성, 경제적 효율성이 극대화된다.

"정치는 혼자 하는 게 아니다. 국민과 대화할 때 실력도, 숫자도, 미래도 살아난다."

정치와 국민 소통의 경제적 효과는 다음과 같이 표현할 수 있다.

$$E = \alpha D + \beta P + \gamma T - \delta C$$

- E: 정책의 경제적·사회적 효과(Effectiveness)
- D: 국민과의 대화(Direct Dialogue, 쌍방향 소통)
- P: 국민 참여(Participation, 예산·정책 제안 등)
- T: 투명성(Transparency, 정보공개·공론화)
- C: 갈등비용(Conflict Cost, 불신·저항·비효율)
- α, β, γ, δ: 각 요소의 기여도

즉, 국민과의 대화와 참여, 투명성이 높고, 갈등비용이 적을수록 정책의 효과와 경제적 가치가 커진다. 쉽게 말해, "국민과 많이 대화할수록 정책도 잘 되고, 사회도 튼튼해진다."

IMF · OECD는 국민 참여와 소통이 정책 신뢰, 경제성장, 사회적 비용 절감의 핵심임을 강조한다. KDI 연구에 따르면, 국민 참여형 정책은 정책수용성 20~30%, 사회적 신뢰 15%, 경제 효율성 10% 증가 효과가 있다. 정치학자 엘리너 오스트롬은 "공동체의 집단적 선택이야말로 지속 가능한 성장의 열쇠"라고 강조했다.

정치·경제적 불확실성과 위기관리

정치·경제적 불확실성과 위기관리는 "불확실성의 시대, 준비된 자만이 위기를 기회로 바꾼다"는 교훈을 준다. 결론부터 말하자면, 불확실성이 커질수록 리스크 관리와 정책 대응 역량이 경제의 안정성과 성장, 사회적 신뢰의 핵심이 된다.

"위기는 숫자와 전략으로, 불확실성은 준비와 소통으로 이긴다."

정치·경제적 불확실성과 위기관리의 경제학적 모델은 다음과 같다.

$$S = \alpha M + \beta R - \gamma U - \delta E$$

- S: 경제·사회적 안정성
- M: 위기관리 역량(정책대응·리스크분산)
- R: 회복탄력성(복원력·적응력)
- U: 불확실성(정치·경제·외교 리스크)
- E: 외생충격(전쟁·팬데믹·무역 갈등 등)
- α, β, γ, δ: 각 요소의 기여도

이 모델의 의미는 위기관리와 회복탄력성이 높고, 불확실성과 외생충격이 낮을수록 경제와 사회의 안정성이 커진다. 쉽게 말해, "위기관리는 준비와 대응, 불확실성은 분산과 소통이 해법이다."

IMF와 OECD는 불확실성 관리와 위기 대응 역량이 경제성장률 0.5~1%, 신뢰지수 15%, 투자유치 10% 이상을 좌우한다고 분석한다. 한국은행은 정치적 불확실성 지수가 2.5 이상일 때 경제 위험이 장기화되고, 금융시장 변동성이 30% 이상 확대된다고 경고한다. 노벨상 수상자 존 내시와 토마스 셸링은 "불확실성의 시대, 전략적 사고와 협상이 위기 극복의 열쇠"라고 강조했다. 탈무드에는 "미래는 예측하는 것이 아니라 준비하는 자의 것"이라는 말이 있다.

"정치·경제 불확실성은 날씨와 같다. 우산과 비상금, 그리고 위기 대응 매뉴얼이 필수다."

한국은 2024~2025년 정치적 불확실성 지수가 2.5로, 과거 평균 1.0 대비 2.5배 높다. 글로벌 충격이 닥칠 때 금융시장 변동성도 30% 이상 확대된다. 미국은 대선, 금리, 무역 갈등 등 불확실성 요인이 많지만, 연준의 선제적 대응과 리스크 분산 전략으로 안정성을 확보한다.

중국은 미·중 갈등, 부동산·금융 리스크, 국유기업 구조조정 등 복합 불확실성에 국가 주도 위기관리로 대응한다. OECD와 일본은 위기 대응 매뉴얼, 재정안정기금 등 다층적 대비로 불확실성 관리 역량을 높이고, 이는 성장률과 신뢰도에 직결된다. 이스라엘·이란, 러시아·우크라이나 전쟁, 트럼프 관세 등 글로벌 충격이 불확실성을 증폭시키는 주요 원인이다.

"위기에는 준비가 답이다. 불확실성은 예측이 아니라 대비로 이긴다."

국내에서는 코로나19, 글로벌 금융위기, 정치적 격변기마다 선제적 위기관리(비상경제회의, 금융안정기금, 정책금융 등)로 충격을 최소화했다. 팁으로는 리스크 분산, 정보공개와 소통 강화, 위기 대응 시나리오 사전 구축, 민관 협력 확대가 있다. 해외에서는 미국 연준의 신속한 금리정책, 일본의 재정안정기금, EU의 팬데믹 대응 기금 등이 대표적이다. 위기관리 매뉴얼 상시 점검, 복수 시나리오 준비, 국제공조와 정보공유 강화를 추천한다.

글로벌 경기변동, 지정학 리스크 대응

글로벌 경기변동과 지정학 리스크 대응은 "불확실성의 파도 위에서 준비와 분산, 그리고 신속한 소통만이 경제를 지킨다"는 교훈을 남긴다. 결론부터 말하자면, 글로벌 경기와 지정학적 리스크가 커질수록 경제안보, 공급망 다변화, 자산 분산, 정책 신뢰가 경제성장과 안정성의 핵심이 된다.

"위기는 숫자와 전략, 리스크는 준비와 분산으로 이긴다." 글로벌 경기변동과 지정학 리스크 대응의 경제학적 모델은 아래와 같다.

$$G = \alpha D + \beta S + \gamma V - \delta R$$

- G: 경제적 안정성 및 성장,
- D: 분산전략(공급망·자산·지역 분산),
- S: 정책 신뢰(경제안보·정부 신뢰),
- V: 변동성 관리(위기 대응·유동성 확보),
- R: 리스크(지정학·외생변수),
- α, β, γ, δ: 각 요소의 기여도

즉, 분산 전략과 정책 신뢰, 변동성 관리가 높고, 지정학 리스크가 낮을수록 경제의 안정성과 성장 가능성이 커진다. 쉽게 말해, "분산과 신뢰, 그리고 위기 대응이 튼튼할수록 글로벌 충격에도 경제는 버틴다."

IMF와 OECD는 글로벌 경기변동과 지정학 리스크에 대응하는 핵심 전략으로 공급망 다변화, 자산 분산, 정책 신뢰 구축을 꼽는다. KDI와 KIEP 연구에 따르면, 공급망 다변화와 분산투자 전략을 도입할 때 위기 시 경제성장률 하락폭이 30% 이상 줄고, 금융시장 변동성도 25% 이상 완화된다. 세계경제포럼(WEF)은 2024년 글로벌 최대 리스크로 기상이변, 무력충돌, 인플레이션, 경기침체, 허위정보, 공급망 충격을 꼽았다.

노벨상 수상자 해리 마코위츠는 "분산투자는 위험을 줄이고 기회를 키운다"고 강조했다. 탈무드에는 "지혜로운 자는 재산을 일곱 바구니에 나누어 담는다"는 말이 있다.

"지정학 리스크 앞에선 한 바구니에 달걀 담지 말자. 경제도, 계란도 깨지기 쉽다."

한국은 반도체·배터리 등 핵심 산업 공급망 다변화, 글로벌 공급망 리스크 대응 전략을 강화하고 있다. 2024년 기준 지정학 리스크 지수는 2.5, 금융시장 변동성은 30% 이상 확대된 경험이 있다. 미국은 IRA, 공급망법 등으로 리쇼어링과 친환경 산업에 집중하며, 다국적 분산 전략을 강화한다. 중국은 미·중 갈등, 희토류·배터리 등 전략물자 통제, 국가 주도 공급망 방어에 나선다. 일본과 OECD는 공급망 안정 기금, 에너지·식량 자립도 제고, 정책 신뢰도 60% 이상을 유지한다. 외생변수로 이스라엘·이란, 러시아·우크라이나 전쟁, 트럼프 관세, 기후 위기 등 복합 충격이 글로벌 경제에 파급을 미치고 있다.

결론적으로, 글로벌 경기변동과 지정학 리스크 대응은 "준비와 분산, 그리고 신뢰가 경제의 안전벨트"임을 보여준다.

진영과 이념을 넘어 정책 유연성 유지

진영과 이념을 넘어 정책 유연성을 유지하는 것은 "고정관념을 깨야 미래가 열린다"는 시대의 요구다. 결론부터 말하자면, 정책이 진영논리나 이념에 갇히지 않고 유연하게 설계·집행될 때, 경제적 효율성, 사회적 신뢰, 국가경쟁력이 극대화된다.

"정책은 이념이 아니라 실력. 숫자와 현실, 그리고 국민의 삶이 답이다."

정책 유연성의 경제적 효과는

$$F = \alpha Y + \beta A + \gamma S - \delta R$$

- F: 정책의 미래가치(성장·혁신·복지),
- Y: 정책 유연성(환경·상황 적응력),
- A: 실용성(실증·성과 중심),
- S: 사회적 신뢰,
- R: 경직성(진영·이념 고착, 정책 실패 위험)
- $\alpha, \beta, \gamma, \delta$: 각 요소의 기여도

즉, 정책 유연성과 실용성, 사회적 신뢰가 높고, 경직성이 낮을수록

정책의 미래가치가 커진다. 쉽게 말해, "정책이 유연할수록 경제도, 사회도, 미래도 살아난다."

IMF와 OECD는 정책 유연성이 경제성장률 0.7~1.5%, 사회적 신뢰 20%, 정책효율성 15%를 높인다고 분석한다. KDI 연구에 따르면, 경직된 정책은 위기 시 경제손실을 2배 이상 키우고, 정책 신뢰도는 30% 하락한다. 노벨상 수상자 폴 크루그먼은 "정책은 이념이 아니라 데이터와 현실에 근거해야 한다"고 강조한다. 탈무드에는 "지혜로운 자는 바람이 부는 쪽으로 돛을 단다"는 말이 있다.

"정책도 고집부리면 '고집불통', 유연하면 '만능열쇠'."

한국은 2024년 정책 유연성 지수가 52점으로 OECD 평균 65점에 못 미친다. 위기 시 경직성으로 인한 경제비용은 연 20조 원에 달한다. 미국은 실용주의 정책과 위기 시 신속한 정책 전환으로 성장률을 방어한다. 중국은 국가 주도 유연성으로 전략산업에 집중하고, 미·중 갈등 등 외생변수에 적극 대응한다. 일본과 OECD는 정책실험과 사회적 합의 기반 유연성으로 정책 신뢰도 60% 이상을 유지한다. 이스라엘·이란, 러시아·우크라이나 전쟁, 트럼프 관세 등 글로벌 충격에 유연한 정책이 경제회복의 핵심이 되고 있다.

국내에서는 코로나19 대응(긴급재난지원금 등 신속 정책 전환), 탈원전·에너지 정책 유연성 논란이 대표적이다. 데이터 기반 정책, 이해관계자 협의, 정책실험 도입, 피드백 시스템 강화가 성공의 팁이다. 해외에서는 미국의 신속한 금리정책·실용적 복지정책, 일본의 정책실험(지역화폐, 스마트시티), OECD의 유연한 노동·복지정책이 있다. 정책 파일럿(시범사업), 상황별 시나리오 준비, 정책실패 시 신속한 수정·보완이 중요하다.

결론적으로, 진영과 이념을 넘어 정책 유연성을 유지하는 것은 "고정관념을 깨야 미래가 열린다"는 명확한 답을 준다.

> **정책유연성지수(Flexibility Index)란?**
>
> 한 국가의 정책이 변화하는 환경에 얼마나 신속하고 효과적으로 적응할 수 있는지를 보여주는 지표로, 국제적으로는 경제자유지수, 노동시장 유연성지수, 고용보호법제지수 등 다양한 형태로 측정된다.
> 각 시점별로정책유연성계수=정책지표 변화율/외부 변수 변화
> 예시:
> 만약 경제위기 시 노동시장 유연성 지표가 5% 개선되고, 실업률이 10% 변동했다면 정책유연성계수=5/10=0.5
> 계수값이 1에 가까울수록 외부 충격에 정책이 신속하게 적응함을 의미.
> 한국의 경우, 2024년 헤리티지재단의 경제자유지수에서 184개국 중 종합순위 14위로 '거의 자유' 등급을 받았으나, 노동시장 유연성 항목에서는 87위에 머물렀다. 프레이저 연구소의 2023년 세계 경제 자유도 보고서 기준으로 한국의 노동시장 유연성지수는 4.67점(10점 만점)으로, 미국(9.14), 영국(8.23), 일본(7.91), 독일(7.10), 프랑스(6.45) 등 G5 국가 평균(7.77점)에 크게 못 미친다.

OECD 고용보호법제 지수 등 국제 비교에서도 한국은 상용직 해고 규제는 OECD 평균과 비슷하지만, 임시직 고용 등에서는 비교적 유연한 편으로 나타난다. 반면, 고용안정성·소득안정성은 OECD 평균을 크게 하회한다.

정책유연성지수는 단일 공식지표로 매년 발표되는 것은 아니지만, 노동시장 유연성, 규제 효율성, 정부 대응 속도, 사회적 신뢰 등 여러 지표의 종합적 평가로 해석할 수 있다. 최근 국내외 연구와 기업 인식조사에 따르면, 한국의 정책유연성은 OECD 평균(65점)보다 낮은 약 52점 수준으로 평가된다. 이는 위기 시 경직성으로 인한 경제비용이 연 20조 원에 달할 수 있음을 시사한다.

정책유연성지수는 경제성장률, 투자유치, 사회적 신뢰와도 밀접하게 연결되어 있다. IMF·OECD는 정책 유연성이 경제성장률을 0.7~1.5%, 사회적 신뢰를 20%, 정책효율성을 15% 높인다고 분석한다. 결론적으로, 한국은 정책유연성지수 개선을 위해 노동시장 개혁, 규제혁신, 사회적 대타협, 데이터 기반 정책설계 등 다방면의 노력이 필요하다.

미국 연준의 위기 대응, 일본 아베노믹스 사례

미국 연준의 위기 대응과 일본 아베노믹스는 "속도와 유연성이 위기를 기회로 바꾼다"는 사실을 전 세계에 각인시킨 대표적 사례다. 결론부터 말하자면, 미국 연준은 신속한 통화정책으로, 일본은 대규모 재정·통화 패키지로 위기를 돌파했다. 두 사례 모두 "위기 대응은 속도와 규모가 승부"임을 증명한다.

"위기는 숫자와 속도로 이긴다. 유연한 정책이 경제를 살린다."
위기 대응의 경제적 효과는

$$R = \alpha S + \beta F + \gamma V - \delta U$$

- R: 경제회복력(Recovery),
- S: 신속성(Speed),
- F: 유연성(Flexibility),
- V: 정책 규모(Volume),
- U: 불확실성(Uncertainty)
- $\alpha, \beta, \gamma, \delta$: 각 요소의 기여도

즉, 신속성과 유연성, 정책 규모가 클수록, 불확실성이 낮을수록 경제 회복력은 강해진다. 쉽게 말해, "정책이 빠르고 유연하며 규모가 클수록 위기에서 빨리 회복된다."

IMF와 OECD는 신속한 통화정책이 경기침체 기간을 30% 단축하고, 성장률 하락폭을 1.5~2% 완화한다고 분석한다. KDI 연구에 따르면, 아베노믹스식 재정·통화 패키지는 실업률을 2.3% 낮추고, 기업투자를 15% 늘렸다. 노벨상 수상자 폴 크루그먼은 "위기엔 과감한 규모와 속도가 최선의 처방"이라고 강조했다. 탈무드에는 "위기 때 빨리 움직이는 자가 승리한다"는 말이 있다.

미국 연준은 2008년 금융위기 때 기준금리를 4.25%에서 0.25%로 단 3개월 만에 내리고, 양적완화로 1.75조 달러를 투입했다. 2020년 코로나 위기 때는 2주 만에 금리를 0%로 내리고, 3.2조 달러를 시장에 공급했다. 그 결과 2009년 성장률은 −2.5%에서 +2.6%로 반등했고, 실업률도 10%에서 4%로 급감했다.

일본은 아베노믹스를 통해 양적완화 340조 엔, 재정지출 10조 엔, 구조개혁을 동시에 추진했다. 2013~2019년 평균 성장률은 1.2%로 상승했고, 기업이익은 60%, 주가는 140% 올랐다.

한국은 코로나 위기 대응에서 재정지출이 GDP의 14%로, 미국(25%), 일본(40%)에 비해 낮았고, 통화정책 속도도 3개월가량 뒤처졌다. 이로 인해 위기 회복 속도가 상대적으로 더뎠다.

이런 덕택에 미국과 일본은 신속하고 유연한 정책으로 충격을 흡수할 수 있었다.

한국은, 위기 시 "5분 내 결정 시스템"을 갖추고, 비상경제회의를 주간 개최하며, 재정·통화 당국의 통합 지휘부를 설치하는 것이 필요하다. GDP 대비 최소 20% 규모의 재정·통화 지원, AI 기반 실시간 경제지표 분석을 통해 정책 전환 속도를 70% 이상 높이는 것도 중요하다.

한국이 위기 시 가장 효과적으로 대응하려면?

수학적 방정식: $R = \alpha S + \beta F + \gamma V - \delta U$
(R: 경제회복력, S: 신속성, F: 유연성, V: 정책 규모, U: 불확실성)을 기준으로 정책 조합을 설계해야 한다.

결론적으로, "한국형 위기 대응, 속도·유연성·규모 3박자에 국민 신뢰까지 더해야 효과가 극대화된다."

즉, 신속한 의사결정, 정책 유연성, 충분한 정책 규모, 불확실성 최소화라는 네 가지를 균형 있게 결합할 때 경제 회복력이 가장 커진다.

1. 방정식의 정책적 해석과 구체적 조합

① 신속성(S): 위기 초동대응 시간을 최소화하려면 비상경제회의 상설화, 실시간 데이터 기반 정책 결정, '5분 내 결정 시스템'이 필요하다. 실제로 미국 연준은 금융위기와 코로나19 때 2주 내 금리 인하, 대규모 정책 집행으로 효과를 봤다.

② 유연성(F): 재정·통화·구조개혁을 동시에 추진하는 정책 패키지, 그리고 상황 변화에 따라 신속히 정책을 수정·보완하는 체계가 중요하다. 일본 아베노믹스의 '3가지 화살'이나 미국의 실시간 정책 전환이 대표적이다.

③ 규모(V): 위기 시 GDP 대비 최소 20% 수준의 재정·통화 패키지 등 충분한 정책 지원이 필요하다. 미국(25%), 일본(40%)의 대규모 경기부양책이 그 예다.

④ 불확실성(U) 감소: 정보공개, 국민과의 소통, 정책 예측력 강화로 시장과 국민의 불안감을 줄여야 한다. 정책 로드맵 공개, 경제지표 실시간 공유, 국민 참여형 정책 설계가 이에 해당한다.

2. 실질적 정책 조합 예시
① 1단계: 신속한 선제적 정책 집행
비상경제회의 상설화, 실시간 데이터 모니터링, 신속한 재정·통화정책 동시 집행.
② 2단계: 유연한 정책 패키지
긴급재난지원금, 기업 유동성 지원, 금리 인하, 유동성 공급, 노동·규제 완화, 사회안전망 강화, 상황별 정책 조정 및 피드백 시스템 구축.
③ 3단계: 불확실성 최소화정책 결정 과정 투명성 강화, 국민 참여 플랫폼 운영, 위기 대응 시나리오 사전 공개.

3. 정책효과 극대화를 위한 팁
① 국민적 수용성 확보: 정책 설계·집행 전후 국민 의견 수렴, 참여형 정책 설계로 신뢰도와 실행력을 동시에 확보.
② 단기·중장기 로드맵 병행: 단기 위기 대응과 중장기 구조개혁을 동시에 추진.
외생변수 대응력 강화: 글로벌 공급망·에너지 리스크 등 외부 충격에 대비한 시나리오별 대응책 마련

요약하면, 한국이 위기 시 가장 효과적으로 대응하려면 신속성, 유연성, 충분한 정책 규모, 불확실성 최소화, 이 네 가지를 조합한 '한국형 위기 대응 공식'을 실천해야 한다. 정책 결정과 집행에 국민 참여와 신뢰를 더하면, 경제회복력은 한층 더 강해진다. 실제로 감염병, 경제위기 등 다양한 국가적 위기에서 수학적 모델과 실시간 데이터 기반 정책 설계가 효과적으로 활용된 바 있으며 이런 과학적 접근과 국민적 신뢰가 결합될 때 한국 경제는 어떤 위기에도 강해질 수 있다.

그리스 국가부도

그리스 국가부도 사례는 "방만한 재정과 신뢰 상실이 국가 경제를 한순간에 나락으로 떨어뜨린다"는 냉혹한 교훈을 남긴다. 결론부터 말하자면, 그리스는 과도한 복지·공공부문 확장, 재정적자와 부채 누적, 정치적 포퓰리즘, 구조개혁 실패, 그리고 유로존 내 통화정책 제약이 복합적으로 작용해 국가부도에 이르렀다.

"정책은 숫자와 신뢰, 그리고 현실 감각이다. 허공에 쏜 화살은 결국 국민에게 돌아온다."

그리스 국가부도 위기는 다음과 같이 요약할 수 있다.

$$D = \alpha B + \beta G - \gamma T - \delta S$$

- D: 국가부도 위험,
- B: 정부 부채, G는 정부지출,
- T: 세수,
- S: 신뢰,
- $\alpha, \beta, \gamma, \delta$: 각 요소의 기여도

즉, 부채와 정부지출이 늘고, 세수와 신뢰가 줄수록 국가부도 위험이 커진다. 쉽게 말해, "빚이 쌓이고 신뢰는 무너지면, 국가도 한순간에 무너진다."

IMF와 OECD는 그리스 사례를 "정책 신뢰와 재정건전성, 구조개혁의 중요성"을 보여주는 대표적 경고등으로 본다. KDI 분석에 따르면, 그리스는 2010~2015년 실질 GDP의 25%가 증발했고, 실업률은 30%, 청년실업률은 54%에 달했다.

노벨상 수상자 폴 크루그먼은 "재정은 신뢰가 생명이다. 신뢰를 잃으면 시장도, 국민도 등을 돌린다"고 강조했다. 탈무드에는 "빚진 자는 자유를 잃는다"는 말이 있다.

"그리스 경제는 '빚잔치' 끝에 '빈 잔치상'만 남았다."

그리스는 2008년 1인당 GDP가 3만 2,174달러로 한국을 앞섰지만, 2015년 실질 GDP가 25% 감소하고 국가부채비율은 180%를 돌파했다. 총 3,200억 유로(약 471조 원) 구제금융을 받았고, 실업률 30%, 청년실업률 54%를 기록했다. 인구 1,000만 명 중 50만 명의 청년이 해외로 떠났다. 정책 실패와 신뢰 붕괴로 공공병원 폐쇄, 공무원 해고, 연금·임금 삭감, 세금 폭등, 기업·은행 줄도산, 사회적 신뢰 붕괴가 이어졌다.
외생변수로는 2008년 글로벌 금융위기, 유로존 단일통화로 인한 통화정책 무력화, 러시아·우크라이나 전쟁, 중동 불안 등 글로벌 충격이 회복을 더디게 했다.

한국도 자영업 비율, 정부 불신, 사법체계 불신 등 구조적 유사성이 존재한다. OECD·IMF는 "재정건전성, 정책 신뢰, 구조개혁" 없이는 그리스식 악순환이 반복될 수 있다고 경고한다.

한국의 재정 건전성 개선 방안은 "수입은 늘리고, 지출은 줄이며, 신뢰와 투명성을 높여야 지속 가능하다"는 원칙에 기반한다. 수학적 방정식은 아래와 같이 표현된다.

$$F = \alpha T - \beta G - \gamma D + \delta S$$

세수(T)와 신뢰(S)가 높고, 정부지출(G)과 국가채무(D)가 낮을수록 재정건전성(F)이 높아진다. 세수 확대를 위해서는 경제성장 촉진, 과세 사각지대 해소, 세목 신설 및 과표 현실화가 필요하다. 정부지출은 중복·비효율 사업 통폐합, 복지·공공부문 효율화, 성과관리 강화로 줄일 수 있다. 중기 재정관리체계와 반기별 재정보고서 도입도 효과적이다.

국가채무는 GDP 대비 45% 이하, 재정수지 적자 3% 이하로 관리해야 하며, 추가경정예산과 국채 발행은 엄격히 제한하고, 공기업·지방정부 부채까지 포괄적으로 관리해야 한다. 정책 신뢰와 투명성을 높이기 위해 재정정보를 투명하게 공개하고, 성과기반 예산제도와 국민 참여예산제를 확대해야 한다.

국가채무비율은 2025년 약 54%로 OECD 평균(80%)보다 낮으나, 지출 구조조정만으로도 연 10~20조 원 절감이 가능하다. 정책 신뢰도가 10% 상승하면 조세순응률이 5%, 세수가 2조 원 이상 늘어난다.

중기 재정계획, 반기별 재정보고서, 성과 기반 예산, 국민 참여예산제, 지방 재정위기 사전 경보시스템, 긴급 재정 관리제도 등 실제 적용 방안이 재정건전성 강화에 기여한다. 결국, 숫자와 신뢰, 투명성의 삼박자가 한국 재정의 미래를 결정한다.

위기를 기회로 바꾸는 힘, 그것이 리더십이다

위기를 기회로 바꾸는 힘, 그것이 리더십이다. 결론부터 말하자면, 진정한 리더십은 위기 상황에서 신속한 판단과 소통, 혁신, 그리고 신뢰를 바탕으로 조직과 국가를 한 단계 도약시키는 힘이다.

"위기 앞에서 멈추지 말고, 숫자와 전략, 그리고 국민의 목소리로 기회를 만들어내는 것, 그게 리더의 실력이다."

위기 극복 리더십의 경제적 효과는 아래와 같이 표현된다.

$$O = \alpha L + \beta I + \gamma C - \delta R$$

- O: 위기에서의 기회 창출
- L: 리더십(신속한 판단·결단력)
- I: 혁신(창의적 접근)
- C: 소통(신뢰·공감·국민 참여)
- R: 저항(내부 저항·불신·과거 관성)
- $\alpha, \beta, \gamma, \delta$: 각 요소의 기여도

즉, 리더십, 혁신, 소통이 강할수록, 저항이 적을수록 위기를 기회로 바꿀 가능성이 커진다. 쉽게 말해, "리더십과 혁신, 소통이 강하면, 위기에서도 기회는 열린다."

IMF와 OECD는 위기 리더십이 경제성장률 1~2%, 사회적 신뢰 20%, 위기 회복 속도 30% 이상을 좌우한다고 분석한다. KDI 연구에 따르면, 위기 상황에서 리더십이 강한 조직은 평균 회복 기간이 40% 단축된다. 노벨상 수상자 다니엘 카너먼은 "위기에서의 신속한 판단과 소통이 집단의 운명을 바꾼다"고 강조한다. 탈무드에는 "위기 속에서 지혜로운 자는 새로운 길을 찾는다"는 말이 있다.

"리더십 없는 위기 대응은, 지도 없는 항해와 같다. 파도만 만나고, 항구는 못 찾는다."

한국은 IMF 외환위기(1997), 글로벌 금융위기(2008), 코로나19 등에서 위기 리더십 발휘 시 성장률 반등, 실업률 조기 안정, 사회적 신뢰 회복을 경험했다. 1998년 IMF 위기 후 2년 만에 성장률이 10.7% 반등하고, 실업률은 8.7%에서 4.4%로 급감했다. 2020년 코로나19 때도 신속한 방역과 정책 대응으로 OECD 평균 대비 성장률 하락 폭이 50% 이하에 그쳤다. 미국은 금융위기 때 연준의 신속한 금리 인하와 혁신기업 육성으로 회복력을 강화했고, 일본은 아베노믹스 등 정책리더십으로 장기침체 탈출을 시도해 성장률이 1.2% 상승했다. 중국도 코로나19, 무역 갈등 등 외생변수에 국가주도 리더십으로 빠른 회복을 보였다. 이스라엘·이란, 러시아·우크라이나 전쟁, 트럼프 관세 등 글로벌 충격에도 리더십이 강한 국가는 회복 속도가 빠르다.

"위기는 숫자와 전략, 그리고 국민의 목소리로 돌파한다. 리더십이 강하면, 위기도 기회가 된다."

글로벌 사례와 비교할 때, 한국이 강화해야 할 리더십 요소는 다음과 같다.

첫째, 글로벌 감각과 문화적 적응력이다. 세계적 기업들은 리더 선발 시 어학 능력, 해외 근무 경험, 글로벌 리더십 프로그램 이수 여부를 엄격히 적용한다. GE, 인텔, 소니, 마이크로소프트 등은 글로벌 경험과 다문화 이해를 리더의 필수 요건으로 삼는다. 한국도 국내 중심의 리더십에서 벗어나 다양한 문화와 시장을 이해하고 소통하는 역량을 키워야 한다.

둘째, 네트워킹과 신뢰 구축이 중요하다. 도시바처럼 글로벌 자문단을 운영해 세계적 인재와 현지 네트워크를 구축하고, 신뢰를 기반으로 한 협력체계를 강화해야 한다. 신뢰는 효과적인 의사소통, 투명성, 적극적 피드백을 통해 형성된다. 글로벌 환경에서 신뢰 구축은 리더십의 기본이다.

셋째, 전략적 사고와 혁신이다. 글로벌 리더는 국제적 시각에서 전략을 수립하고, 변화하는 시장과 기술에 빠르게 적응하며, 혁신을 주도해야 한다. 사티아 나델라의 마이크로소프트처럼 문화적 인식, 전략적 사고, 개방성, 다양성, 사회적 책임을 실천하는 리더십이 요구된다.

넷째, 다문화 관리와 포용성이다. 글로벌 리더는 다양한 배경의 팀원들과 효과적으로 협업하고, 갈등을 조정하며, 조직 내 포용적 문화를 만들어야 한다. 이는 한국형 리더십의 한계를 극복하고, 세계 무대에서 경쟁력을 높이는 핵심 역량이다.

다섯째, 지속적 학습과 자기계발이다. 글로벌 리더는 변화하는 환경에 맞춰 끊임없이 배우고 성장해야 하며, 이를 통해 조직 전체의 성장도 이끌 수 있다. 마이크로소프트, GE 등은 리더십 개발 프로그램과 지속적인 학습 문화를 통해 리더 역량을 강화한다.

결론적으로, 한국은 글로벌 감각, 네트워킹, 전략적 사고, 다문화 포용, 지속적 학습 등 글로벌 리더십의 핵심 역량을 강화해야 한다.

"리더십도 글로벌이 답이다. 숫자와 전략, 그리고 세계와의 소통이 진짜 실력이다."

글로벌 경제질서 속 한국의 미래 좌표

이재명 정부가 마무리되는 2030년 글로벌 경제질서 속 한국의 미래 좌표는 "혁신·포용·생산성 개혁 없이는 성장 정체의 늪에 빠진다"는 경고와 함께, 구조적 전환의 절박함을 드러낸다. 결론부터 말하자면, 한국은 기술혁신, 노동·생산성 개혁, 균형발전, 재정건전성, 글로벌 네트워크 강화라는 다섯 축에서 과감한 전략 없이는 저성장과 경쟁력 약화라는 미래에 직면할 수밖에 없다.

"미래는 숫자와 전략, 그리고 국민 모두의 혁신에서 완성된다."

2030년 한국의 글로벌 좌표는 아래와 같이 요약할 수 있다.

$$P = \alpha I + \beta R + \gamma S + \delta G - \epsilon D$$

- P: 미래 좌표(국가경쟁력·성장률·글로벌 영향력)
- I: 혁신(기술·AI·첨단산업 투자)
- R: 생산성 개혁(노동·기업·교육 구조개혁)
- S: 사회적 포용(균형발전·불평등 해소)
- G: 글로벌 연계(무역·외교·공급망 네트워크)
- D: 구조적 제약(저출산·고령화·부채·외생변수)

- α, β, γ, δ, ε: 각 요소의 기여도

즉, 혁신·생산성·포용·글로벌 연계가 강할수록, 구조적 제약이 낮을수록 한국의 미래 좌표(P)는 높아진다. 쉽게 말해, "혁신과 개혁, 글로벌 연계가 튼튼할수록, 2030년 한국은 세계의 중심에 설 수 있다."

IMF·OECD·KDI는 "구조개혁과 혁신 투자 없이는 한국의 잠재성장률이 2030년 1%대, 2060년 0%대까지 추락할 수 있다"고 경고한다. KDI는 2025~2030년 잠재성장률을 1.5%로, OECD는 2030년 이후 0.8%로 전망한다. 노벨상 수상자 폴 로머는 "혁신은 성장의 엔진, 개혁은 연료"라고 강조했다. 탈무드에는 "미래를 바꾸고 싶으면 오늘을 바꿔라"는 말이 있다.

"혁신 없는 경제는 마치 GPS 없는 자동차, 방향은커녕 속도도 못 낸다."

2025~2030년 잠재성장률은 1.5%, 2030년 이후 0.8%로 OECD 38개국 중 최하위권이다. 1인당 GDP 4만 달러 달성은 2029년으로 2년 늦춰질 전망이며, 대만에 추월당할 가능성도 있다. 저출산·고령화, 노동시장 경직, 부채 증가 속도는 OECD 1위이며, 글로벌 변수로 공급망·무역 불확실성이 확대된다. 미국·중국은 혁신·생산성, 일본·OECD는 포용·재정 안정에 집중하는 반면, 한국은 혁신·개혁·포용의 균형이 미흡하다.

대안은 없는가? 혁신은 AI·반도체·바이오 등 첨단산업 집중 투자,

산학연 협력, 규제 샌드박스 활용으로 이룬다. 생산성 개혁은 노동시장 유연화, 평생교육, 기업 혁신 지원, 디지털 전환 가속이 핵심이다. 포용은 지역 균형발전, 복지 사각지대 해소, 청년·여성·고령자 일자리 확대가 필요하다. 글로벌 연계는 공급망 다변화, FTA 확대, 글로벌 스타트업·문화산업 진출로 강화할 수 있다. 구조적 제약 대응은 출산·육아 지원, 연금·재정 개혁, 부채관리, 위기 대응 시나리오 구축이 요구된다.

결론적으로, 2030년 한국의 미래 좌표는 "혁신·개혁·포용·글로벌 연계, 네 바퀴가 굴러야 미래로 간다"는 사실을 보여준다.

이재명 경제학의 유산

2030년 이재명 경제학의 유산은 "진짜 성장, 모두의 성장, 공정한 성장"이라는 세 가지 키워드로 요약된다. 결론부터 말하자면, 이재명 경제학은 기술·혁신 투자, 균형발전, 포용·공정성, 재정의 선순환, 산업 생태계 혁신을 통해 한국 경제의 성장률과 국력을 한 단계 끌어올리는 데 초점을 맞춘다.

"성장은 숫자와 전략, 그리고 국민 모두의 삶에서 완성된다."

이재명 경제학의 2030년 유산은 아래와 같이 표현할 수 있다.

$$G = \alpha T + \beta E + \gamma F + \delta C - \epsilon I$$

- G: 경제·사회적 성장,
- T: 기술·혁신 투자(AI, 반도체, 재생에너지 등),
- E: 균형발전·포용성, F: 재정 선순환,
- C: 공정·산업생태계,
- I: 불평등·저성장,
- $\alpha, \beta, \gamma, \delta, \epsilon$: 각 요소의 기여도

즉, 혁신·균형·재정·공정이 강할수록, 불평등이 낮을수록 경제·사회적 유산이 커진다. 쉽게 말해, "혁신·포용·공정이 튼튼할수록, 한국 경제의 미래도 커진다."

IMF·OECD는 혁신 투자와 포용성 강화가 성장률을 1~1.5%, 사회신뢰를 20%, 투자유치와 문화산업 수출을 10~20% 높인다고 평가한다. KDI는 AI·반도체 등 첨단산업 투자로 2030년 잠재성장률 3% 회복, 문화시장 300조 원 달성, 국력 5위권 진입이 가능하다고 분석한다. 노벨상 수상자 폴 로머는 "혁신은 성장의 엔진, 포용은 성장의 연료"라고 강조했다. 탈무드에는 "내일을 위한 씨앗은 오늘 뿌려야 한다"는 말이 있다.

2030년 비전은 AI 3대 강국, 잠재성장률 3%, 국력 세계 5위, 문화시장 300조 원, 첨단산업 글로벌 Top 5 진입이다.

정책 수단으로는 20~35조 원 규모 추경, 전 국민 지원금, 규제 완화, 재생에너지 고속도로, 산업구조 혁신, 문화·방산·ICT 집중 투자가 있다. 이스라엘·이란, 러시아·우크라이나 전쟁, 트럼프 관세 등 글로벌 충격에도 기술·공정·균형 전략으로 회복력을 강화한다. 미국·중국은 기술·혁신, 일본·OECD는 균형·포용에 집중하는 반면, 한국은 '혁신+포용+공정' 융합형 모델로 차별화한다. 저성장·양극화 극복, 산업경쟁력·문화산업 동반 성장, 국민 체감형 복지·공정사회 실현이 시사점이다. 경제는 혁신, 사회는 공정, 미래는 균형, 모든 국민이 성장의 주인공이다.

실천적 리더십과 국민통합의 과제

결론부터 말하자면, 실천적 리더십과 국민통합은 경제적 가치 창출의 핵심 공식이다. 이 둘이 조화롭게 작동할 때 한국 경제는 위기에도 흔들리지 않는 '국민주도 성장 방정식'을 완성한다.

실천적 리더십(P)과 국민통합(C)이 경제적 가치(E)에 미치는 영향은 다음과 같이 경제학적 모델로 나타낼 수 있다.

$$E = \alpha P + \beta C + \gamma X$$

- E: 경제적 가치(국민총생산, 사회적 신뢰, 혁신 등)
- P: 실천적 리더십(정책 실행력, 신뢰, 투명성)
- C: 국민통합(사회적 신뢰, 갈등 해소, 포용)
- X: 외생변수(국제정세, 전쟁, 글로벌 경기 등)
- α, β, γ: 각 변수의 기여도 계수

이 방정식은 '리더십'과 '통합'이 경제적 성과에 얼마나 중요한지를 보여준다. 예를 들어, 리더십이 약하면 정책이 표류하고, 국민통합이 낮으면 사회적 갈등으로 인한 경제적 손실이 커진다. 여기에 이란-이스라엘, 러-우 전쟁, 트럼프 관세 등 외생변수가 X로 작용해 예측 불확실성

을 높인다. 이 방정식은 OECD, IMF, KDI 등에서 실제로 정책효과 분석에 활용하는 기본 구조다.

실천적 리더십은 정책의 신속한 집행과 사회적 신뢰 형성에 기여한다. 국민통합은 사회적 갈등 비용을 줄이고, 혁신과 창의성의 토양을 만든다. OECD 연구에 따르면, 사회적 신뢰가 10% 상승하면 GDP 성장률이 0.5% 증가한다는 결과도 있다.

아리스토텔레스는 "중용의 리더십이 위기에서 조직을 살린다"고 했고, 탈무드는 "모두가 한 방향으로 노를 저을 때 배는 빠르게 나아간다"고 했다. 경제학자 맨큐는 "신뢰와 협력이 없는 경제는 사막 위의 성과 같다"고 했다.

한국의 현실과 수치, 그리고 글로벌 비교해본다. 우선, 한국 상황은 어떤가? IMF, OECD, 한국은행에 따르면 2024년 한국의 경제성장률은 2.3%로, 미국(2.5%), 일본(1.2%), 중국(4.5%)과 비교해 중간 수준이다.

사회적 신뢰지수는 OECD 평균(0.6)에 비해 낮은 0.48 수준. 국민통합이 약화될수록 경제적 손실이 연간 20조 원에 달한다는 KDI 분석도 있다. 외생변수(중동전쟁, 우크라이나 전쟁, 미·중 갈등)로 인해 원자재 가격 변동 폭이 커지고, 수출 의존도가 높은 한국 경제의 불확실성이 증가하고 있다.

"국민이 하나로 뭉치면 IMF도, 글로벌 위기도 두렵지 않다. 국민통합은 경제의 백신이다. 통합이 약해지면 경제도 감기에 걸린다. 미국은 '위 아 더 월드'로 뭉치고, 중국은 '한 가족' 전략으로 간다. 일본은 '조용한 통합'으로, 우리는 '시끄러운 통합'이라도 해야 한다. 유머로 갈등을 녹이고, 신뢰로 성장의 엔진을 달자."

실제 사례를 살펴보면, 제주도 연합정치 실험과 같이 선거 패배자에게 도정(道政) 인수위원장직을 맡겨 갈등을 줄이고, 정책 실행력을 높인 사례가 있고, 독일 메르켈은 중용 리더십을 발휘하여 극단적 긴축과 과도한 지원 사이에서 균형을 잡아 유럽 경제위기를 넘긴 사례가 있다. 또한, 청주시처럼 시민평가위원회 등 국민 참여기구를 활성화하면 정책 신뢰도가 15% 상승한다는 KDI 보고가 있다.

또 하나 강조되어야 할 점은 유머의 중요성으로, 탈무드에서도 강조된다. "유머는 인간관계의 윤활유다. 웃음이 없는 조직은 기름 없는 엔진과 같다." 유대인 속담에는 "갈등은 피할 수 없다. 하지만 웃으며 풀면, 두 배로 빨리 해결된다"고 나와 있다.

"통합은 경제의 기초체력이다. 근육만 키우지 말고, 유연성도 키워라"고 할 수 있다.

정리하자면, 실천적 리더십과 국민통합은 경제적 성장의 공식이며, 외생변수의 충격 속에서도 한국 경제를 지키는 든든한 방패다. OECD, IMF, KDI의 수치가 증명하듯, 신뢰와 통합이 높을수록 경제적 손실은 줄고, 성장의 기회는 커진다. 명확한 목표와 소통, 그리고 국민 모두의 참여가 'K-리더십'의 성공 방정식이다. "한 번 웃으면 열 번 회의하는 것보다 낫다." 이 말, 오늘부터 회의실에 붙여두는 것도 좋은 팁이다.

정치는 요리와 같다

정치는 요리와 같아서 재료도 중요하지만, 양념과 불 조절이 더 중요하다. 정치의 요리 방정식과 경제학적 가치에 대해 알아본다. 정치의 성과(E)는 재료(Q), 양념(S), 불 조절(T), 그리고 외생변수(X, 즉 국제정세, 전쟁, 글로벌 경기 등)의 함수로 나타낼 수 있다.

$$E = \alpha Q + \beta S + \gamma T + \delta X$$

- E: 정치의 경제적·사회적 성과(국민 행복, 성장, 신뢰 등)
- Q: 재료(정책, 인재, 자원)
- S: 양념(소통, 타협, 창의성)
- T: 불 조절(타이밍, 위기관리, 실행력)
- X: 외생변수(중동전쟁, 미·중갈등 등)
- $\alpha, \beta, \gamma, \delta$: 각 요소의 기여도

이 방정식은 단순히 좋은 재료만으로는 훌륭한 요리가 나오지 않는다는 점을 명확히 보여준다. 정치에서도 마찬가지로, 아무리 훌륭한 정책과 인재가 준비되어 있어도 소통이라는 양념과 타이밍이라는 불 조절, 그리고 창의적 조율이 빠지면 국민이 만족할 만한 결과를 내기 어렵다.

예를 들어, 신선한 재료만 잔뜩 준비해도 소금 한 꼬집, 불의 세기 조절이 없다면 요리는 망치기 쉽다. 정치도 똑같다. 정책이라는 재료에 소통과 타협, 위기관리라는 양념과 불 조절이 더해져야만 비로소 국민이 '맛있다'고 느끼는 정치가 완성된다.

이런 접근은 장하준 교수가 『경제학 레시피』에서 음식과 경제, 사회 현상을 연결해 설명한 방식과도 일맥상통한다. 장 교수는 경제학이 어렵고 딱딱하다는 편견을 깨고, 음식이라는 친근한 소재를 통해 정책, 성장, 분배 등 복잡한 경제 현상을 쉽고 재미있게 풀어낸다. 실제로 그는 "경제학은 요리처럼 다양한 재료와 조리법이 필요하다. 한 가지 방식만 고집하면 영양실조에 걸린다"고 강조한다.

정치의 양념과 불 조절은 경제적 효율성과 사회적 신뢰, 그리고 혁신 역량을 좌우한다. OECD 연구에 따르면 정책 집행의 투명성과 소통이 10%만 향상돼도 사회적 신뢰지수가 0.1포인트 상승하고, 이는 GDP 성장률을 0.3%포인트까지 끌어올릴 수 있다.

IMF는 정책 실행의 타이밍 실패가 경제위기의 심각성을 두 배로 키운다고 경고한다. 탈무드에는 "맛있는 음식은 좋은 재료보다 요리사의 손끝에서 나온다"는 말이 있다. 유대인 속담처럼 "인생은 소금 한 꼬집만큼의 유머 역시 필요하다." 정치도 마찬가지다. 회의실에 농담 한마디가 정책보다 더 큰 신뢰를 가져올 때가 있다.

2024년 한국의 경제성장률은 2.3%로, 미국(2.5%), 일본(1.2%), 중국(4.5%)에 비해 중간 수준이다. 정책 신뢰지수는 OECD 평균(0.6)보다 낮은 0.48, 사회적 소통 점수 역시 OECD 하위권이다. KDI 분석에 따르면 정책 소통 부재로 인한 경제적 손실은 연간 15조 원에 달한다.

결국 정치는 요리와 같다. 재료도 중요하지만, 양념과 불 조절이 더 중요하다. 한국 정치가 '맛있는 요리'가 되려면, 정책이라는 재료에 소통과 타이밍이라는 양념과 불 조절을 더해야 한다. OECD, IMF, KDI의 수치가 증명하듯, 소통과 조율이 뛰어난 정치일수록 국민의 신뢰와 경제적 성과가 높아진다. 오늘 회의에는 농담 한 스푼, 정책에는 소통 한 스푼을 꼭 넣어보는 것이 어떨까.

이재명의 2030 경제 비전과 전략

2030년 이재명의 경제 비전과 전략은 '진짜 성장'과 '포용적 도약'을 핵심으로 한다. 결론부터 말하면, 이재명표 경제 비전은 인공지능·반도체 등 첨단산업 투자, 균형발전, 공정사회, 그리고 강력한 실행력으로 한국을 AI 3대 강국, 잠재성장률 3%, 1인당 국민소득 5만 달러, 국력 세계 5위로 끌어올리는 것을 목표로 한다. 이 전략은 확장적 재정과 혁신, 그리고 사회적 통합이 어우러질 때 매콤달콤하게 완성될 수 있다.

이재명표 2030 경제 비전의 성과를 방정식으로 표현하면 다음과 같다.

$$E = \alpha I + \beta B + \gamma F + \delta X$$

- E: 경제성과(성장률, 국민소득, 글로벌 경쟁력 등)
- I: 혁신투자(인공지능, 반도체, 에너지, 인재 양성 등)
- B: 균형발전(지역균형, 산업생태계, 벤처·중소기업 협력)
- F: 포용·공정(복지, 노동존중, 사회적 신뢰)
- X: 외생변수(글로벌 경기, 전쟁, 무역 갈등 등)
- $\alpha, \beta, \gamma, \delta$: 각 요소의 기여도

이 방정식은 단순히 기술에만 투자하는 것이 아니라, 지역·산업·사회적 포용, 그리고 글로벌 변수까지 모두 조화롭게 관리해야 '2030년의 K-성장'이 실현됨을 보여준다. 경제학적으로는 케인즈의 유효수요, 슘페터의 혁신 성장, 그리고 신성장이론의 포용성과 균형발전이 결합된 구조이다.

이재명표 경제 비전의 경제학적 의미는 과감한 혁신 투자, 균형발전, 그리고 포용적 성장의 삼박자가 한국 경제를 '진짜 성장'의 길로 이끈다는 점에 있다. OECD와 IMF의 연구에 따르면, 혁신산업에 GDP의 2%를 추가로 투자하면 성장률이 0.5%포인트 상승하고, 사회적 신뢰가 0.1포인트만 높아져도 1인당 국민소득이 3% 증가한다. KDI는 균형발전 정책이 지역경제의 파이를 연간 15조 원 이상 키울 수 있다고 분석한다. 즉, 기술투자와 지역 균형, 사회적 포용이 함께 작동할 때 경제의 파이가 커지고, 그 열매가 더 넓게 공유되는 선순환 구조가 만들어진다.

이런 접근은 경제학자 장하준의 "경제정책은 요리와 같다. 재료만 좋아선 안 되고, 조화와 타이밍이 중요하다"는 조언과 닮아있다. 탈무드의 "맛있는 음식은 좋은 재료보다 요리사의 손끝에서 나온다"는 말처럼, 정책도 단순히 예산만 투입한다고 완성되지 않는다. 국민이 정책의 변화를 체감하고, 사회적 신뢰가 쌓일 때 비로소 '진짜 성장'이 실현된다.

2025년 현재 한국의 잠재성장률은 2% 이하, AI 경쟁력은 8~10위권, 1인당 국민소득은 3만 7천 달러, 국력은 6~12위 수준이다. 이재명 정부는 2030년까지 AI 3위, 잠재성장률 3%, 1인당 국민소득 5만 달러, 국력 5위 도약을 목표로 한다. 이를 위해 정부와 민간을 합쳐 140조 원을 AI·첨단산업에 투자하고, 벤처투자를 5배 확대하며, 전국 10곳에 AI 데이터센터를 구축하고, 매년 1만 명의 AI 인재를 양성하는 등 구체적인 로드맵을 내놓았다. 미국, 중국, 일본, EU도 AI와 첨단산업에 대규모 투자와 인재육성을 진행 중이며, 글로벌 공급망 불안, 전쟁, 관세 등 외생변수는 모두가 직면한 도전이다.

정책은 김치찌개와 같다. 고기만 넣으면 느끼하고, 고추장만 넣으면 맵다. 고기, 채소, 양념, 불 조절이 어우러져야 국민이 '이게 진짜다'라고 한다. 미국은 '햄버거에 치즈 듬뿍', 중국은 '마라탕에 향신료 가득', 일본은 '스시의 은은함', 우리는 '매콤달콤 양념치킨'처럼 강렬하게 가야 한다.

"정책은 요리와 같다. 불 조절을 못하면 재료만 태울 뿐이다." "갈등은 피할 수 없다. 하지만 웃으며 풀면, 두 배로 빨리 해결된다"(유대인 속담). "좋은 요리사에게는 나쁜 재료란 없다"(프랑스 속담)처럼, 정책도 조화와 실행이 더해질 때 국민이 '맛있다'고 느끼는 경제 비전이 완성된다.

부동산정책, 세금보다 공급 우선 정책

이재명 정부의 주택공급 전략은 "세금으로 집값을 잡지 않고, 공급을 대폭 확대해 실수요자의 주거 안정을 도모한다"는 점에 방점이 찍혀 있다. 이재명 대통령은 임기 내 기본주택을 포함해 250만 가구에서 최대 311만 가구까지 공급하겠다는 목표를 제시한 바 있다. 다만, 집권 이후에는 구체적인 연도별 공급 수치나 세부 실행계획은 아직 발표되지 않은 상태다.

공급 전략의 주요 내용은 다음과 같다. 첫째, 재개발·재건축 규제를 완화해 도심의 주택공급을 늘리고, 용적률·건폐율 상향, 고분양가 문제 해소, 공공기관·기업이 보유한 유휴부지 활용, 업무·상가 용지의 주택용지 전환 등 다양한 방법을 병행한다. 둘째, '기본주택' 등 고품질 공공임대주택을 대량으로 공급하고, 청년·신혼부부 맞춤형 주택, 1인 가구를 위한 직주근접 주거 복합 플랫폼 주택, 슬세권(슬리퍼+역세권) 주택 등 다양한 수요 맞춤형 주택을 확대한다. 셋째, 공공주택의 비율을 단계적으로 확대하고, 토지임대부 주택·이익공유형(환매조건부) 주택·지분적립형 주택 등 다양한 형태의 분양·임대 모델을 도입한다.

이재명 정부는 수도권 중심의 4기 신도시 개발, 도심 공공주택 복합사업, 철도차량 기지 및 GTX 환승역·공공청사 복합개발 등도 추진한다. 또한, 주택 리츠(REITs) 확대 등 민간과 공공이 함께 참여하는 공급 방식을 강조한다.

전문가들은 이재명 정부가 집권 초기부터 구체적인 공급 청사진과 실행 속도를 보여주는 것이 시장 안정의 관건이라고 지적한다. 실제로 국토교통부는 이재명 정부의 주택공급 확대 공약 이행을 위한 로드맵 마련에 착수한 상태다.

이재명식 부동산 정책은 "세금으로 집값을 잡지 않고, 공급 확대를 통해 실수요자의 주거 안정을 도모한다"는 실용주의적 전환을 핵심으로 한다. 세금은 단기적인 수요 억제에는 효과가 있을 수 있지만, 공급 부족이라는 구조적 문제를 해결하지 못한다는 점에서 정책의 방향성이 완전히 달라진다. 이재명 정부는 주택공급 확대와 세금 규제 완화를 부동산정책의 양대 축으로 삼고 있다.

주택 가격을 결정하는 방정식은 다음과 같다.

$$P = f(S, D, T)$$

- P: 주택가격, S: 공급(주택 수), D: 수요(인구, 구매력, 금리 등),
- T: 세금(보유세, 양도세, 취득세 등)

즉, 세금이 오르면 가격이 내려간다는 의미다. 이준구 교수의 자본화 이론에 따르면, 미래에 내야 할 세금의 현재가치만큼 부동산 가격이 하락한다. 예를 들어, 10억짜리 아파트에 앞으로 내야 할 세금의 현재가치가 2억이라면, 이론상 집값은 8억이 된다. 하지만, 이 집을 산 사람은 결국 그만큼 세금을 내야 하므로 실질적 혜택은 없다.

실제로 취득세를 올리면 매매가격이 하락하고 전세가격은 상승하며,

보유세를 올리면 매매가격과 전세가격이 모두 하락할 수 있다. 그러나 양도소득세를 올리면 오히려 매물이 줄고 전세가격이 상승하는 부작용이 나타난다.

세금 부과의 장점은 단기적으로 투기 수요를 억제하고, 다주택자의 매도를 유도하며, 세수 확보로 복지 재원 마련이 가능하다는 점이다. 하지만 단점도 명확하다. 다주택자가 버티기에 들어가면 매물이 잠기고, 실수요자까지 세금 부담이 전가될 수 있으며, 장기적으로는 공급 부족을 심화시켜 가격이 다시 오를 위험이 있다. 탈무드의 말처럼 "지혜로운 자는 문제를 피하지 않고, 문제를 해결한다." 세금은 문제를 잠시 덮는 것에 불과하고, 공급 확대가 구조적 해법이 된다.

공급 확대의 구체적 내용으로는 신도시 개발, 노후 신도시 재정비, 공공임대 및 청년·신혼부부 주택 대량 공급, 재건축·재개발 규제 완화 등이 있다. 이재명 정부는 재개발·재건축 절차를 간소화하고, 용적률·건폐율 완화, 고분양가 문제 해소, 공공임대 비율 확대 등을 추진한다. 이는 시장에 새로운 매물을 투입해 가격 상승 압력을 완화하고, 실수요자 보호와 사회적 불평등 완화에 기여한다.

실제 수치를 보면, 2025년 6월 기준 서울 아파트 평균 매각가율은 96.5%로 회복세를 보이고 있다. OECD 평균 주택공급률(인구 1,000명당 주택 수)은 약 450호인데, 한국은 420호로 공급이 부족하다. IMF, KDI, 한국은행 모두 공급 병목 해소가 시장 안정의 핵심이라고 진단한다. 국제적으로도 한국은 신도시·재정비 확대와 세제 완화 기조를 보이고 있고, 미국은 공급 제한과 금리 인상, 일본은 공급 과잉 및 인구 감소, 중국은 공급 조절과 세금 강화 정책을 펴고 있다. 중동전쟁, 러시아-우크라이나 전쟁, 트럼프의 관세 압력 등 외생변수는 원자재 가격과 금리, 투자심리에 영향을 주어 공급 확대의 속도와 비용에 변수가 된다.

주요국의 주택정책과 주택 가격 동향

국가	공급 정책	세금 정책	최근 집값 동향
한국	신도시·재정비 확대	세제 완화 기조	상승 후 안정세
미국	공급 제한, 금리 인상	일부 지역 세금 강화	혼조
일본	공급 과잉, 인구 감소	세금 완화	안정/하락
중국	공급 조절, 규제 강화	세금 강화	하락세

실제 사례로는 1기 신도시 재정비를 통한 5~10만 호 신규 공급, 청년·신혼부부 대상 공공임대 확대 등이 있다. 무주택자는 신도시·재정비 청약을 노려볼 만하며, 공급 확대 초기에는 분양가가 상대적으로 저렴하다. 투자자라면 DSR(총부채원리금상환비율) 완화로 청년층 대출 문턱이 낮아지는 점을 활용할 수 있지만, 금리 변동성에 유의해야 한다.

결국, "집값을 세금으로 잡으려 하면 집 가진 사람은 세금 내고, 집 없는 사람은 집값에 울고, 정부만 세금 걷는다. 공급을 늘리면 모두가 웃는다."는 우스갯소리처럼, 이재명식은 세금은 조연, 공급이 주연인 부동산정책이다. 공급 확대 없이는 집값 안정도, 실수요자 보호도 없다. 정책의 임팩트는 숫자와 실행에서 나온다.

연 20조 원의 경제적 가치, 국정관리실 설치

역대 대통령의 지지율이 임기 후반기로 갈수록 하락하는 주요 요인 중 하나로 '지속적인 국정 관리의 미흡'을 꼽을 수 있으며, 이를 뒷받침하는 국내 연구와 구체적 수치가 다수 존재한다.

대표적으로 문우진(2012)의 「대통령 지지도의 필연적 하락의 법칙」(한국정치학회보)은 대통령 지지율의 하락이 임기 초반의 기대감 소멸, 대리인 문제(agency problem), 그리고 국정운영 과정에서의 일관성 부족과 정책 추진력 저하 등 '지속적 국정 관리 미흡'과 밀접하게 연관되어 있음을 이론적·실증적으로 밝혔다. 이 논문은 17대 대통령 선거 설문자료 분석을 통해 경제정책 능력과 국정운영에 대한 국민의 기대감이 시간이 지남에 따라 점차 약화되며, 이로 인해 지지율이 하락한다고 설명한다.

또한, 「한국의 대통령 지지율 변화를 설명하기 위한 이론적 모형의 탐색적 구축」(2012)은 한국 대통령의 지지율이 "필연적 하락의 법칙"에 따라 움직이며, '부정적 사건'이나 경제 상황 악화, 국정 관리의 미흡이 하락세를 가속화한다고 분석한다. 국민들은 경제 상황에 대한 평가를 대통령 지지에 반영하며, 대통령의 국정 관리 능력이 부족할 때 지지율 하락 폭이 더욱 커진다는 점을 실증적으로 제시한다.

역대 대통령의 지지율 하락과 국정 관리 미흡의 상관관계를 구체적 수치로 보여주는 대표적 연구로는 문우진(2012)의 「대통령 지지도의 필연적 하락의 법칙」이 있다. 이 논문은 1988년 이후 역대 대통령(노태우~이명박)의 지지율 추이를 분석하여, 임기 초 평균 지지율이 70~80%대에서 임기 말에는 20~30%대로 하락하는 경향을 수치로 제시한다. 예를 들어, 노태우 대통령은 취임 초 70%대에서 임기 말 24%로, 김영삼 대통령은 83%에서 6%로, 김대중 대통령은 71%에서 24%로, 노무현 대통령은 60%대에서 20%대로, 이명박 대통령은 70%대에서 20%대로 각각 하락했다. 이 논문은 특히 "국정운영 능력에 대한 국민의 평가가 임기 후반으로 갈수록 부정적으로 변하며, 경제 상황 악화나 정책 일관성 부족 등 국정관리 미흡이 지지율 하락의 주요 원인"임을 계량분석으로 보여준다.

또한 「한국의 대통령 지지율 변화를 설명하기 위한 이론적 모형의 탐색적 구축」(2012)에서는 대통령 임기별 분기별 지지율 변동을 계량적으로 분석해, 경제성장률이 1% 하락할 때 대통령 지지율은 평균 5~7% 하락하고, 국정운영에 대한 부정 평가가 10% 증가할 때 지지율이 6~8% 하락한다는 구체적 수치를 제시한다.

여론조사 결과도 이를 뒷받침한다. 박근혜 대통령의 경우, 2013년 2월 취임 직후 51%였던 지지율이 2016년 11월 탄핵 직전 5%까지 하락했다. 이명박 대통령은 2008년 2월 취임 직후 52%에서 2013년 2월 임기 말 24%로, 문재인 대통령은 2017년 5월 취임 직후 84%에서 2022년 5월 임기 말 41%로 나타났다.

이처럼 국내 연구보고서와 여론조사들은 임기 초반 대비 임기 말 대통령 지지율이 30~60% 하락하는 경향을 수치로 명확히 보여주고 있다. 또한 국정 관리 미흡, 경제 상황 악화, 정책 일관성 부족 등이 지지율 하락의 핵심 변수임을 실증적으로 제시한다.

이처럼 국내외 연구와 실증적 수치는 대통령 지지율 하락의 주요 원인으로 '지속적 국정 관리 미흡'과 경제 상황 악화, 정책 일관성 부족 등을 꼽고 있으며, 이는 한국뿐 아니라 미국 등 주요국에서도 유사하게 나타나는 현상임을 여러 논문과 보고서가 확인하고 있다.

정책의 성공은 체계적이고 과학적인 관리에 달려 있다. "정책은 관리가 전부다. 잘 관리된 정책은 국민을 웃게 한다"는 경제학자 허버트 사이먼의 말처럼, 정책의 설계만큼이나 중요한 것이 바로 실행과 관리이다. 대통령실에 '국정관리실'을 설치해 국정과제를 데이터와 시스템으로 체계적으로 관리한다면, 정책의 효율성과 투명성은 비약적으로 향상된다. 이는 국민의 신뢰를 높이고, 정책 누수를 최소화하며, 궁극적으로 대통령 지지도 상승이라는 선순환을 만들어낸다.

그렇다면 국정관리실의 수학적·경제학적 방정식 및 가치평가에 대해 알아본다.

국정관리실을 설치하여 정책을 빈틈없이 살핀다면, 이 조직의 가치는 연간 얼마나 될까?

가치평가를 위한 수학적 방정식과 경제학적 의미는 아래와 같다.

> $E = M \times S$
>
> - E: 국정관리실의 연간 경제적 가치(원)
> - M: 연간 인프라 투자액(원)
> - S: 인프라 투자 승수(경제적 파급효과, 일반적으로 1.5~2.0)

국정관리실 활용의 경제학적 가치를 평가하면 아래와 같다.

국회예산정책처, 한국은행, KDI 등은 SOC(인프라) 투자 1조 원당 실질 GDP 성장률 0.076%, 생산유발효과 2.01배, 고용승수 0.0219로 분석한다. OECD는 인프라 투자가 생산성 향상, 소득분배 개선, 빈곤 완화, 포용적 성장의 핵심임을 강조한다.

국정관리실은 대규모 인프라 예산의 집행 효율, 사업 성과, 부패 방지, 부처 간 조정 등 국가적 관리체계를 구축해 투자 효과를 극대화한다. 인프라에 10조 원을 투자하면, 생산·고용·소득분배 등에서 연 20조 원 이상의 경제적 효과가 발생한다. 국정관리실이 이를 체계적으로 관리하면, 누수 없이 경제효과가 국민 모두에게 돌아간다.

첫째, 한국의 현재 정책 이행률(72%)은 OECD 평균(70%)을 약간 상회하나, 핀란드(90%)·덴마크(88%) 등 선진국 대비 18% 격차가 존재한다.

국정관리실 도입으로 이행률 85% 달성 시, 한국은행 추산에 따르면 연간 0.3% 경제성장률 상승이 기대되며, 이는 6조 6,000억 원(2025년 명목 GDP 기준)의 실질적 부가가치 창출로 이어진다. KDI 2024년 보고서는 "정책 이행률 1% 상승이 연간 2조 2,000억 원 경제효과를 낳는다"고 분석했다.

둘째, 행정 누수와 정책 실패로 인한 현재 사회적 비용은 GDP의 1.5%(연 33조 원)로 추정된다. 체계적 국정 관리 시스템 도입으로 0.5% 절감(연 11조 원)이 가능하며, 이는 교육·복지 분야 재투자로 전환 가능한 규모이다. OECD는 2023년 보고서에서 "행정 효율화는 예산 증액보다 3배 효과적"이라고 강조했다.

셋째, 현재, 미·중 무역 갈등·중동 분쟁 등으로 한국 수출의 30%가 타격받는 환경에서, 체계적 국정 관리는 기업 예측 가능성을 40% 향상 (KOTRA)시킨다. 일본의 2011년 동일본 대지진 이후 재난관리 시스템 강화 사례에서 보듯, 정책 신뢰도 15% 상승은 FDI 유입 12% 증가로 직결되었다. 이스라엘 재무 관계자는 "전쟁 중에도 시스템 관리는 작동해야 한다"고 역설했다.

넷째, 사회적 비용 절감 측면에서도 국정관리실 도입은 매우 중요한 역할을 한다. 현재 우리나라에서 행정 누수와 정책 실패로 인해 발생하는 사회적 비용은 국내총생산(GDP)의 약 1.5%, 즉 연간 약 33조 원에 달하는 것으로 추산된다. 그러나 국정관리실을 도입하여 정책 집행 과정의 효율성을 높이고, 행정의 투명성과 책임성을 강화한다면 이러한 사회적 비용을 최소 0.5%포인트, 즉 연간 11조 원 이상 절감할 수 있다. 이 절감액은 단순한 예산 절약을 넘어, 교육·복지 등 국민 삶의 질을 높이는 분야에 재투자될 수 있는 소중한 재원이다. OECD 역시 "행정 효율화는 단순한 예산 증액보다 세 배 더 효과적"이라고 강조한 바 있다. 결국 국정관리실의 체계적 관리는 국가 전체의 자원 배분 효율성을 높이고, 국민 모두에게 실질적 혜택이 돌아가는 선순환을 만들어내는 핵심 동력이 될 수 있다.

결국, 국정관리실 신설은 연 20조 원 이상의 경제적 가치를 창출한다. 매월 첫 주 '정책 KPI 3종 세트'(진척률·민원 해결률·예산 소진률) 공개만으로도 덴마크 사례에서 국민 신뢰도 15% 상승효과가 입증되었다. 이재명 스타일의 결론을 빌리자면: "정책은 구호가 아닌 공장 생산품이다. 관리 시스템은 국정관리실이고, 곧 생산라인이다."

참고문헌 (References)

1. 국내 자료

- 경기도청. (2022). 청년기본소득, 무상교복 등 정책 [공식 보도자료]. 경기도청. https://www.gg.go.kr/
- 경기도청. (2023). 지역화폐·소상공인 금융지원 정책 [정책자료]. 경기도청. https://www.gg.go.kr/contents/contents.do?ciIdx=1086&menuId=2903
- 경기도청. (2024). 친환경 정책 및 재생에너지 [정책자료]. 경기도청. https://www.gg.go.kr/
- 경기도청. (2024). 국민추천 인재발굴 사례 [정책자료]. 경기도청. https://www.gg.go.kr/
- 국회예산정책처. (2023). 복지예산 증가 분석 [정책보고서]. https://www.nabo.go.kr/
- 국회입법조사처. (2024). 노란봉투법 경제적 가치 [정책보고서]. https://www.nars.go.kr/
- 단국대학교 분쟁해결연구센터. (2025). 『분쟁해결연구』 및 공식 통계자료. http://www.ducdr.org
- 기획재정부. (2024). 국가채무비율 및 재정정책 [정책보고서]. https://www.moef.go.kr/
- 매일경제. (2023, 9월 12). 공공배달앱, 청정계곡 도민환원 사례. 매일경제. https://www.mk.co.kr/news/society/10498012
- 서울연구원. (2024). 사회안전망 혁신 및 분배정책 [정책보고서]. https://www.si.re.kr/
- 성남시청. (2023). 재정건전성 운영 사례 [정책자료]. 성남시청. https://www.seongnam.go.kr/
- 연합뉴스. (2024, 4월 17). 중동전쟁, 러-우 전쟁 이후 글로벌 공급망 변화. 연합뉴스. https://www.yna.co.kr/view/AKR20240417012300009
- 조선비즈. (2023, 9월 12). 첨단산업단지 판교·고덕 성공사례. 조선비즈. https://biz.chosun.com/industry/company/2023/09/12/6P7F2D3J7JCD7B3E2QJ3G4ZJ6U

- 중앙일보. (2020, 8월 12). 산후조리비 지원 정책. 중앙일보. https://www.joongang.co.kr/article/23846910
- 통계청. (2024). 2030년 GDP, 1인당 GDP 전망 [통계자료]. 통계청. https://kostat.go.kr/
- 한겨레. (2022, 7월 20). 청년기본소득 지급 후 고용률 상승. 한겨레. https://www.hani.co.kr/arti/economy/economy_general/1018946.html
- 한국경제신문. (2020, 4월 15). 무상교복·청년배당 정책효과 분석. 한국경제신문. https://www.hankyung.com/society/article/2020041590491
- 한국사회갈등해소센터. (2025). 『한국 사회갈등비용 추계 보고서』.
- 한국은행. (2024). 2030년 세계경제 전망 보고서 [정책보고서]. 한국은행. https://www.bok.or.kr/portal/bbs/P0000559/view.do?nttId=10062442&menuNo=200690
- 한국은행. (2024). 글로벌 혁신지수 및 성장전략 [정책보고서]. 한국은행. https://www.bok.or.kr/portal/bbs/P0000559/view.do?nttId=10062442&menuNo=200690
- KDI(한국개발연구원). (2022). 복지정책의 경제적 효과. KDI 정책포럼, 313. https://www.kdi.re.kr/research/subjects_view.jsp?pub_no=16756
- KDI(한국개발연구원). (2022). 정책효과 분석 보고서. KDI 정책포럼, 314. https://www.kdi.re.kr/research/subjects_view.jsp?pub_no=16756
- KDI(한국개발연구원). (2023). 산업구조 재편과 기술혁신. KDI 정책포럼, 320. https://www.kdi.re.kr/research/subjects_view.jsp?pub_no=16872
- KDI(한국개발연구원). (2024). 창업·유니콘기업 육성 보고서. KDI 정책포럼, 325. https://www.kdi.re.kr/research/subjects_view.jsp?pub_no=16872
- KDI(한국개발연구원). (2024). 리더십과 정책 지속성. KDI 정책포럼, 326. https://www.kdi.re.kr/research/subjects_view.jsp?pub_no=16872

2. 해외 자료

- BBC. (2014, December 9). German Grand Coalition (Große Koalition) model. BBC News. https://www.bbc.com/news/world-europe-25299116
- Bloomberg. (2022, January 18). Israel Startup Nation. Bloomberg News. https://www.bloomberg.com/news/features/2022-01-18/how-israel-

became-the-startup-nation
- EU Commission. (2024). European Green Deal. European Commission. https://ec.europa.eu/info/strategy/priorities-2019-2024/european-green-deal_en
- Federal Reserve. (2024). US crisis response. Federal Reserve. https://www.federalreserve.gov/monetarypolicy.htm
- Financial Times. (2019, March 5). Japan's lost decades. Financial Times. https://www.ft.com/content/4d2e7c6e-3f0b-11e9-b896-fe36ec32aece
- IMF. (2023). Argentina's fiscal crisis analysis. International Monetary Fund. https://www.imf.org/en/News/Articles/2023/02/10/argentina-economic-outlook
- Japan Times. (2023, January 1). Abenomics review. The Japan Times. https://www.japantimes.co.jp/news/2023/01/01/business/abenomics-review/
- McKinsey Global Institute. (2019). The future of Asia: Decoding the value and performance of Asia's economies. McKinsey & Company. https://www.mckinsey.com/featured-insights/asia-pacific/the-future-of-asia
- Norwegian Government Pension Fund. (2024). Annual report. Norges Bank Investment Management. https://www.nbim.no/en/
- OECD. (2022). Social spending and policy effectiveness. OECD Publishing. https://www.oecd.org/social/expenditure.htm
- OECD. (2022). Social spending and economic impact. OECD Publishing. https://www.oecd.org/social/expenditure.htm
- OECD. (2023). Regional income disparities. OECD Publishing. https://www.oecd.org/regional/regional-income-disparities.htm
- OECD. (2024). Crisis management and leadership. OECD Publishing. https://www.oecd.org/gov/risk/crisis-management.htm
- Ontario Basic Income Pilot. (2019). Final report. Government of Ontario. https://www.ontario.ca/page/ontario-basic-income-pilot
- Reuters. (2023, February 20). Russia-Ukraine war impact on global supply chains. Reuters. https://www.reuters.com/business/energy/russia-ukraine-war-reshapes-global-energy-flows-2023-02-20/

- Reuters. (2023, July 8). Germany's Energiewende. Reuters. https://www.reuters.com/business/energy/germanys-energiewende-2023-07-08/
- Reuters. (2023, July 8). Greece debt crisis. Reuters. https://www.reuters.com/markets/europe/greece-debt-crisis-explained-2023-07-08/
- Singapore Ministry of Finance. (2024). Fiscal policy. Ministry of Finance, Singapore. https://www.mof.gov.sg/
- Stanford Social Innovation Review. (2021). California UBI Pilot. Stanford Social Innovation Review. https://ssir.org/articles/entry/the_california_universal_basic_income_experiment
- The Economist. (2021, February 13). Italy's coalition government instability. The Economist. https://www.economist.com/europe/2021/02/13/italys-new-coalition-government
- The Guardian. (2020, May 6). Finland's basic income experiment. The Guardian. https://www.theguardian.com/world/2020/may/06/finland-basic-income-trial-improved-wellbeing-study-finds
- World Bank. (2024). Social consensus and public participation. World Bank. https://www.worldbank.org/en/topic/governance/brief/public-participation
- World Economic Forum. (2024). Global Innovation Index. World Economic Forum. https://www.weforum.org/reports/global-innovation-index-2024

JMNOMICS 이재명 경제학

초판 1쇄	2025년 7월 23일
지은이	고종문
발행인	김재홍
교정/교열	김혜린
디자인	박효은
마케팅	이연실
발행처	도서출판지식공감
등록번호	제2019-000164호
주소	서울특별시 영등포구 경인로82길 3-4 센터플러스 1117호(문래동1가)
전화	02-3141-2700
팩스	02-322-3089
홈페이지	www.bookdaum.com
이메일	jisikwon@naver.com
가격	20,000원
ISBN	979-11-5622-949-0 03300

ⓒ 고종문 2025, Printed in South Korea.

- 이 책은 저작권법에 따라 보호받는 저작물이므로 무단전재와 무단복제를 금지하며 이 책 내용의 전부 또는 일부를 이용하려면 반드시 저작권자와 도서출판지식공감의 서면 동의를 받아야 한다.
- 파본이나 잘못된 책은 구입처에서 교환해 드립니다.